职业教育规划教材

体育与健康实践

TIYU YU JIANKANG SHIJIAN

主　编　陈士亮

副主编　刘晔阳　赵京京　陈国涛

石　林　黄文敏

参　编　黄江洪　邓学俊　胡利峰

陈　康　吕溢凯　陈　辉

唐　虎

中国人民大学出版社

·北京·

图书在版编目（CIP）数据

体育与健康实践/陈士亮主编. —北京：中国人民大学出版社，2015.11
ISBN 978-7-300-22047-5

Ⅰ.①体… Ⅱ.①陈… Ⅲ.①体育-高等学校-教材 ②健康教育-高等学校-教材 Ⅳ.①G807.4

中国版本图书馆 CIP 数据核字（2015）第 250550 号

职业教育规划教材
体育与健康实践
主　编　陈士亮
Tiyu yu Jiankang Shijian

出版发行	中国人民大学出版社		
社　　址	北京中关村大街 31 号	**邮政编码**	100080
电　　话	010－62511242（总编室）		010－62511770（质管部）
	010－82501766（邮购部）		010－62514148（门市部）
	010－62515195（发行公司）		010－62515275（盗版举报）
网　　址	http://www.crup.com.cn		
经　　销	新华书店		
印　　刷	北京溢漾印刷有限公司		
规　　格	185 mm×260 mm　16 开本	**版　　次**	2015 年 11 月第 1 版
印　　张	18.25	**印　　次**	2021 年 8 月第 6 次印刷
字　　数	424 000	**定　　价**	36.00 元

前言

体育教材是体育课教程建设的重要组成部分。随着我国职业教育和体育教学改革的不断发展，更新教学内容，编写适合职业院校体育课程教学特点的教材是职业院校体育课程建设与发展的需要。当前我国职业院校公共体育教材建设相对滞后，符合职业院校教育目标和公共体育教学实际的体育教材更是少之又少。正是在这样的背景下，我们以《中共中央国务院关于深化教学改革　全面推进素质教育的决定》、《关于加强青少年体育　增强青少年体质的意见》和教育部、国家体育总局、共青团中央共同发布的《关于开展全国亿万学生阳光体育运动的通知》以及教育部颁布的《关于加强高职高专教育人才培养工作的意见》、《全国普通高等学校体育课程教学指导纲要》等文件精神为指导编写了本书。

在本书编写过程中，力求体现如下特点：

(1) 把“健康第一”的指导思想作为选编教学内容的基本出发点。书中介绍的技术内容都是当前职业院校中开展得最广泛、最普遍的运动项目，符合职业院校学生的学习实践。

(2) 突出实用性。本书是围绕着当前职业院校体育课程改革与发展而编写的，既有助于职业院校学生在了解基本的体育与健康理论知识的基础上学习掌握一定的运动技能，又突出地强调这些技能在未来的职业生涯中的实践和运用，体现了“健康第一”和“终身体育”的思想。全书文字表述通俗易懂，逻辑性强，既便于教师教学又便于学生自练。

(3) 体现职业教育特色。职业院校有着鲜明的培养目标，其培养的学生是实用性人才，职业院校公共体育教学不同于普通高等学校的本科教学，使体育教学实际与职业院校学生未来的职业和生活相结合，真正贯彻“健康第一”的指导思想，是我们在编写本教材过程中努力追求的目标。

(4) 注重健身性与文化性的结合。既注意体育健身知识的传授，又重视教材内容的体育文化含量。

由于编写水平有限，书中不妥之处在所难免，敬请广大读者批评指正。

目　　录

第一章　田径运动

第一节　田径运动概述

田径运动是一项古老的体育运动。远古时代，人们为了获得生活资料，在和大自然以及飞禽走兽的斗争中，需要有快速的奔跑、敏捷的跳跃和准确的投掷等本领。由于在劳动实践中经常地重复这些动作，便逐渐形成了走、跑、跳、投等各种技能。为了提高同大自然作斗争的能力，人们又有意识地进行走、跑、跳、投的练习，逐渐形成了这些项目的比赛形式。

田径运动是体育运动的重要项目之一，是从人们生活技能中发展起来的竞技性活动，包括竞走、赛跑、跳跃、投掷和全能运动等四十多个项目。

田径运动是锻炼身体、增强体质的重要手段。经常参加田径运动的锻炼，能够全面发展力量、速度、弹跳、耐力、柔韧、灵敏等身体素质；能促进机体的新陈代谢，提高神经系统的功能，使内脏器官的机能得到改善与提高；能培养勇敢顽强、吃苦耐劳、勇于克服困难等优良品质。

田径运动是各项运动的基础。由于它能有效地全面发展各项身体素质，而身体素质全面发展的水平越高，对于学习和改进其他运动项目的技术所起的积极作用也越大。因此，各项体育运动都把田径运动作为发展身体素质的训练手段。

1912 年，根据形势需要，国际业余田径联合会成立了。它在确定比赛项目、拟定规则、组织国际比赛、审批世界纪录以及促进国际交流等方面发挥了很大的作用。进入 21 世纪以来，田径运动已发展成为有组织、有目的的国际社会活动。

当前国际田径比赛主要有：

（1）奥林匹克运动会的田径比赛。

（2）世界杯田径赛。

（3）世界田径锦标赛。

我国田径比赛主要有：

（1）全国运动会的田径比赛。

（2）全国田径运动会。

（3）全国大学生运动会的田径比赛。

田径运动是“田赛”和“径赛”的合称。因为最早的田径比赛是在田野间和道路上进行的，所以在我国，田径运动是根据场地而命名的。

以高度和远度计算成绩的跳跃和投掷项目叫“田赛”；以时间计算成绩的竞走和跑的项目叫“径赛”。全能运动项目，则是以各项成绩按《田径全能运动评分表》换算分数计算成绩的。

田径运动的正式比赛项目如表 1—1 所示。

表 1—1　　田径运动项目一览表

		男子	女子
径赛项目	短距离/米	100，200，400	100，200，400
	中距离/米	800，1 500	800，1 500
	长距离/米	5 000，10 000	3 000，5 000，10 000
	超长距离/千米	马拉松（42.195）	马拉松（42.195）
	接力	4×100 米，4×400 米	4×100 米，4×400 米
	障碍跑	110 米跨栏，400 米跨栏，3 000 米障碍	100 米跨栏，400 米跨栏
	竞走/千米	20，50	5，10
田赛项目	跳跃项目	跳远，三级跳远，跳高，撑竿跳高	跳远，三级跳远，跳高，撑竿跳高
	投掷项目	铅球，铁饼，标枪，链球	铅球，铁饼，标枪
全能项目		10 项全能： 100 米跑，跳远，铅球，跳高， 400 米跑，110 米跨栏，铁饼， 撑竿跳高，标枪，1 500 米跑	7 项全能： 100 米跑，跳远，铅球，跳高， 800 米跑，标枪，200 米跑

跑是人体最基本的活动形式。现代人把它作为强身、健体、游戏、娱乐和竞赛的内容之一，已成为人们在社会文化、校园文化活动内容中不可缺少的组成部分。为了更好地发展跑的能力和提高跑的水平，就要使学生了解跑的基本技术，更好地掌握科学的锻炼方法，达到强身健体的目的。跑包括短距离跑、中长距离跑、超长距离跑、跨栏跑、障碍跑、越野跑、马拉松跑等不同项目。跑不仅是田径运动的基础项目，而且在其他运动项目的训练中也占有重要的地位。跑的项目较多，本书主要介绍短跑、接力跑、中长跑三个项目。

第二节 跑

一、短跑

(一) 短跑技术

短跑是用最快的速度跑完规定的较短的距离。比赛项目有 100 米、200 米、400 米。短跑是人体在大量缺氧的条件下完成的极限强度的运动，它可以发展人体的速度素质。短跑技术分为起跑、疾跑、途中跑和终点跑四个部分，在弯道中还涉及弯道起跑和弯道跑技术。

1. 起跑

起跑是跑的开始。为了迅速摆脱身体的静止状态，获得最大的前进冲力，在短跑中一般都安装起跑器，用蹲踞式起跑。

安装起跑器的方法和特点：起跑器的安装方法一般有普通式、接近式和拉长式三种(见图 1—1)。

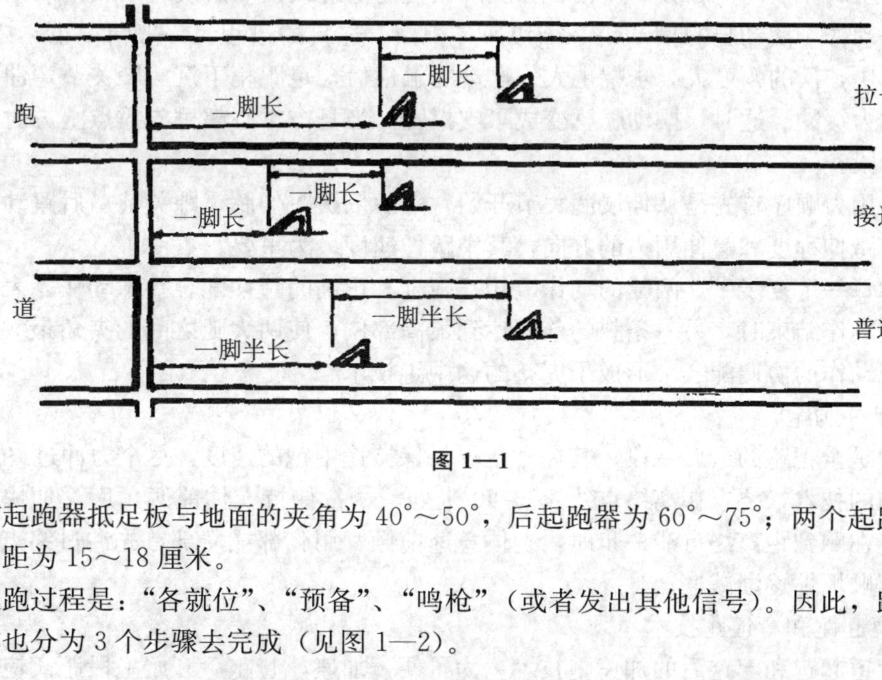

图 1—1

前起跑器抵足板与地面的夹角为 40°～50°，后起跑器为 60°～75°；两个起跑器之间的左右间距为 15～18 厘米。

起跑过程是："各就位"、"预备"、"鸣枪"（或者发出其他信号）。因此，蹲踞式起跑的动作也分为 3 个步骤去完成（见图 1—2）。

图 1—2

2. 疾跑（起跑后的加速跑）

从蹬离起跑器后的第一步起，到发挥最大速度为止的阶段，叫做疾跑段（起跑后的加速跑），距离为 20～25 米。起跑和疾跑，是一个连续的动作过程，不应有停顿或跳动。疾跑的头几步，躯干前倾角度较大，前冲力量猛，两腿摆动很快。因此，要强调两腿做充分后蹬，积极推动骨盆向前移动，避免“踏步式”或“跨大步”的错误跑法。同时，两臂配合摆动，以维持身体平衡。在疾跑中，步长应逐渐增大，躯干应逐渐抬起，直至成途中跑的姿势。

3. 途中跑

途中跑技术是短跑的基本技术。在 100 米跑的距离中占 65～70 米，占全程的 70%。途中跑的任务是继续发挥和保持高速度跑。

途中跑时，躯干应保持正直或稍前倾，两眼平视，颈放松。摆臂时应以肩为轴，屈肘，以上臂带动前臂做前后方向的摆动。手成半握拳状，前摆可到下颌处。肘关节角在前摆最大程度时约为 60°，后摆至最大程度时约为 90°，但要注意保持手和小臂正确的摆动方向。摆动腿应快速积极地向前摆动，从脚离地后，摆动腿就进入积极摆动阶段。大、小腿要自然折叠紧，缩短摆动半径，以大腿带动小腿向前有力摆动。当摆至最高点时，快速积极下压，下压时，摆动腿膝关节放松，小腿随惯性向前继续摆动后及时回收向后用前脚掌积极做扒地动作。摆动腿的摆动是一个快速、积极、连贯的过程。一般情况下，摆腿快，跑的步频也快，摆的幅度大，步幅也大。摆动腿触地后，足跟稍下沉，膝关节弯曲，这个动作通常称为缓冲。这时，摆动腿已变成了支撑腿。当身体重心超过支撑点上方时，开始进入后蹬阶段。

后蹬的用力顺序首先是从伸展髋关节开始，然后依次蹬伸膝、踝关节。后蹬动作包括蹬伸速度、蹬伸程度和蹬伸用力的方向，其中蹬伸速度最为重要。

在跑的每一个复步中，两腿的动作应相互配合。正确的蹬摆配合技术动作，表现为当一条腿后蹬动作结束时，另一条腿的前摆达到最高部位，使两大腿之间的夹角最大。两腿动作和全身动作的协调配合，形成了完整的途中跑技术。

4. 终点冲刺跑

终点跑是全程跑的最后一段，其任务是尽量保持途中跑的速度，尽全力冲过终点。

终点跑的技术，要求在离终点线 15～20 米处，尽量保持上体前倾角度，加快两臂摆动的速度。在跑到距离终点线一步时，上体急速前倾，用胸部或肩部首先冲过终点线，跑过终点后应顺惯性逐渐减速。

5. 弯道起跑和弯道跑技术

(1) 弯道起跑和起跑后的加速跑技术。为了便于加速，起跑后开始一段距离应沿着直线跑进。起跑器的安装方式与直道跑相同，但起跑器的位置应在跑道的右侧（外侧），方向正对前方弯道的切点方向。起跑时，左手掌在起跑线后沿 5～10 厘米处，右手放在起跑线后（见图 1—3）。

(2) 弯道跑技术。弯道跑时，身体应向圆心方向倾斜。后蹬时右脚用前脚掌的内侧用力，左脚用前脚掌的外侧用力。向前摆腿时，右腿的膝关节稍向内，前摆幅度比左腿稍大，左腿前摆的方向应稍向外，右臂的摆动幅度和力量都稍大于左臂，前摆的方向稍向左前方，后摆时，肘关节稍向外。左臂稍离开躯干。

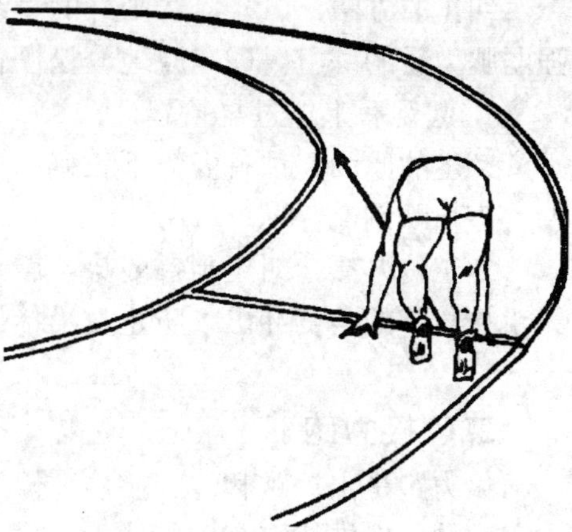

图 1—3

（二）短跑练习方法

1. 一般跑的练习

（1）行进间跑和反复跑 30～60 米。

（2）短距离接力跑 2 人×50 米或 4 人×50 米。

（3）80 米加速跑。

（4）蹲踞式起跑 30～50 米。

（5）让距离的追赶跑 60～100 米。

（6）短距离组合跑（20 米＋40 米＋60 米＋80 米）×4，做 2～3 组。

（7）顺风跑、下坡跑 30～60 米或牵引跑 80 米。

（8）短距离变速跑 120～150 米（40～60 米快跑＋40 米不改变动作结构、速度较慢的惯性跑＋40～50 米快跑）。

（9）听枪声的起跑。

（10）由快速做跑的专门练习过渡到缩短步长、快频率的快跑 60 米。

2. 短跑速度耐力训练的练习

（1）各种距离的不同强度间歇跑。

（2）短距离变速跑。

（3）不同距离组合跑（100 米＋200 米＋300 米＋400 米）×2。

（4）递减间歇跑 150 米×6～8，间歇 5′4′3′。

（5）反复跑 200～500 米（400 米运动员采用）。

（6）梯形变速跑 350 米（150 米快跑→100 米惯性慢跑、不改变动作结构→100 米全力跑）。

（7）梯形反复跑 80 米＋160 米＋300 米＋160 米＋80 米。

（8）较长距离跨跳（负重或不负重）100～200 米。

（9）连续接力跑 4 人组合，如 4× 100 米接力跑。

（三）典型错误动作及其纠正方法

1. 后蹬不充分或坐着跑

产生的原因：躯干姿势不正确或腿部力量及柔韧性差。

纠正的方法：多做后蹬跑、上坡跑、台阶跑和各种弹跳练习。提高腰、腹、腿部力量和柔韧性。

2. 摆动腿抬不起来

产生的原因：大腿屈肌（髂腰肌、股直肌等）力量差，躯干前倾过大。

纠正的方法：多做高抬腿跑练习，加强髂腰肌、股直肌的力量。

3. 跑的路线不直（左右晃动，身体重心上下起伏过大）

产生的原因：头部姿势不正确，视线不固定；两腿的力量不均衡，相差过大；摆臂动作不正确或摆臂力量不一致；后蹬角度过大。

纠正的方法：(1) 沿着画好的直线跑，或在跑道前方作一标记，看着标记跑。(2) 加强弱腿力量的练习。(3) 原地放松摆臂练习，可弱臂持重物做摆臂练习。

4. 起跑后上体过早抬起

产生的原因：预备姿势不正确（臀部太低、仰头等）。蹬离方向过于向上，腿部力量差，害怕跌倒。

纠正的办法：纠正预备姿势，增强腿部力量。采用斜竹竿练习的方法，即起跑者按他人手持竹竿的角度冲出，防止过早抬体。

二、接力跑

接力跑是由短跑和传、接接力棒组成的集体配合项目。它能培养人们团结协作的集体主义精神，发展快速奔跑能力，正式比赛项目包括男、女 4×100 米接力和 4×400 米接力，也可根据开展活动的需要安排异程接力，等距离的团体接力，迎面接力等。

接力跑的基本技术与短跑相同，但必须在规定的距离（20 米）内完成传接棒（以接力棒的位置为准）。因此能否保证在加速跑进中完成传、接棒，队员之间的配合就成了接力跑中的关键。

（一）4×100 米接力跑技术

1. 起跑

(1) 持棒起跑：第一棒运动员采用蹲踞式起跑。用右手的中指、无名指和小指握住棒的末端，用大拇指和食指分开撑地。接力棒不得触及起跑线或起跑线前的地面（见图 1—4）。起跑技术和短跑技术基本相同。

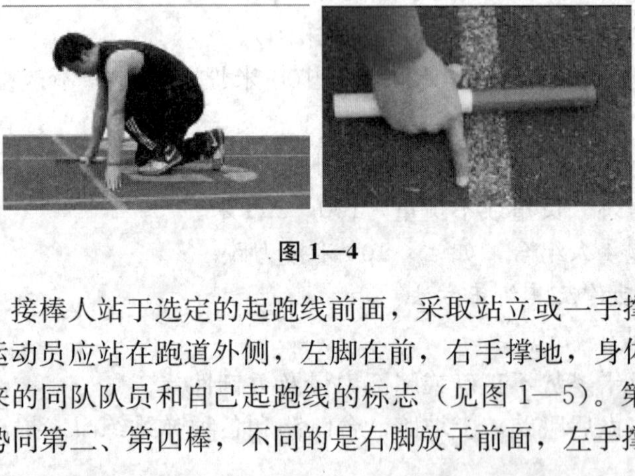

图 1—4

(2) 接棒起跑：接棒人站于选定的起跑线前面，采取站立或一手撑地的半蹲式起跑姿势。第二、第四棒运动员应站在跑道外侧，左脚在前，右手撑地，身体重心稍偏右，头转向左后方，注视跑来的同队队员和自己起跑线的标志（见图 1—5）。第三棒运动员站于跑道的内侧，起跑姿势同第二、第四棒，不同的是右脚放于前面，左手撑地（见图 1—5）。

图 1—5

2. 传接棒的方法

传接棒方法一般有上挑式、下压式和混合式三种。

（1）上挑式：接棒人的手臂向后自然伸出，掌心向后，虎口张开朝下，传棒人将棒由下向上方挑入接棒人手中（见图1—6）。这种方法的优点是容易掌握，缺点是容易掉棒。

图1—6

（2）下压式：接棒人的手臂后伸，掌心向上，虎口张开朝后，大拇指向内，四指并拢向外，传棒人将棒的前端由上向前下方压入接棒人手中（见图1—7）。这种方法的优点是容易把棒送到接棒人手中，缺点是接棒人手腕动作紧张。

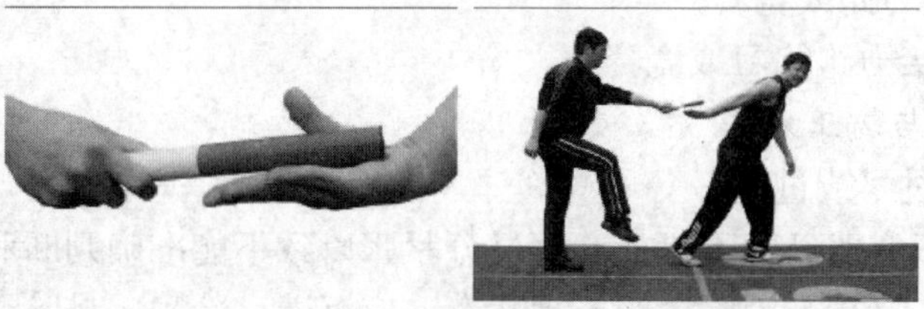

图1—7

（3）混合式：第一、第三棒运动员，用上挑式把棒传给第二、第四棒运动员的左手中。第二棒运动员用下压式将棒传给第三棒运动员的右手中。这种方法综合了上述两种接棒方法的优点。

3. 传接棒的时机和标志线的确定

（1）传接棒的时机：接棒人站在预跑区内或接力区后端，看到传棒人跑到标志线时便迅速起跑，当传棒人跑到接力区内离接棒人1.5米左右时，便向接棒人发出传接棒口令，接棒人听到口令后，迅速向后伸手接棒，传棒人完成传棒动作后沿自己跑道逐渐降低跑速，待其他道次运动员跑过之后，再离开跑道。

（2）标志线的确定：为了保证传接棒能在快速奔跑中完成，必须准确地确定标志线。标志线离接棒人的距离，一般在5～7米。

（二）4×400米接力跑技术

接棒队员一般都采用站立式起跑，头转向后方，注视本队队员。如传棒队员最后保持一定速度，接棒队员可以早些起跑，传棒队员速度明显减慢，则晚些起跑。若传棒队员筋疲力尽，接棒队员则应在接力区内主动接棒。传棒队员将棒传出后，应在不影响其他队运动员的情况下从两侧退出跑道。

4×400米接力跑时，可采用右手接棒后立即换到左手的换手传接棒方法，这样接棒运动员可以始终沿着跑道内沿跑进。

（三）接力跑练习方法

1. 练习传、接棒技术

（1）持棒原地摆臂、集体按口令做某种传、接棒练习。

（2）徒手原地摆臂，集体按口令做某种传、接棒练习。

（3）两人配合原地按口令做上挑或下压式传、接棒练习，传棒人和接棒人相距两米左右，传棒人的右肩对着接棒人的左肩，轮换做传、接棒练习。

（4）两人在慢跑中做上述练习。要求同上。

（5）两人在中速跑中做上述练习。要求同上。

2. 练习在接力区内完成传、接棒技术

（1）两人成组完成传、接棒技术。当传棒人用较快速度跑至标志线时，接棒人迅速起跑，完成传、接棒技术。

（2）两人成组 2×50 米接力跑练习。要求在接力区末端约 3 米处完成传、接棒。

3. 全程接力跑练习

（1）成队连续 50～100 米接力跑。

（2）4×50 米接力跑或竞赛。

（3）4×100 米接力跑练习或竞赛。

（四）典型错误与纠正方法

1. 接棒人起跑过早或过晚

产生原因：由于实践经验不足或心理过分紧张以致不能准确判断和掌握起动时机。

纠正方法：（1）接棒人消除紧张心理状态，应沉着、冷静、排除干扰。（2）应反复练习，培养准确判断起跑时机的能力。

2. 接棒人伸臂过早或看传棒人

产生原因：（1）技术概念不清，怕接不上棒。（2）心理过分紧张以致不听信号，自行向后伸手臂找棒。

纠正方法：（1）进一步明确技术概念。（2）反复练习提高传、接棒的熟练性和准确性。

3. 传、接棒过程中掉棒

产生原因：（1）接棒人手型不对或左右摇晃不定。（2）传棒人没有把棒准确传到接棒人手中。

纠正方法：（1）反复练习传、接棒技术，要求接棒人后伸的接棒手臂相对稳定。（2）传棒人的传棒动作要正确规范，并要看准目标。

三、中长跑

中长跑是一种距离较长、速度较慢、以有氧代谢为主要特征的周期性运动。由于它既要求跑出一定速度，又要求跑得持久，所以可以发展人体的耐力素质，提高有氧代谢能力，培养艰苦奋斗、吃苦耐劳、坚韧不拔的顽强品质等。

中长跑是中距离和长距离跑的合称。在田径运动场上进行比赛的中距离跑项目有：男女子 800 米和 1 500 米，男子 3 000 米；长距离跑项目有：女子 3 000 米、男女子 5 000

米、10 000 米和 3 000 米障碍跑；在公路上进行长跑比赛和练习的项目有：女子 3 000 米、男子 20 000 米、50 000 米。

（一）中长跑技术要领

中长跑的技术动作分为起跑、起跑后的加速跑、途中跑和终点冲刺跑四部分。从技术结构方面看，只是起跑采用站立式，而且只有“各就位”和“跑”两个口令，其他和短跑基本相同。

1. 站立式起跑

“各就位”：两脚自然前后开立，有力的脚在前，并紧靠起跑线，全脚掌落地，后脚脚跟提起，重心在前脚上，上体前倾，两臂一前一后。

“枪声”或“跑”：两脚用力后蹬，后蹬迅速前摆，两臂积极用力摆动，身体前倾并迅速向前冲出（见图 1—8）。

图 1—8

2. 途中跑

中长跑途中跑的特点是：由于距离较长，跑进中上体前倾角度、摆臂摆动腿的动作幅度和后蹬的力量都比短跑要小，但后蹬角度较大，约为 55°。途中跑要求动作轻快，步伐均匀而有节奏，并合理地分配好体力。

途中跑脚着地方法有两种：一种是与短跑相同，用前脚掌着地。这种方法难度大，技术水平高，初学者不适合。另一种是用全脚掌着地，借屈膝缓冲迅速过渡到前脚掌。这种方法最为适合广大的中长跑爱好者。

3. 终点冲刺跑

终点冲刺跑的距离根据每个人的体力和具体情况来确定，一般在最后 200 米左右开始加速。

4. 中长跑的呼吸

中长跑的呼吸，对于锻炼身体的价值和运动成绩都有重要作用。正确的呼吸可以加强跑时机体工作能力，改善气体交换和血液循环条件。正确呼吸方法要求有一定的节奏，一般采用两、三步一呼气的节奏。呼吸的深度要大，这样才能充分呼出二氧化碳，吸进大量氧气。呼吸应用鼻和半张开的嘴进行。

5. 弯道跑

中长跑的弯道跑比重很大。弯道跑不仅中长跑有，在短跑的项目中也有（如 200 米、400 米），因此，弯道跑是一项跑的重要技术。

弯道跑的特点是：要克服离心力的作用，快要跑进弯道时，身体开始向左倾斜，进入弯道后，身体倾斜角度大小随速度的快慢决定，两臂的摆动幅度，右臂大于左臂，左脚以脚掌的外侧着地，右脚以脚掌内侧着地。由弯道转入直道时，身体的倾斜度逐渐转为正直。

（二）中长跑的练习内容与方法

中长跑的练习内容，包括一般耐力、专项耐力、速度素质等。耐力练习对中长跑尤其重要。在练习中要注意速度感、心理素质和意志品质的训练。

发展耐力练习方法如下：

（1）走与跑相结合：强度较小的越野跑、爬山、自行车、球类和长时间的持续跑。

（2）“速度游戏”：它是把一般耐力、专项耐力与速度训练相结合的有效方法。

（3）间歇跑：心率恢复到每分钟 110 次左右即开始下一次快跑的方法。快跑后心率达每分钟 180 次以上，要严格控制跑的强度和恢复时间。

（4）重复跑：跑几个固定的段落，心率每分钟 100 次左右开始下次练习。跑的距离与速度，休息的时间与方式，重复的次数，要根据任务和专项特点而定。

（5）变速跑：主要是慢跑与快跑交替进行，发展练习者的速度耐力。

（三）典型错误与纠正方法

1. 坐着跑

纠正方法：反复做跨步跑、跨步跳、多级跳、后蹬跑等练习。

2. 身体左右摇晃

纠正方法：沿着一条直线跑，两脚内侧落在直线的两侧。

3. 摆腿前摆不够高

纠正方法：多做高抬腿，沿每隔 1 米放一个实心球的直道跑 20～30 米。

4. 摆动腿折叠不够

纠正方法：扶肋木，双腿轮流做前摆—着地—后摆练习，后摆放松。

四、发展跑的能力的基本方法

（一）发展跑的力量的方法

（1）通过立定跳远、立定三级跳远、多级蛙跳等发展学生腿部力量。

（2）用 30～60 米后蹬跳和跨步跳，单足跳与跨步跳相结合的练习方法，既发展了腿部力量，也促进了协调性的提高。

（3）采用负重半蹲跳、半蹲起、交换足跳等练习发展腿部力量。

（4）通过跳台阶练习，发展学生的爆发力。

（5）负重后踢腿练习，发展学生的股二头肌力量，有利于跑动中大小腿的折叠。

（6）利用 30～40 米的斜坡进行往返跑练习。

（7）双腿并拢，正面和侧面跳跃 80～90 厘米高的栏架 5～8 个，栏间不停顿。

（二）发展跑的速度能力的方法

（1）听信号快速做高抬腿跑练习。

（2）10 秒原地快速高抬腿跑练习。

（3）原地高抬腿，听信号快速起跑练习。

（4）参见短跑的练习方法。

（三）发展跑的速度耐力的方法

发展速度耐力的主要目的是提高机体乳酸的“耐受力”。常用的练习方法参见“短跑速度耐力的练习”和“中长跑练习”。

第三节　跨栏跑

一、跨栏跑的技术发展概述

跨栏跑起源于英国。200 多年前，英国牧羊人经常跨越羊栅栏，这种游戏后来演变成跨栏跑运动。最早的跨栏跑比赛出现于英国的埃通大学，当时跨栏跑的距离、栏高、栏间距离和栏架数量都很不一致。1864 年在首届牛津、剑桥校际对抗赛上，第一次正式举行了跨栏跑比赛，比赛距离为 120 码，共有 10 个栏架，栏高为 3.5 英寸，达尼埃尔以 17.7 秒获得冠军，这也是最早的跨栏跑比赛。1890 年国际体育组织把英制改为公制，这样就将全程定为 110 米，栏高 1.067 米，栏距 9.14 米。

1896 年第一届现代奥运会上，设立了跨栏跑项目，当时的全程距离为 100 米，8 个栏架，栏高为 1 米。到了 1900 年的第二届奥运会时，正式确定了 110 米栏比赛。

女子跨栏跑出现于 20 世纪初，当时比赛用的栏高、栏距无统一规定。直到 1926 年国际田联才确定女子跨栏跑的比赛距离为 80 米、栏架 8 个，栏高 76.2 厘米。1932 年第 10 届奥运会女子 80 米栏被列为正式比赛项目。1986 年国际田联决定将 80 米栏改为 100 米栏，栏架增至 10 个，栏高增至 84 厘米。1972 年慕尼黑奥运会 100 米被列为正式比赛项目。

二、跨栏跑技术

跨栏跑是非对称周期性运动，它的成绩主要取决于运动员的平跑速度、过栏技术及跑栏结合能力。全程跑技术可分为起跑至第一栏技术、途中跑技术、终点冲刺跑技术。下面对直道栏技术动作进行分析。

110 米栏全程设 10 个栏架，栏间距离为 9.14 米，栏高 1.067 米，起跑线到第一栏的距离为 13.72 米，最后一栏至终点线的距离为 14.02 米。由于栏架较高，过栏和栏间速度很快，因此是跨栏跑技术中难点最大的项目。

（一）起跑至第一栏技术

从起跑开始加速跑至第一栏踏上起跨点的技术称为起跑至第一栏技术。其任务是快速起动，积极加速，为迅速、准确过第一栏做好准备，为全程跑奠定良好的速度和节奏基础。合理的起跑至第一栏技术应符合以下要求：

（1）起跑至第一栏加速跑如采用 8 步，应将起跨腿放在前起跑器上；如跑 7 步，摆动腿放在前起跑器上。起跑器的安装和起跑技术与短跑相似，做“预备”姿势臀部稍高，臂部抬至超过肩的部位，整个身体由撑地的两肩和前腿负担，头和躯干保持一条直线，集中注意力等待鸣枪。

（2）起跑后应积极加速，两腿、两臂协调用力，积极蹬摆，同短跑相比上体抬起较快，大约在第六步时身体姿势已接近短跑途中跑的姿势。

（3）起跑至第一栏要求步数固定，步长稳定，准确地踏上起跨点，多数运动员起跑至第一个栏起跨点跑 9 步，起跑时应把起跨腿的脚掌放在前起跑器上。少数身材高、步幅大的运动员跑七步跨第一个栏，应把摆动腿的脚掌放在前起跑器上。

（二）途中跑技术

110 米栏途中跑是由 9 个跨栏周期组成的，跨栏周期由一个跨栏步和栏间三步跑构成。

1. 过栏技术

过栏技术也称跨栏步技术，是指起跨腿的脚踏上起跨点到摆动腿的脚着地这一时段所完成的技术动作，它由起跨攻栏、腾空过栏、下栏着地构成。

（1）起跨攻栏：起跨攻栏是指从起跨腿的脚踏上起跨点着地缓冲开始，到后蹬结束离地时止的整个支撑时期的动作。它的任务是为迅速过栏创造更大的腾起初速度和适宜的腾起角度。它的重要性在于直接影响过栏时身体重心移动的轨迹和过栏速度，而且还会影响下栏后平稳和继续跑进。因此，正确掌握起跨攻栏技术是掌握好跨栏步技术的关键。正确的起跨攻栏技术应符合以下要求：

1）适宜的起跨距离。适当增加起跨距离，以减少起跨角度，易于摆动腿向前攻摆。优秀运动员的起跨距离一般为 2～2.2 米。

2）保持较高的身体重心位置。起跨前迅速而自然地缩短起跨前最后一步的长度，比前一步短 10～20 厘米，减小着地产生的制动力，使身体重心沿着距地面较高的“平直轨迹”迅速向前移动，才能保持起跨攻栏前所达到的水平速度。

3）起跨离地面身体重心积极前移，保持适宜的起跨角度。身体重心移过支点后，足跟提起，上体加速前移，在摆动腿屈膝折叠积极前摆的配合下完成后蹬，形成有利的攻栏姿势。身体重心移动约 50 厘米，用时 0.11～0.13 秒，起跨角度为 70°左右。

4）快速高摆攻栏腿，加大两腿夹角。起跨腿着地时，摆动腿由体后向前摆动，足跟靠近臀部，膝向下，以髋为轴，大腿带动小腿积极向前上摆至膝超过腰部高度。摆腿速度越快、两腿角度越大，越有利于增大蹬地力量和为腾空后快速过栏提供有利条件。

5）身体各部位动作连贯，配合协调。两腿蹬摆配合完成起跨动作过程中，上体随之加大前倾，摆动腿异侧臂屈肘向前上方摆出，肘关节达到肩的高度，另一臂屈肘摆至体侧，整个身体集中向前用力，平衡舒展，自然连贯，配合协调，为顺利过栏创造条件。

（2）腾空过栏：腾空过栏是指起跨结束，从身体转入无支撑阶段起，到摆动腿过栏后着地止的这一时段的动作。任务是保持身体平衡，快速完成剪绞动作获得过栏后继续跑进的有利姿势。人体腾空后不能改变身体总重心的位移速度和运动轨迹，只能靠加快摆动腿、起跨腿，以及身体各环节的相向运动，改变身体各环节的相对位置，获得快速着地支撑。

起跨结束后，摆动腿继续向前上方高抬，异侧臂屈肘后摆，超过栏板高度后，摆动腿的小腿迅速前摆，几乎伸直，脚尖微微上翘，使大腿伸肌拉长准备积极下压着地。当摆动腿前摆的同时，异侧臂伸向栏板上方，与摆动腿基本平行。同侧臂后摆，加大上体前倾，躯干与摆动腿形成锐角，目视前方。

在摆动腿脚掌到达栏板之前，起跨腿一侧的髋关节保持伸展，大腿屈肌处于拉紧状态，小腿约与地面平行或膝略高于踝，两腿在过栏前形成120°以上的夹角，这是快速剪绞过栏的预先条件。正确的过栏技术应符合以下要求：

1）起跨攻栏时获得较大的水平速度，身体重心腾起角不超过15°，尽量减小垂直速度，过栏后水平速度下降不大，使过栏与栏间跑动作连贯。

2）起跨攻栏和下栏着地保持较高的身体支撑姿势，减少过栏和栏间跑时身体重心波动差。

3）过栏时两脚剪绞速度快，动作迅速。过栏时的两脚剪绞动作是摆动腿和起跨腿在空中完成的以髋为轴超越换位动作，是躯干以及两臂动作配合的结果。

4）过栏各阶段的动作都要求积极、协调、平衡、连贯，既有一定的动作幅度，又能发挥较高的动作速度。

（3）下栏着地：下栏着地是指从身体重心达到腾空最高点的开始，到摆动腿着地支撑这一过程的动作。任务是尽量减少水平速度的损失，使身体平稳、快速地转入栏间跑。从理论上讲，下栏是从身体重心达到腾空最高点开始的，但在实践中，下栏的动作意识要早些，当摆动腿的脚掌刚刚接近栏板就开始下压摆动腿。摆动腿的积极下压加大了它与躯干的夹角，加快了起跨脚以髋为轴的向前提拉和髋部前移速度。摆动腿下栏着地的积极与否，在很大程度上取决于它在起跨时高抬快摆的程度。

摆动腿脚掌移过栏板的同时，起跨腿屈膝外展，小腿收紧抬平，脚尖勾起，足跟靠臀，以膝领先经腋下加速提拉，当脚掌过栏后，膝关节继续收紧向身体中线抬高，脚掌沿最短路线向前摆出，身体成高抬腿跑的姿势。

过栏时两腿剪绞换步动作是在两臂和躯干协调配合下完成的。摆动腿的异侧臂和经腋下向前提拉的起跨腿做相向运动，膝肘几乎同时相擦而过，臂的摆动积极有力，摆过肩轴以后屈肘内收摆向体后，另一臂屈肘前摆，以维持身体平衡。

伸直下压的摆动腿在接近地面时，前脚掌做积极扒地动作，着地点距栏1.4～1.5米。脚落地后踝关节稍有缓冲，但足跟不触地面，膝、踝关节保持伸直，使身体重心保持较高的部位。躯干应保持一定前倾，起跨腿大幅度带髋提拉，两臂积极摆动，形成有利的跑进姿势。下栏后的支撑时间越短，水平速度损失越小，转入栏间跑就越迅速。

2. 栏间跑技术

从下栏着地到下一栏起跨攻栏点前的垂直部位之间的跑法叫栏间跑。任务是发挥跑速，保持节奏，准备攻栏。栏间跑是跨栏跑的主要组成部分，与短跑途中跑有很大的区别。栏间跑是在固定的距离上，以固定的步数跑过，同时又要跨越栏架，所以步长、步速和支撑、腾空时间都有变化，构成了栏间跑特有的节奏。9.14米的栏间距离，除去“跨栏步”的距离外，栏间的实际距离为5.5～5.7米，用三步跑过，其三步的步长比例是：小，大，中。

栏间跑第一步最小，一般为1.5～1.6米。其任务是尽快地将跨栏动作转变成跑的动作，为栏间跑速度和节奏的发挥奠定良好的基础。为使跨跑紧密结合，在下栏着地时，应充分发挥踝关节及脚掌力量，借起跨腿的高抬快摆和两臂前后用力摆动，加速身体重心前移。

第二步是栏间跑三步中最大的一步，为2～2.15米，其动作结构和支撑与腾空时间关系与短跑途中跑大致相同，要高抬大腿用前脚掌着地，上体稍前倾，两臂积极前后摆动。

第三步的任务是既要保持和发挥速度，又要为跨下一栏创造条件。其动作特点与跨第一栏前的最后一步相同，形成一个快速的“短步”，摆动腿抬得不高，放脚积极而迅速。落地点靠近身体重心投影点。这一步应是栏间跑速度最快的一步，距离为 1.85～1.95 米。

提高栏间跑的速度，主要是靠加快栏间三步的频率和跑的正确节奏，在保证充分后蹬的同时，力求减少支撑时间，使腾空时间相对略有加长，使肌肉工作用力与放松合理交替。合理的栏间跑技术表现为栏间三步步长比例合理，身体重心高、起伏小，频率快，节奏稳定，直线性强，更加接近平跑技术。

（三）全程跑技术

加快过栏速度，提高栏间跑频率，是创造优异成绩的根本途径。起跑到第一栏步点要准确，跑速逐渐增加，过第一栏并没有达到最高速度，前三栏属于加速阶段，第 4～6 栏达到最高速度，而后速度有所下降，跨最后 2～3 栏时应将注意力集中在保持节奏和准备冲刺上，如感体力不足，跨最后 2～3 栏时腾空要稍高些，以免碰撞栏架损失较大的速度。第十栏距离终点 14.02 米，跨过这个最后的栏架后，要快而有力地摆臂和蹬地，像短跑那样冲向终点和撞线。

三、跨栏跑技术教学

（一）教学重点与难点

（1）重点：跨栏步技术。

（2）难点：“跑跨”和“跨跑”结合。

（二）教学步骤与方法

1. 建立正确的跨栏跑技术概念

教学方法如下：

（1）简要介绍跨栏跑的起源、特点、发展趋势等。

（2）观看高水平跨栏跑比赛视频和录像，讲解现在跨栏跑的整体技术特点。

2. 学习跨栏动作基础技术

（1）由原地跨栏坐压腿开始，在垫子上做攻栏动作，起跨腿伸直在前，带栏腿屈膝小腿折叠夹紧在后，摆动手臂下压配合攻栏腿，做攻栏动作时注意上体重心尽量下压到攻栏腿上，快速摆臂循环下压（见图 1—9）。

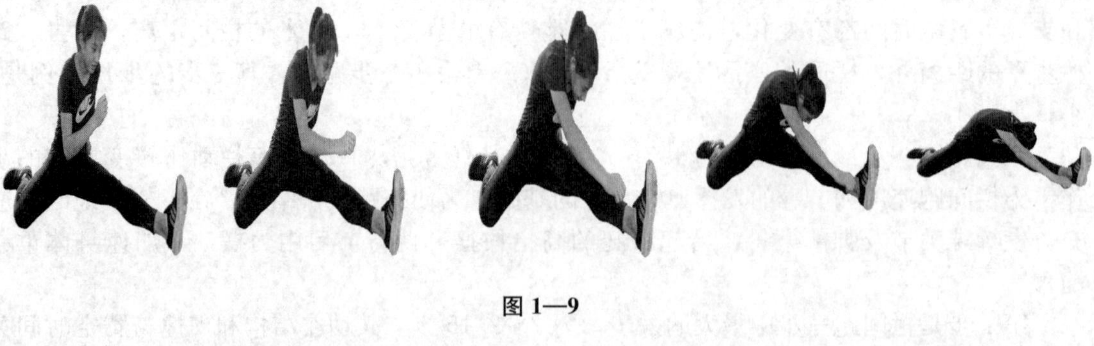

图 1—9

（2）原地绕栏侧，站到栏侧，两手扶住立木，上体挺直，用跨带动绕栏腿绕栏，绕栏时小腿折叠夹紧，膝盖上扬，脚踝向上立住，在栏上做起跨腿屈膝经腋下向前提拉过栏，当起跨腿的膝盖提举到身体正前方时（以免过栏时打栏），绕栏时髋关节打开发力，快速往胸前带（支撑腿蹬直），快速循环绕栏（见图 1—10）。

图 1—10

（3）栏中间走栏技术，过栏时在上栏前 0.5～0.7 米处起跨。摆动腿屈膝，由膝引领，大腿带动，斜上高抬过栏到身体正前，小腿迅速向前摆出，接着大腿积极下压，直腿下落，两臂配合过栏（见图 1—11）。

图 1—11

（4）慢跑或高抬腿跑过栏：起跨点距栏 0.9～1.1 米，过栏动作同前，但幅度小。腾空时间段，注意过栏前和下栏后高重心支撑，上下肢协调配合，不要向上跳，下栏后继续高抬腿跑，准备过下一个栏（见图 1—12）。

图 1—12

（5）注意事项。

1）跨栏步教学是跨栏跑技术教学的重点，教学中可以通过上述分解练习和专门性的练习帮助学生掌握动作。同时要结合跨栏步教学安排较多的发展柔韧性和髋关节灵活性的练习。

2）跨栏步教学中，应注意观察学生练习时的足迹，根据学生的情况确定适宜的起跨距离。

3）跨栏步的专门性练习和技术教学过程中，都应注意下肢动作与上体、上肢动作的协调配合。

3. 学习起跑过第一栏技术

（1）教学方法。

1）确定步点。根据学生的不同水平，在起跨点处分别画出起跨标志，要求学生做站立式起跑用 8 步反复练习。开始可不放栏架，逐渐过渡到跨空栏架、橡皮条等，建立栏前 8 步步长的空间定位感。

2）站立式起跑过第一栏，然后继续跑进。

3）蹲踞式起跑过第一栏，使用起跑器，听信号练习。

（2）注意事项。

起跑到第一栏跑 8 步，起跨点准确，最好在起跨点上做一标记。注意跨栏跑与短跑的区别，注意跑的节奏。

4. 学习过栏与栏间跑结合技术

（1）教学方法。

1）起跑过前三栏。适当缩短栏距，降低栏高，使学生逐步掌握栏间跑技术和节奏。随着技术水平的提高，逐步提高难度。

2）成组站立式起跑跨 3～5 栏。

3）站立式或蹲踞式起跑跨 5 栏、8 栏、10 栏等多栏技术练习。

（2）注意事项。

1）栏间跑的教学，要在起跑过后第一栏技术教学之后进行。

2）栏间跑时重心要高，节奏感要强；攻栏和着地时要高重心，高支撑，减小波动差。

3）下栏时第一步起跨腿积极前摆，有意识地增大第一步。

5. 学习全程跨越跑技术

（1）蹲踞式起跑跨 5～7 栏。用稍稍缩短的栏间距离进行练习，栏高也可适当降低。

（2）不同栏高、栏距的组合练习。

（3）降低栏高的节奏跑练习。根据学生的运动水平选择不同的栏高或栏间距离，以快速过栏，保持高节奏为准。

（4）听发令枪成组练习跨全程栏。

第四节　跨栏跑技术教学法

当今跨栏跑技术发展的走向是动作快速、实用、简化，技术特征是注重跑速和全程节奏，整体技术中突出“跨栏”和“跨跑”的动作衔接，是以跑的概念去完成全程的技术动作。以此为依据的跨栏跑技术教学方法的改革与研究，构成了这一时期的跨栏跑技术教学的中心内容和显著特征。

教法特点：以当今现代跨栏跑的理论和技术特点为教学设计的基本依据，教学强调现代跨栏跑意识，注意跑速和跨栏跑的正确节奏，教学方法强调整体性和系统性特点，教法顺序为“完整法—分解法—完整法”。整个教学过程分为形成轮廓、改进技术细节、整体提高三个教学阶段。

一、建立跨栏跑正确的技术概念

（一）教学目的

建立跨栏跑技术动作的整体概念。

（二）内容

（1）观看高水平跨栏跑比赛的电影和录像，讲解现代跨栏跑的整体技术特点。

（2）通过教师的现场实例和讲解，使学生进一步了解现代跨栏跑技术的实质，并形成正确的动作表象。

（3）采用启发式或开放式教学，引导学生积极思考和讨论，使学生在头脑中建立起正确、清晰、牢固的跨栏跑技术概念。

（三）教法提示

使学生通过视觉和听觉体验跨栏技术的整体感、高速度的动作感以及节奏感。允许和鼓励学生思辨，可采用先放开（让学生畅所欲言）后集中（教师的主导作用）的方式，使教和学良性互动。

二、学习跨栏跑的正确节奏

（一）教学目的

从跑入手，注意速度，形成正确节奏，初步建立现代跨栏跑意识。

（二）内容

（1）60～80米高重心大步快速跑。

（2）6～8个跨栏板的节奏练习，两栏板间距离为8～8.3米，强调摆动腿跨栏板时屈膝高抬。

（3）6～8个跨低栏架（40～60厘米高）或放倒的栏架，栏间距离8～8.3米。

（4）8～10个跨低栏练习，栏架较低（40～60厘米，或后几栏放栏板），栏间8～8.3米，体会全程栏节奏，提高学习自信心。

（三）教法提示

（1）上述练习均应具有较高速度，栏间跑3步，节奏感强，重心高，下栏后第1步要大，过最后一栏后奋力向前跑出10～15米。

（2）及时确定起跑至第1栏的步数（开始练习时跑4步，然后跑6步，再过渡到跑8步），起跑至第1栏的节奏跑是掌握跨栏跑节奏的前提。

三、改进跨栏步技术

（一）内容

（1）原地跨栏坐、原地扶立木绕栏、走栏、或慢跑中做摆动腿模仿练习。

（2）走或慢跑中做摆动腿屈膝高抬攻栏和快速下压栏着地动作。

（3）慢跑或高抬腿跑中做起跨腿从栏侧过栏动作的练习。

（4）慢跑或高抬腿跑中做栏侧或栏中过栏练习。

（5）各种跨栏跑的专门性练习或辅助性练习。

（二）教法提示

注意摆动腿和起跨腿动作的同步性和髋关节的积极向前运动，尤其是摆动腿下压时的扒地落地动作。注意保持栏前和下栏一瞬间的高重心起跨和支撑动作。

第五节　跳跃

田径中的跳跃项目主要有跳高、跳远、三级跳和撑竿跳高四项。其主要的共同点是从静止开始助跑、起跳、腾空（过杆）和落地四个阶段组成。它们之间是紧密相连、相互作用的。其中助跑与起跳相结合，是取得理想成绩的关键。本书主要介绍背越式跳高和跳远两个项目。

一、跳高

跳高是田径运动中克服垂直障碍，用自身能力，通过助跑、单脚起跳，越过一定高度横杆的运动项目。

在跳高技术发展过程中，经历了跨越式、剪式、滚式、俯卧式和背越式五个阶段。实践和理论证明，背越式跳高最为合理。目前，男、女子世界纪录均为跳背越式的运动员所创造。

背越式跳高是人体通过弧线助跑，起跳腾起背对横杆，然后身体依次越过横杆的一种跳高方法。

（一）背越式跳高动作技术

1. 助跑

背越式的助跑一般为 8～12 步，是先跑直线，最后 4～5 步跑弧线，要求跑的速度快、自然、步幅宽大，类似短跑的跑法。弧线助跑时，整个身体向内侧倾斜，使身体重心的运行轨迹短于足迹，造成身体重心降低的优势。助跑速度应逐渐加快，节奏要明显，步点要准确。其步点的丈量方法见图 1—13。

2. 起跳

起跳是跳高技术的关键，主要任务是使身体获得最大的腾起初速度和适宜的腾起角度，并为有效地过杆创造必要条件。故起跳时要发挥爆发力，摆动腿弯腿摆动，起跳脚迅速向前迈出，用脚外侧先接触地面，并向前滚动，转为全脚掌着地，同时身体由倾斜转为垂直。这时摆动腿以髋带动大腿，迅速前摆，两臂也配合腿的动作，向上提肩摆臂，及时做出引肩动作，为身体腾起后转为水平姿势做好准备。

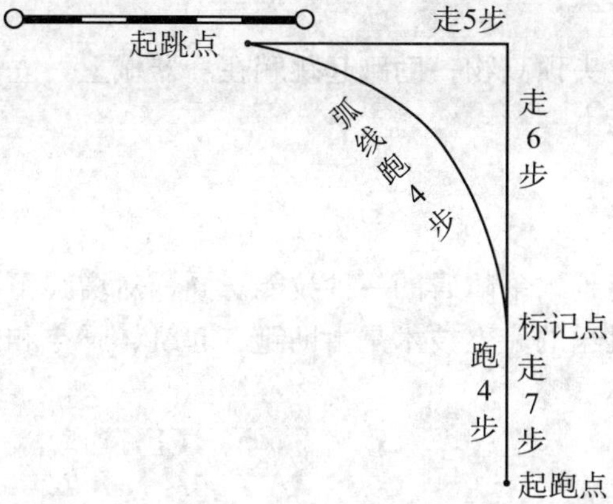

图 1—13

3. 过杆与落地

完成起跳后，身体沿弧线的切线方向腾起，腾起初期身体应保持起跳结束瞬间的垂直姿势。骨盆在起跳时已经转动，腾空后身体继续转动成背对横杆，摆动腿膝关节自然伸展，起跳腿蹬离地面后自然下垂，肩部继续向横杆方向伸展。头和肩部先过杆，过杆后肩部积极下潜，髋部迅速上升并充分展开，两腿膝关节弯曲，两臂置于体侧，在杆上身体成背弓姿势。髋部越过横杆后，抬头、含胸、收腹，上举两大腿，使整个人体越过横杆。身体过杆后，以背部落在海绵垫上。

（二）背越式跳高练习方法

1. 练习弧线助跑技术

沿以 5 米为半径的距离画圆，做由慢到快的跑，体会身体内倾及左、右脚落地与用力部分。

2. 练习起跳技术

1）做 2～3 步的起跳练习。

2）按画好的弧线助跑，对着横杆向上起跳，但不许碰落横杆，掌握起跳方向。

3. 练习过杆技术

1）背对垫子站立，提踵摆臂后倒，以肩背着垫。双脚前脚掌在地面支撑，形成背弓。

2）背对垫子站立（也可站在跳箱上），向后上方跳起，在无支撑状态下做上述背弓与举腿动作，要防止直起直落或向后角度过大。

4. 完整技术练习

1）做上述 1～2 步的过杆练习。

2）做 4 步弧线助跑跳越低杆练习。

3）做 6～8 步助跑背越式跳高练习。

（三）典型错误与纠正方法

(1) 起跳前冲力太大，不能向前跳起。

纠正方法：缩短助跑距离，控制助跑速度；加速节奏感；多练沿弧线助跑。

(2) 起跳时倒体过早。

纠正方法：弧线助跑段身体内倾，直到放起跳脚；对着远段立柱起跳。

（3）“坐杆”。

纠正方法：助跑起跳头顶高物；助跑起跳躺在高器械上，立即做后滚翻；利用踏板增加腾空，加强自我控制能力。

二、跳远

跳远是腾越远度、超越水平障碍的一种技能。同样对增强下肢力量、发展弹跳力、提高灵活性有很大作用。跳远的完整技术是由助跑、起跳、腾空和落地四个部分组成，它们是相互紧密联系的统一体。

（一）跳远技术动作

1. 助跑

助跑的任务是为了在起跳前获得理想的水平速度，并为准备跳板和起跳做好准备。

助跑的距离，应在充分发挥水平速度的前提下，根据个人发挥速度的快慢和身体训练水平而定，男子一般为 35～45 米，女子为 30～40 米。

助跑的开始姿势有两种：一种是从行进中开始的，先由走步或慢跑几步，踏上起跑线后转入起跑；另一种是站立式或半蹲踞式的起跑方法，这种固定的开始姿势，使迈出第一步的步长和速度变化较小，因此助跑比较稳定和准确。

助跑的方式也有两种：一种是积极加速，助跑一开始就用较快的速度跑出，上体前倾较大，随着跑速的增加，上体逐渐抬起，基本达到最高速度，然后在保持最高速度和积极有力地后蹬的基础上，加快跑的节奏；另一种是逐渐加速，在起跳前几步达到最高速度，这种方法比较自然放松，容易掌握。助跑一开始，后蹬就要充分有力，同时骨盆积极前移，随着跑速的加快，上体逐渐抬起，肩带较放松，跑的节奏明显，轻松自然，富有弹性。进入第二标记后，上体接近正直。同时在思想上应有强烈的向起跳板“进攻”的意识，以最高速度平稳地冲向跳板。

2. 起跳

起跳在跳远技术中是很重要的一环。合理的起跳技术，是在快速助跑的前提下，准确而迅速有力地完成起跳动作，从而获得最理想的腾起初速度和适宜的腾起角。

起跳前，支撑腿（摆动腿）积极蹬离地面时，起跳腿积极下压，起跳腿以全脚掌向下、向后猛烈踏击起跳板，踏板同时上体基本正直。摆动腿积极前摆，促使起跳腿踏板速度加快，增加了起踏力量。

蹬离地面是起跳的最后阶段，蹬地的效果取决于蹬地的力量、速度、方向、身体重心所处的位置和腿蹬直的程度，以及摆动腿和两臂的配合等。

当身体重心刚移至起跳腿支撑点上的一刹那，就猛力蹬直三个关节。同时，起跳腿同侧臂屈于胸前，小臂向上，肘关节向前，异侧臂屈于胸前，小臂与地面接近平行，臂的摆动引起两肩紧张并上提，两肘摆至肩部突停。这些动作的快速配合，给地面加大了压力，从而获得了理想的腾起初速度。

3. 腾空和空中动作

起跳结束后，两臂和躯干仍保持起跳时的姿势，起跳腿放松自然地留在身体后面，摆动腿膝关节向前向上，髋部仍保持紧张，两腿充分分开，在空中成跨步式。这个动作称为

“腾空步”或“跨步飞跃”，根据空中动作的不同，保持腾空步的时间也有所不同。跳远的空中动作，目前有蹲踞式、挺身式、走步式三种。

（1）蹲踞式。在腾空步姿势的基础上，当身体上升到最高点时，起跳腿屈膝向前上方摆动，与摆动腿靠拢后成空中蹲踞姿势，同时两臂有力地向上方摆出，然后收腹举腿，使双膝靠近胸部，上体适当前倾，落地前两臂向后摆动，同时借助举大腿的动作，小腿前伸落地（见图 1—14）。

图 1—14

（2）挺身式。起跳后在腾空步姿势的基础上，摆动腿下放、展髋，与起跳腿靠拢，同时挺胸，双臂向下向后经体后摆至上举或起跳后直接上举，充分伸展身体，在空中形成挺身姿势，而后收腹举腿，两臂向前下方摆动，同时前伸小腿准备落地（见图 1—15）。

图 1—15

（3）走步式。运动员离地后在空中做走步动作，通常分为两步半和三步半两种动作技术，可根据自身的能力选择一种。两步半的技术是：起跳成腾空步后，摆动腿积极下压向后摆动，同时起跳腿屈膝，大腿带动小腿向前摆动，完成前后两腿交换动作，同时起跳腿的同侧臂下落后摆，异侧臂经体后向上向前摆动，两臂在体侧做前后交叉绕环，上体稍后仰。随后摆至体后的摆动腿屈膝向前上方摆动与起跳腿并拢，然后收腹举腿伸小腿，两臂摆到体前准备落地。三步半的技术是：在第一次交换腿后，再进行一次两腿的交换，两臂同时在体侧做绕环动作，然后起跳腿向前上举起与摆动腿并拢，准备着地（见图 1—16）。

4. 落地

正确的落地动作是在空中姿势完成以后，两大腿向前上方抬起，小腿随之向前伸出，髋部前移，两臂后摆，当两脚着地后，立即屈膝缓冲，两臂同时由后向前摆，借助惯性作

图 1—16

用成全蹲姿势向前或向侧倒，使上体尽快地移过支点，以免后倒。

（二）跳远技术练习方法

1. 助跑技术训练

（1）在不同质量的跑道上（或在斜坡跑道）进行长于全程距离的助跑（多跑 2～4 步），利用助跑标志，稳定最后 4～6 步的步长。

（2）固定起动方式，使助跑开始段的步长和加速过程定型，保证最初几步助跑步长的稳定，去改进和完善助跑技术，从而提高助跑中速度的利用率，要求达到平跑最高速度 95%以上。

（3）进行变换节奏的加速跑和跑的练习，以培养对跑速和动作的控制能力。

（4）8～12 步助跑后，接步长标志进行缩短步长的助跑练习去提高最后 4～6 步高频率攻板意识。

2. 起跳技术训练

起跳训练的目的是培养运动员在高速助跑中快速起跳的技能，寻找并完善适合个人特点的起跳技术，创造尽可能大的腾起初速度和适宜的腾起角度。

（1）连续 4～6 步助跑起跳成腾空步练习。

（2）短、中距离助跑起跳成腾空步的练习。

（3）8～12 步助跑踏准起跳和正面跳高练习。

（4）短助跑起跳后用手、头触及悬挂在空中的物体，以摆动腿落在沙坑内。

（5）全程助跑起跳（计时）。

（6）在下坡道上的短程助跑起跳练习。

（7）采用助跳板短距离助跑起跳练习。

（8）下坡跑道助跑 10～12 步后转入水平跑道起跳的练习。

3. 腾空落地技术训练

（1）利用踏跳板起跳后完整技术练习，着重前伸腿动作。

（2）逐步增加助跑步数，用高速助跑做完整技术练习。如：3×10＋3×12＋3×14＋3×16＋3×18＋3×20 步助跑跳远练习。

（3）在下坡道上全程助跑的完整跳远技术练习。

（三）典型错误动作及其纠正方法

1. 跳得高而不远

纠正的方法：（1）做上一步的起跳模仿练习。（2）用短助跑体会助跑与起跳相结合的技术，在短距离助跑中体会最后几步的跑法及要求。

2. 跳不起来

纠正的方法：(1) 结合专项技术特点，做些发展弹跳能力的练习，如跨步跳，上 2～3 步单腿起跳摸高悬物等。(2) 用 4～8 步助跑起跳，练起跳腿上抬至蹬直的快速协调配合，上体保持正直地跳过适当高度的横杆或橡皮筋。

3. 助跑步点不准确

纠正的方法：(1) 应用固定的开始姿势，反复进行 30～40 米的加速跑，加强助跑的节奏感，形成习惯。(2) 反复进行全程助跑，练习用眼的余光看标志物，练习每次都踩准标志。

三、发展跳跃能力和基本方法

(一) 发展跳跃的速度能力的方法

(1) 30 米加速跑，重复练习。要求用 100%的速度跑。

(2) 60 米加速跑，重复练习。要求用 100%的速度跑。

(3) 100～150 米加速跑，重复练习。要求用 90%～95%的速度跑。

(4) 15～20 米弯道加速跑，重复练习。要求用 100%的速度跑。

(5) 采用短跑的专门练习。

(二) 发展跳跃力量和弹跳力的练习方法

(1) 立定跳远、立定三级跳远、多级跳、蛙跳、后蹬跑、纵跳等练习。

(2) 各专项的跳跃起跳练习。

(3) 负重半蹲、半蹲跳；纵跳、提踵等练习。

(4) 跳跃栏架练习 (5～8 个栏架，高度为 0.85～1.10 米)。

(5) 跳起屈腿、前后分腿跳等练习。

(三) 发展跳跃灵敏度的练习方法

(1) 适宜的各种球类练习，如篮球、乒乓球等。

(2) 采用体操的技巧，单双杠练习。

(3) 采用专门的游戏练习。

(4) 变速、变节奏的跑跳结合练习。

(四) 发展跳跃的柔韧性的练习

(1) 各种压腿或劈叉练习。

(2) 原地做体前屈、体后屈和各种踢腿练习。

第六节　投掷

投掷是一项力量性运动。它是凭借人体的力量，将形状与重量不同的器械用各种合理的符合规定的姿势，投掷到尽可能远的距离。经常练习投掷项目，可增强力量、爆发力和协调性。投掷项目主要有铅球、铁饼、标枪、链球。本书主要介绍铅球项目。

一、铅球

推铅球是投掷者在投掷圈内用单手持球，通过滑步或旋转，用全身的力量和最快的出手速度将铅球推出，使之尽可能远地落在规定区域内的田径运动的投掷项目。

（一）推铅球技术方法

1. 持球

持球时，五指自然分开，将球放在食指、中指、无名指的指根上，大拇指和小指自然扶住球的两侧。持好球后，手臂放松弯曲，把球放在右侧锁骨窝处，并贴着颈部和下颚，掌心向前，指根顶紧球，持球臂肘关节自然下垂。

2. 预备姿势

预备姿势有侧向和背向两种。

（1）侧向持球后，身体左侧对投掷方向，两脚左右开立、与肩同宽，上体稍向右侧倾斜，重心落在右脚上，右脚外侧靠近投掷圈后内沿，左脚靠近圆心附近并用脚前掌内侧着地。右臂抬起与肩平，掌心向前，左臂自然微屈上举。

（2）背向预备姿势有高姿势和低姿势两种。

1）高姿势：持球后，背对投掷方向，站在圈内靠近后沿处，两脚前后站立，右脚尖靠近投掷圈内沿，左脚稍后且脚前掌或脚尖着地，上体正直，左臂微屈上举，体重落在右腿上，两眼看着下方。

2）低姿势：持球后，背对推铅球方向，两脚前后站立于圈内靠近后沿处。右脚在前，脚尖贴近投掷圈后沿；左脚在后，前脚掌或脚尖着地，与右脚相距两脚掌左右。两腿屈膝，左臂自然下垂并稍向内，体重落在右脚上，两眼看下方。

3. 滑步

滑步有侧向滑步和背向滑步两种。

（1）侧向滑步：预备姿势做好后，左腿向投掷方向预摆 1～2 次，待身体平衡后，左脚迅速有力地向投掷方向摆动，带动身体，同时右脚用力蹬地，迅速向前滑步，使身体重心向投掷方向移动。当滑到投掷圈中心附近时，左脚迅速落地，完成滑步动作，为最后用力创造条件。

（2）背向滑步（以高姿势为例）：预备姿势做好后，左腿向投掷方向预摆 1～2 次，待身体平稳后，左腿向后上方摆起，同时弯曲的右腿也向上伸展。左腿回摆靠近右腿时，右腿下蹲，上体前屈团身，接着左腿向投掷方向迅速有力摆出并带动身体，同时右脚积极蹬地，并迅速收拉小腿，以前脚掌向投掷方向滑动。在滑动过程中，右侧脚、膝、髋逐渐向左转动，前脚掌着地于圆圈中心附近，左脚积极用前脚掌内侧迅速落地，为最后用力创造良好条件。

4. 最后用力

最后用力是推铅球技术的重要环节，最后用力动作是否正确取决于出手的角度、投掷的角度和出手点的高度。当滑步结束，左脚一着地，就开始进入最后用力阶段。推球时，右脚迅速用力蹬地，脚跟提起，膝盖向内转，同时髋部也边转边向前送出，上体逐渐抬起并向投掷方向转动，右髋先于右肩。当身体左侧接近与地面垂直的瞬间，以左肩为轴，右腿迅速伸直，身体转向投掷方向。此时挺胸，抬头，左腿支撑，右肩前送，右臂迅速用力向前上方推球，同时伸直左腿。推球时，手腕用力并用手指积极拨球，球出手后两腿立即换步，并降低重心以维持身体平衡。

5. 维持身体平衡

由于推铅球时向前上方用力，铅球出手后身体仍然有向前的惯性冲力，容易使身体接触圈外而造成犯规。因此，当球推出后应迅速做右、左脚交换动作，使右脚在前，左脚在后并下压，右臂带动左肩（左侧）往后摆，右腿屈膝降低重心，减缓前冲，使身体维持平衡。

（二）推铅球的练习方法

（1）首先采用一些简易练习发展臂力、手腕和手指的力量，如俯卧撑或用手指撑地做俯卧撑、推离墙壁、“推小车”（一人俯卧，另一人以两手抱其双腿或以手握其脚腕，向前推行，而俯卧者以两手支撑，并交替向前如推车）和互推、互拉角力等。

（2）用实心球做各种抛接，发展腿部和腰、腹、背部肌肉力量，以及身体各部位的协同用力。

（3）熟悉球性。可以用较轻铅球左（右）抛右（左）接、上下抛接、抓接等练习，同时发展腕、指力量。

（4）学习握球、持球和原地正面、侧面推铅球。主要是体会伸臂、拨腕、拨指动作以及两腿蹬伸力量和以胸带臂向前上方推球。

（5）先徒手练习侧向滑步或背向沿步技术动作，待动作较熟练后，再持器械练习。

（6）在铅球圈内做完整的滑步推铅球技术动作。

（三）典型错误与纠正方法

1. 滑步时重心起伏大，滑距短

纠正的方法：（1）加强“移摆蹬”的配合练习和“拉收扣”的练习。（2）臀部后移时，上体前探。（3）做滑距标志物，要求滑到标志上。

2. 滑步接最后用力停顿

纠正的方法：（1）右腿做快速滑步拉收后即蹬地，左腿快速落地的制动支撑。（2）原地做左腿向后插撑，同时右腿跳转送髋练习。（3）用轻球做推铅球动作，体会滑步后快速蹬地转髋动作。

3. 出球时臀部后坐

纠正的方法：（1）手扶练习者髋部，帮助向前转送髋部。（2）用标志固定最后用力时两脚距离。（3）多做蹬腿转送髋部的练习，同时做好左撑右跟的练习，体会正确用力顺序。

4. 推球时上体后仰

纠正的方法：（1）反复做胸带肩、球共进中的推臂甩腕拨指用力练习。（2）要求先做蹬腿送髋，再抬体练习（1）。（3）反复做原地推铅球动作，体会用力顺序的正确性。

5. 推球时肘关节下降，形成抛球

纠正的方法：（1）持球时肘向前转，勿向下垂。（2）多做原地正面推铅球的练习，强调起体时的抬肘动作。

二、发展投掷能力的方法

（一）发展投掷技术能力的方法

（1）通过反复的徒手模仿练习，使学生初步建立技术动作概念。

（2）通过轻器械的辅助练习，使学生掌握正确的技术动作。

（3）通过重器械的辅助练习，使学生发展专项投掷力量。

（4）参见“推铅球的练习方法”（3）、（4）、（5）、（6）项。

（二）发展投掷体能的方法

（1）通过各种跳跃练习发展学生的腿部力量。

（2）利用杠铃、单双杠器械发展学生的上肢力量。

（3）通过负重半蹲、半蹲跳发展学生下肢爆发力。

（4）通过抓、挺、推、提铃发展学生全身肌肉力量。

（5）参见“推铅球的练习方法”（1）、（2）项。

第二章　球类运动

第一节　足球

一、足球运动概述

足球运动的历史悠久。据史书记载，公元前475年战国时期我国就有称为“蹴鞠”或“蹋鞠”的以脚为主支配球的足球游戏；到了唐代还在女子中盛行。1863年10月26日，英国人在伦敦成立了世界上第一个足球运动组织——英格兰足球协会（人们把这一天当作现代足球运动的诞生日），至今已有150余年的历史。足球运动的对抗性很强。队员在比赛中采用各种符合规则的奔跑、急停、转身、倒地、跳跃、冲撞等动作，在活动中与对手展开激烈争夺。再加上足球运动主要是用脚支配球，并可进行合理冲撞，所以，足球技术和战术都比较复杂，难度也大，对抗性很强。足球运动有广泛的群众性。正因为足球运动具有很强的对抗性和复杂性，比赛时间长，赛场大、参与比赛的人数又多，室内室外都可进行，再加上每场比赛胜负难料，所以人们非常喜欢从事足球运动和观赏足球比赛，它的趣味性决定了它的群众性。踢球的人多，看球的人更多，已荣获“世界第一运动”的美誉。

足球运动对队员的集体观念要求高。它是众多队员共同参与的集体项目，要求每一个队员在比赛中必须做到齐心协力、密切配合、充分而协调地发挥个人与集体的作用，才能达到战胜对方的目的，所以对队员的组织纪律性和集体主义精神有很高的要求。在职业技术院校中，足球运动是一项适合所有男生参加的运动，和其他运动相比，由于其条件比较艰苦，要受风吹、日晒、雨淋，从而更能锻炼人的意志品质和身体素质，更能适应各种工作环境，很适合将来从事职业技术工作的学生。

二、足球基本技术及练习方法

足球运动员在比赛中，用人体各个部位去合理地支配球的动作方法总称为足球技术。基本技术是运动员在比赛中常用的动作方法总称。足球基本技术包括运球、踢球、停球、头顶球、抢截球、假动作、掷界外球和守门员技术八种。

（一）常用的运球方法

1. 脚背正面运球

（1）动作要领。

脚背正面运球多在越过对手之后，前方纵深距离较长，仍需要快速运球前进情况下使用。跑动时，身体自然放松，上体稍前倾，两臂自然摆动，步幅不宜过大，运球脚提起，膝关节稍屈，髋关节前送，提踵，脚尖下指，在着地前用脚背正面部位触击球后中部将球推送前进（见图 2—1）。

图 2—1

（2）易犯错误及纠正方法。

1）运球时，不是推拨球，而是脚尖捅球，球离身体过远，失去控制。纠正方法：多做原地运球练习，体会脚与球接触的感觉。

2）支撑脚离球过远，身体后仰；触球后，身体重心不能随球前移。纠正方法：反复做无球跑动练习，提醒自己重心降低。

（3）练习方法。

1）颠球练习。用单脚脚背正面颠球，或两脚交替颠球，体会脚与球接触的感觉。

2）学生按动作要领做无球跑动模仿练习。提醒自己注意重心降低，身体放松。

3）走动中用单脚脚背正面运球。

4）慢跑中用单脚脚背正面运球。

5）走或慢跑中两脚交替脚背正面运球。

2. 脚背外侧运球

（1）动作要领。

脚背外侧运球时，身体自然放松，上体稍前倾，两臂自然摆动，步幅不宜过大。运球脚提起时，膝关节弯曲，脚跟提起，脚尖稍内转，在迈步前伸脚着地前，用脚背外侧向前推拨球，球直线运行。向前侧推拨球，曲线或弧线运行（见图 2—2）。

图 2—2

（2）易犯错误及纠正方法。

1）运球时，膝关节没弯曲，推球力量大，球离身体过远，失去控制。纠正方法：按动作要领做无球模仿练习。原地做用脚背外侧将球推拨出后，用脚底拉回，再推拨出去，反复练习。

2）脚尖不内转，触球部位不正确，控制不好运球方向。纠正方法：做二人脚背外侧踢地滚球练习。

3）身体重心过高或臀部后坐，身体重心不能随球前移。纠正方法：做一步一触球练习。

（3）练习方法。

1）用左脚脚尖将球向自己身体这侧拉回来，然后用右脚脚背外侧将球推出去。接着用右脚脚尖拉回（见图 2—3）。反复进行上述练习。

2）走或慢跑中做脚背外侧直线运球，一步一触球。

3）单脚拨球练习。用单脚脚背外侧连续向外侧转圈拨球。一步一步拨球，球沿小圆圈行进。

4）用右脚脚背外侧将球推出，然后用右脚外侧置于滚动的球前面，前球停住（此时支撑脚在球后面）。以右脚为轴转身 180°，然后用右脚背外侧向前推出。

5）足跟提起，双脚内八字行走。

图 2—3

3. 脚背内侧运球

(1) 动作要领。

身体稍侧转，自然协调放松，步幅小，上体前倾，运球腿提起外展，膝微屈外转，提踵，脚尖外转，使脚背内侧正对运球方向，在运球脚落地前用脚背内侧推拨球，使球随身体前进（见图 2—4）。

图 2—4

(2) 易犯错误及纠正方法。

1) 只顾低头看球，而不能随时观察场上情况，以致不能及时传球或射门。纠正方法：练习时前面设定目标，学员要提醒自己注意观察目标的变化。

2) 运球时，不是推拨球，而是踢球，以致球离身体过远而失去控制。纠正方法：练习原地脚背内侧推拨球，体会脚背内侧与球接触的感觉。

(3) 练习方法。

1) 用左脚脚尖将球向自己身体这侧拉回来，然后用右脚脚背内侧将球推出去。接着用右脚尖拉回。反复进行上述练习。

2) 走或慢跑中做脚背内侧直线运球，一步一触球。

3) 单脚拨球练习。用单脚脚背内侧连续向内侧转圈拨球。一步一步拨球，球沿小圆圈进行。

4) 用右脚脚背内侧将球推出，然后用左脚内侧置于滚动的球前面，将球停住。反复练习。

5) 足跟提起，双脚外八字行走。

(二) 踢球

踢球是足球技术中最主要的技术。踢球的主要方法有脚背正面踢球、脚背内侧踢球、脚内侧踢球、脚背外侧踢球。

1. 脚背正面踢球

脚背正面踢球又称为正脚背踢球。这种踢法摆幅大，摆腿方向和助跑方向一致，脚与球接触的面积大，是射门、罚任意球和远传球常用的踢法（见图 2—5）。

脚背正面踢球又分四种情况：

(1) 踢固定球。

1) 技术要领：直线助跑，支撑脚踏在球的侧面 10～12 厘米处，脚尖正对出球方向，膝关节微屈，积极稳固地支撑身体重心。在支撑脚着地的同时，摆动腿以髋关节为轴带动

图 2—5

小腿迅速前摆。接触球的瞬间脚踝紧张用力，踢球腿膝盖在球的正上方（见图 2—6）。以脚背的正面击球的正后方，腹稍后收，踢球后身体及踢球腿随球前移。

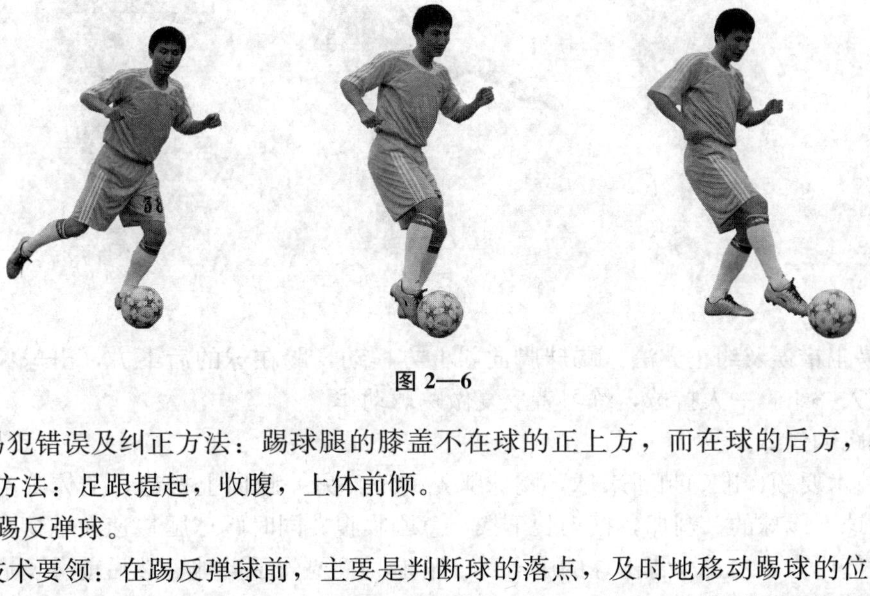

图 2—6

2）易犯错误及纠正方法：踢球腿的膝盖不在球的正上方，而在球的后方，易将球踢高。纠正方法：足跟提起，收腹，上体前倾。

（2）踢反弹球。

1）技术要领：在踢反弹球前，主要是判断球的落点，及时地移动踢球的位置，掌握球由地面反弹起来的时间和角度。一般是当球弹起约 5 厘米，反弹到踢球腿垂直线的下方，脚背紧张并与地面保持垂直，小腿急速前摆踢球的后中部（见图 2—7）。

2）易犯错误及纠正方法：错误一为膝盖没有在球的正上方，上体后仰，出球偏高。纠正方法：足跟提起，收腹，上体前倾。错误二为踢球时脚腕放松，出球无力。纠正方法：做踝关节紧张的小腿摆动动作。

（3）踢凌空球。

1）技术要领：踢球时侧对出球方向，支撑脚脚尖指向出球方向，上体倾向支撑脚一侧，以支撑脚的外缘支撑身体重心。当球到达腰部高度，以高举大腿带动小腿急速挥摆踢球。用脚背正面击球的后中部，两臂自然摆动维持身体平衡。在摆腿踢球的瞬间，身体随着踢球动作向出球方向扭转，并侧倒与地面平行。踢球后，面对出球方向（见图 2—8）。

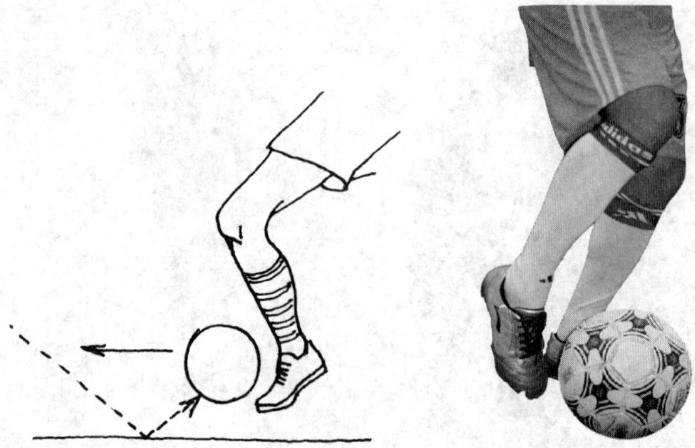

图 2—7

图 2—8

2）易犯错误及纠正方法：踢球脚向斜上方摆动，踢在球的后下方，出球偏高。纠正方法：两人一组，一人持球，练习者反复做踢球动作。

（4）踢倒勾球。

1）技术要领：准确判断来球，踢球腿先蹬地，另一腿向上摆起，上体腾空后仰，两眼注视来球。踢球的一刹那，摆动腿下摆，急剧收腹，同时踢球腿快速向球摆去，脚尖伸直，踝关节用力，用正脚背击球的中上部。落地时，要先手着地，然后前臂、肩、背、臀部依次缓冲着地（见图 2—9）。

图 2—9

2）易犯错误及纠正方法：落地时不是以手先撑地和屈肘，或是没有收腹折体，手腕易挫伤。纠正方法：做原地的无球倒勾练习，注意身体保护。

2. 脚背内侧踢球

脚背内侧踢球又称内脚背踢球。踢球时由于球在身体的侧面，能用身体挡住对方的抢截和有利于做假动作。由于是斜线助跑踢球，所以容易踢出弧线球。适合于大力踢球、长传球和射门等。

（1）技术要领。

斜线助跑与球成45度角，支撑脚踏在球的后侧25～30厘米的地方，膝稍屈。踢球腿后摆时，腿和脚稍外转，脚跟提起，脚尖向下（见图2—10）。踢球时，踢球脚前摆，上体向支撑脚方向侧倾，以大趾骨后方的脚背部击球。踢球后，踢球腿继续前摆，身体重心跟上（见图2—11）。

图2—10

图2—11

（2）易犯错误及纠正方法。

1）踢球时，上体后仰，把球踢高。纠正方法：身体前倾，重心略向左倾。

2）脚尖外转不够，踢球的部位不正确，助跑方向不是斜线；摆动腿的方向不是出球的方向，易向左肩方向摆出，造成踢不准。纠正方法：反复做原地支撑摆动腿练习。

3. 脚内侧踢球

脚内侧踢球又称脚弓踢球。脚内侧面积大，踢球准确，是最常用的中、近距离传球和射门的方法（见图2—12）。

图2—12

（1）技术要领。

踢球时支撑脚踏在球的侧方，距球 15 厘米左右；踢球腿以髋关节为轴后摆，当前摆时，膝盖外转，脚尖勾起，使脚掌与地面平行，脚内侧正对出球方向，击球的后中部；踢球后，踢球腿继续前摆。

（2）易犯错误及纠正方法。

1）踢出的球有旋转，方向不直。纠正方法：反复进行无球的外展前摆动作。

2）球传不远或传出的球没有力量。纠正方法：踝关节要紧张，做固定球的触球部位练习。

4. 脚背外侧踢球

适合于踢地滚球，它的用途很大，如射门、传球等，尤其是便于踢向外旋转的弧线球。靠近踢球脚一侧的来球，如用右脚踢右侧、右前方或右后侧方的来球，一般踢出的球多为直线球；踢正对踢球脚的来球和踢脚内侧方来球，踢出的球为弧线球（见图 2—13）。

图 2—13

（1）技术要领。

支撑脚踏在球的侧方 10～30 厘米处，同时踢球腿以髋关节为轴后摆。踢球时，踢球腿脚尖向里转，同时下垂，脚背挺直，大腿摆动，以外脚背和第三、第四、第五趾骨部位击球的中部。支撑腿稍屈，两臂自然张开。

（2）易犯错误及纠正方法。

踢出的球没有力量、触球的部位不正确、摆动腿方向有错误。纠正方法：进行摆动练习，反复做踝关节内扣后的加速前摆动作。

5. 踢球的练习方法

（1）踢象筋球。由于这种球是固定的，可连续地踢，加大练习密度。

（2）对线网或足球墙踢球。可踢固定或活动球，也可连续踢，能提高踢球力量和准确性。

（3）二人对踢。采用不同距离相互传球，不仅逐步提高踢球准确性和力量，而且同时提高了接停球能力。

（4）踢定位球和射门练习。

（三）停球

1. 停球的定义

停球是指运动员有意识地把球接下来，让球在自己控制的范围内，便于更好地连接下一动作。

2. 停球的方法

比赛中经常用的有脚内侧停球、脚背外侧停球、脚背正面停球、胸部停球、大腿停球等。

(1) 脚内侧停球分三种情况：

1) 停地滚球。技术要领：面对来球，支撑腿膝关节微屈，上体前倾，身体重心放在支撑脚上。停球脚提起（不到一球高），膝关节外转，足尖跷起，使脚内侧对准来球。当脚与球接触时，停球脚略后撤或向前推拨球，把球控制住（见图 2—14）。

图 2—14

2) 停反弹球。技术要领：支撑脚踏在球的落点的侧前方，膝关节弯曲，上体稍前倾并向停球方向微转，同时停球脚提起，踝关节放松，用脚内侧对准球的反弹路线。当球落地反弹刚离地面时，用脚内侧推压球的中上部。如果要把球停向左侧，支撑脚应踏在球落点的左侧方，脚尖指向左侧，同时上体也向左侧前倾。

3) 停空中球。技术要领：停球脚的大腿高抬，膝关节弯曲，脚内侧对准来球。在球与脚接触的一瞬间，脚迅速向下拉球，把球停在身前（见图 2—15）。

图 2—15

(2) 脚背外侧停球：接球腿提起屈膝，脚内翻使小腿和脚背外侧与地面成一锐角，并对着接球后球运行的方向，脚离地面的高度应略等于球的半径，然后大腿向接球后球运行的方向推送，同时身体随球移动（见图 2—16）。

(3) 脚背正面停球：看准来球，选好支撑脚位置。停球脚提起迎球，以脚背对准下落的球。当球与脚背接触之际，迅速下拉，使球和脚一起落下（见图 2—17）。

图 2—16

图 2—17

（4）胸部停球有两种方法：

1）收胸停球。技术要领：两脚前后开立，两臂自然张开，挺胸迎球。当球与胸部接触时，迅速缩胸、收腹，以缓和来球力量，把球停在脚下，跟上进一步控制球（见图 2—18）。

图 2—18

2）挺胸停球。技术要领：两脚前后开立，两膝微屈，胸部向上挺出，使身体略后仰，迎下落的来球。当球与胸部接触之际，把球微微弹起。球下落时，把球直接踢出或控制住

（见图 2—19）。以上两种方法，都可以转身而改变停球方向。

图 2—19

（5）大腿停球：停球时高抬大腿使其与地面平行，当球与大腿接触时，迅速放松下撤，使球落在身前控制范围内（见图 2—20）。

图 2—20

3. 停球练习方法

（1）原地停球练习。

两人相距 10～15 米，甲向乙身前用手抛球，乙可练习各种停球。

（2）移动中练习停球有三种方法：

1）两人面对相距 10～15 米，甲传球，乙停球。先传脚下球，然后向两侧传，接球者在跑动中停球。

2）两人面对相距 10～15 米，甲掷球，乙停球。甲掷向乙的身前和两侧，乙跑动中完成停反弹球和空中球。

3）两人面对相距 10～15 米踢球，接球一方练习各种停球。

（四）头顶球

1. 头顶球在足球运动中的作用

在当代激烈的足球比赛中，头顶球是争夺空中球的有效手段。头顶球可以将高空球直接传出或射门，它在进攻和防守中都起着重要作用。

2. 头顶球的方法

头顶球主要分为正面头顶球和侧面头顶球，又可分为原地头顶球和跳起头顶球。

（1）正面头顶球：用前额的正面将球顶出是正面头顶球（见图 2—21）。原地头顶球时，两眼注视来球，两脚前后开立，膝关节弯曲，上体后仰，两臂自然张开，身体重心放在后脚上。然后两脚用力蹬地，上体由后急骤前摆，收腹，保持颈部紧张，将球顶出。身体恰好和地面垂直时，头部刚好顶上球。跳起正面头顶球时，要判断来球，助跑起跳，上体后仰，两臂张开，两眼注视来球。然后收腹、屈体，用前额正面将球顶出。当跳至最高点时，将球顶出。单、双脚起跳都应当很好地掌握。

图 2—21

（2）侧面头顶球：用额侧将球顶出是为侧面头顶球。原地侧面顶球时，身体正对来球，两脚左、右或前后开立，膝关节稍曲，上体和头偏向一侧（出球方向相反的一侧）。脚蹬地同时侧转体，以甩头的力量用前额的侧面，在身体和地面垂直时，将球顶出。跳起侧面顶球时，判断来球起跳，身体向一侧弯曲，在身体和地面垂直时，急速转体，甩头迎球，用额侧将球顶出。

3. 头顶球练习方法

（1）顶吊球练习，原地、跳顶都可以练习。

（2）头部顶球，练习睁眼与体会部位。

（3）两人一球对顶，可一抛一顶，练习原地或跳起顶球。

（4）接抛球或角球，顶球射门。

（5）三人一球一组，甲抛高球，乙、丙争顶。

（五）抢截球

1. 抢截在足球运动中的作用

抢球是在规则允许的条件下，借用身体某部分合理动作，把对方控制下的球夺过来或破坏掉。在现代足球全攻全守的比赛中，紧逼对手，积极抢截，抢截成功就意味着由防守转为进攻的开始。没有抢截就没有防守，没有攻守转化，就没有现代足球运动。

2. 抢截的方法

抢截主要包括正面的、侧面的和后面的三种抢截方法。

（1）正面抢球在对手运球脚触球的一刹那，猛然上前抢球。以抢球脚的脚内侧正对来球，膝关节弯曲，后腿蹬直，身体重心由后脚移到前脚上，上体前倾。

（2）侧面抢球和运球队员并肩跑动中的抢球称侧面抢球。最常用的方法是用身体合理冲撞对手，使其失去身体平衡，将球抢过来。

（3）后面抢截（铲球）是抢截技术中比较困难的，有两种方法：一种是脚掌铲球，另一种是脚尖或脚背铲球。

3. 抢截球练习方法

(1) 做正面抢球的弓箭步动作。

(2) 两人在并排走动、慢跑和快跑中进行合理冲撞练习。

(3) 在沙坑或草皮地上进行模仿铲球练习。

(4) 甲：慢速运球；乙：做正面、侧面和铲球练习。

(六) 假动作

为了摆脱和运球突破对手，经常使用各种假动作，假动作分为无球和有球假动作，这里只介绍有球假动作。

1. 假动作的方法

(1) 踢球假动作。当对手迎面跑来抢球时，先做踢球假动作，使对手离开传球路线，然后正式传球。

(2) 停球假动作。当接同伴传球对手上来抢球时，可先做假动作，向左方停球，然后突然改变方向，向右侧停球。

(3) 运球假动作。准备由右侧运球越过对手时，先向左侧拨球，当对手向左侧堵截时，突然向右侧拨球，越过对手前进。

2. 假动作的练习方法

(1) 练习无球假动作。

(2) 运球过程中完成下肢和上体虚晃假动作。

(3) 设消极防守者的各种假动作练习。

(4) 在对手紧逼防守的情况下，利用假动作摆脱对手练习。

(七) 掷界外球

掷界外球是进攻中传球的一种，特别是在对方罚球区附近掷界外球，跟角球一样会给对方球门造成威胁。

1. 掷界外球的方法

(1) 原地掷界外球：两手自然张开持球，虎口相对，略靠球的后方。两脚左、右或前后开立，直臂将球举至头后上方，上体后仰，膝关节弯曲。持球时，两脚蹬地，收腹向前屈体，两臂急速前摆，用腕力量将球掷出（见图2—22）。

图 2—22

(2) 助跑掷界外球：助跑时，将球持于胸前，在最后一步迈出的同时，将球上举至头后。然后要领同原地掷界外球一样。

2. 掷界外球的练习方法

（1）掷实心球。

（2）两人一组，对面掷球。

（3）掷远测验。

（八）守门员技术

守门员的技术包括各种接球、扑球、掷球、托球、踢球和发球门球等。

1. 守门员的准备姿势和移动步法

（1）准备姿势：两脚并立与肩同宽，两膝弯曲。两臂自然弯曲，两眼注视来球（见图2—23）。

图 2—23

（2）移动步法经常采用侧滑步和交叉步向两侧移动，还要用上步和后撤步进行前后移动。

2. 守门员接球

（1）接地滚球：这种接球有两种方法（见图 2—24）：第一种方法是两脚并立，上体前屈，两臂自然下垂，手拿对球。在手接球时两臂弯曲，抱球于胸前。第二种方法是单腿跪撑接球，具体接球方法同前一种方法。

图 2—24

（2）接平直球：移步使身体正对来球，接球时，身体稍前倾，两臂自然前伸迎球。当球与手接触时，两臂回缩缓和来球力量，顺势抱球于胸前（见图 2—25）。

图 2—25

（3）接两侧高球：判断落点抢点起跳，两臂上伸迎球。接球时，手、臂弯曲，将球抱于胸前（见图 2—26）。

图 2—26

（4）拳击球：在情况不允许接球时，守门员常用单拳或双拳将球击出（见图 2—27）。

图 2—27

（5）扑接球：接地滚球时，踏跳脚用力蹬地，向球扑出。在两手接球的同时，将球抱于胸前，团身护球（见图 2—28）。

图 2—28

扑空中球时，蹬地跳出身体跃起腾空，与地面平行，两臂伸出将球接住。落地时，前臂、肩、上体、下肢依次触地，团身护球（见图 2—29）。

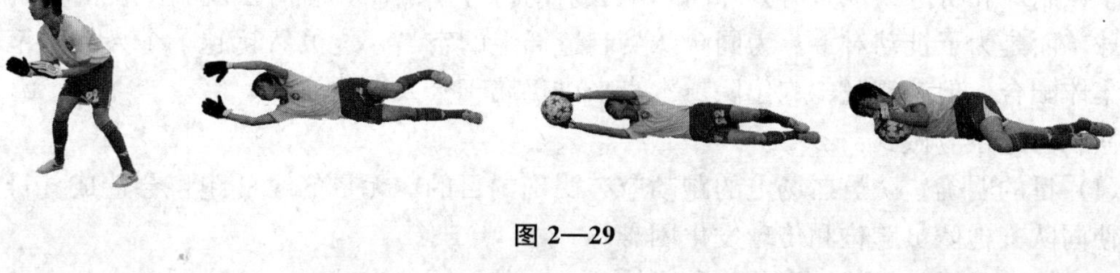

图 2—29

3. 守门员掷球

球上举过肩，身体侧转，利用后脚蹬地，迅速转体，用力挥臂将球掷出（见图 2—30）。

图 2—30

4. 守门员抛起踢球

抛起踢球可分抛球踢空中球和踢反弹球。踢球要领同前面正脚背踢凌空球和踢反弹球。

5. 守门员技术练习方法

（1）徒手步法练习。

（2）在垫上扑球练习。

（3）守门员守门，另一人在罚球点掷球或踢各种球，守门员练习接、扑球。

三、足球基本战术

根据双方的实力和自身的特点，运动员充分发挥技术、体力、意志和集体力量，战胜对方的手段和谋略，称为足球战术。战术分为进攻战术和防守战术，在攻守战术中又都分个人战术和集体战术。个人战术，是指个人在比赛中配合全队攻守战术而采取的动作和方法。集体战术是指在比赛中，两个或两个以上队员为完成全队攻守战术任务而采取的协同动作和配合方法。个人战术是集体战术的组成部分，集体战术是一系列个人战术的综合。

（一）个人进攻战术

个人进攻战术主要是摆脱与跑位。当队员得球时，就要发动一次进攻，同队其他队员的任务就是摆脱对手的紧逼，以在没有阻挠的情况下获得同队队员的传球，完成战术配合，把进攻推向对方球门，争取射门进球。

在对手紧逼的情况下，多数的跑位都要采取摆脱的动作。因此，摆脱与跑位二者是相互关联的。摆脱就是甩掉对手对自己的看守，跑位则是跑到有利于进攻的位置上去，达到有利于控制球和将进攻推向对方球门，争取射门得分。然而，有时摆脱、跑位的目的不在于接球，而是为了扯动对手，为同队队员制造插上的空当，这虽然超越了个人战术范围而属于集体配合。但就摆脱、跑位队员本身来讲仍属于个人进攻战术。

摆脱与跑位应做到：

（1）目的明确。队员在场上的跑动应有明确的目的，无目的时乱跑将会造成扎堆、堵塞，使同队其他队员跑位和传球发生困难。

（2）机动灵活、足球比赛是一种集体活动，某一同伴有球时，往往同时有几个队员在跑位，这几个同时跑位的队员就应该互相默契，相互配合，要做到跑位机动灵活，必须随时观察场上情况，随机应变。

（3）行动及时而突然。场上出现空位和传球良好时机，往往是转瞬即逝。因此，一旦出现空位和传球的时机，就应立即突然摆脱对手进行跑位。

（二）集体进攻战术

局部战术是集体战术的基础，是个人技术的合理运用。传球、摆脱对手跑空位、运球过人、射门等动作是进攻中的基础战术动作。而封锁、抢截是防守中的基础战术动作。

具体配合形式有以下几种：

（1）斜传、直插“二过一”。

（2）回传、反切“二过一”。

（3）踢墙式“二过一”。

以斜传、直插“二过一”（见图 2—31）为例：这种配合一般由后面队员甲发动，第一次传球要传出快速脚下球，便于乙接应。这时的关键在于甲快速直向插上，乙根据甲的速度和防守者的位置，及时把球传到有利空当。在禁区前，二人之间默契地完成这样的配合，可以直接威胁对方大门。进行“二过一”配合的要领是：传球准确、速度快、接应快、摆脱快。

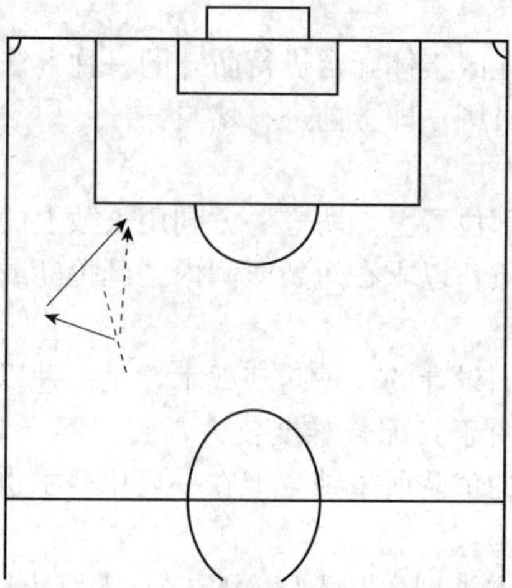

图 2—31

（三）定位球进攻战术

定位球战术包括中圈开球、掷界外球、球门球、角球、任意球、点球等攻守战术。由于定位球战术是利用比赛开始或“死球”后重新开始比赛的机会所组织的攻守战术，对攻方来说，定位球的第一传是在没有阻截情况下进行的，容易组织进攻和射门，特别是踢角球和在对方罚球区附近罚任意球时，如战术组织得当，进球的可能性就大；对守方来说，则有一定的时间组织防守。据近年统计资料表明：在世界杯比赛中，进球总数的 25%左右是定位球破门。因此，目前定位球战术已被普遍重视。

1. 角球进攻战术

直接传至球门前，同队队员包抄攻门。一般由踢球较好的队员主踢角球，并由头顶球能力较强队员争顶射门。踢角球一般是踢内弧线球把球传至远端门柱前 10 米左右地点。包抄队员应在球发出后，根据球的运行路线选择位置抢点射门，而不要过早地等在那里；也可将球踢至近端门柱附近，由处于中间位置的同伴抢点射门或经过一次顶球“摆渡”。跟进队员抢点射门。

2. 任意球进攻战术

在中、后场的任意球，一般要求进攻队员快速、准确地传球；防守队员迅速退守到位，盯住相应的对手。在前场，尤其在罚球区附近的任意球，它能直接威胁球门，是一次极好的射门机会。各队都十分重视罚球区附近和门前 30 米左右的任意球的攻守战术配合。

直接射门：罚直接任意球时，如距球门较近，守方筑“人墙”有漏洞时或守门员位置不当，或攻方某队员善于踢弧线球时，要大胆采用直接射门。

直接射门时应注意：

（1）当守方正在筑“墙”，尚未布好防线或筑“墙”有漏洞，以及守方守门员位置不当时，应抓住这一时机直接射门。

（2）当守方已布好防线时，应由射门脚法较好，善于踢弧线球的队员直接射门。同时其他进攻队员则要采用穿插跑位等行动干扰守方队员和守门员。

（四）集体的局部配合防守战术

1. 补位

补位是足球比赛中局部地区集体配合进行防守的一种方法。当防守过程中一个防守队员被对手突破时，另一个队员则立即上前进行堵封。

2. 围抢

围抢是指比赛中在某局部位置上，防守一方利用人数上的相对优势（通常是两三个队员）同时围堵对方的持球队员，以求在短暂时间内达到抢断或破坏对方的目的。

3. 造越位战术

造越位战术是利用规则而设计的一种防守战术，是一种以巧制胜的省力打法，因而成为一种重要的防守手段。但由于其配合难度较大，配合不当会适得其反，让对手钻空子，因此战术往往是为水平较高的球队所采纳，但在一场比赛中也不是多次运用。

（五）全队防守战术

防守战术可分为两种基本类型：盯人紧逼防守（人盯人防守），即在规定的范围内盯人紧逼，不交换看守；区域紧逼防守（盯人和区域相结合），即现今流行的综合防守，紧逼和保护相结合，在个人的防区内紧逼，做交替看守。盯人防守即各自都有明确的防守对象，如对方左边锋大幅度地斜插至右路，则右后卫紧跟盯防，不交替看守。防守最根本的原则是紧逼和保护。只有紧逼才能有效地主动断抢，压制对方技术的优势而获取主动权；保护是为了更好地紧逼和控制空当。

1. 比赛阵型的发展和演变

为了适应攻守战术的需要，全队队员在场上的位置排列和职责分工，称为比赛阵型。各阵型的名称是按队员排列的形状而定。自 19 世纪中期世界上有了第一个足球比赛阵型至今日的“四三三”、“三五二”、“四四二”等，以及某些国家所采用的“水泥式”、“锁链式”等，都是沿着这一个客观规律演变和发展的。

2. 各个位置的职责

（1）边后卫的职责：边后卫主要是防守对方的边锋以及其他进攻队员在边路的活动，破坏对方由边路发动的进攻。同时还可利用插上助攻式运球来直接威胁对方球门。

（2）中后卫的职责：中后卫有突前中后卫和拖后中后卫之分。前者主要任务是盯守对方突前的最有威胁的中锋，因而又被称为盯人中后卫；后者则主要担负整个防线的指挥任务，其站位经常处于其他防守队员后面，一般称之为自由中卫。

（3）前卫的重要职责：前卫通常被称为中场队员。中场是一个非常重要的区域，控制了中场也就是得到了比赛的主动权，因此比赛各队往往都在中场投入较大力量。

（六）比赛原则

比赛原则是战术教学训练的重要组成部分。在教学训练中必须使队员明确，参加比赛就要力争取胜，如胜不了，就设法求和。要取得胜利，要赢球就要进攻，实现进攻—射门—取胜的目的。同时还要注意防守，不让对方打进球。比赛的原则就是进攻与防守的结合。

1. 进攻原则

（1）制造宽度：当队员得球，其他同伴要充分利用场地的宽度进行摆脱和跑位。通过积极地摆脱与跑位的配合，把防守队员拉开，制造防守上的漏洞。一般来讲在对方已退守到位时，要利用横、回传球，放慢比赛节奏寻找时机。要控制好球，避免盲目大脚、直传造成失误而失去控球机会。

（2）传切渗透：通过制造宽度拉出空当，切入空当传球突破。当发现对方防守出现有利于突破的空当时，就要立即加快节奏，即直传、长传和队员的快速切入空当造成射门机会或严重威胁球门的有利局面。

（3）机动灵活：在实施进攻战术的过程中，除了制造宽度、深度外，当对方防守比较严密的情况下，要求队员能机动灵活地运用各种有球、无球的活动，打乱对方的防线和迅速利用空当。

（4）随机应变：在运球突破对方防线将要射门或进行某个动作而遇到对手阻挠时，队员要随机地采取排除干扰的应变措施（包括即兴发挥），以达到进攻、射门的目的。这种随机地排除干扰的应变能力，是建立在队员身体素质全面发展、技术动作熟练和良好的战术意识的基础之上。

2. 防守原则

除了盯人防守与区域防守等战术外，防守时还需遵循以下原则：

（1）延缓对方的进攻：进攻一旦失球，离对方控球队员最近的防守队员就要立即阻挠和封堵控球队员，以延缓对方运球突破和传球的时间，不给对方进行快速反击的机会，赢得时间使同伴们迅速退守。

（2）对口平衡：在失球后除了阻挠对方控球队员外，其他队员都应立即迅速退守，使防守队员在人数上与对方进攻队员相等或以多防少，以便组织严密防守。

（3）收缩保护：每个防守队员要看好相应的对手，按场区及要求采用紧逼或松动盯人，并注意逐渐缩小防守者相互间的距离，以便保护和补位，不被对方拉开空当，在有把握的情况下截获对方的传球。

（4）紧盯控制：每个队员都要紧紧逼住对手，不让对手有任意传球、运控球和射门的自由，力争把对方控制的球夺过来，变守为攻。

3. 个人战术戒律

足球战术教学训练必须始终要求队员遵循进攻和防守原则。不得放任轻率，以免一人的放任轻率使全队遭到损失。为了遵循和执行这些原则，每个队员在训练和比赛中还必须遵守和不违反以下几条个人战术戒律。教练员必须严格要求队员在训练中遵照戒律完成训练任务。

（1）得球即进攻：当本队夺得控球权时，不论是哪个位置的队员都要发动一伙进攻。

（2）失球要防守：一旦本队失球时，每一个队员必须立即担负起防守任务，并且要力争把对手置于外线。

（3）传球后跑动：控制球队员传球后立即跟上进行支援和接应。

（4）主动接应球：这条要求与传球后跟上是相互关联的。传球后立即跟上做接应，其他临近的队员也要靠近控球队员，要主动迎球，不要等球。

（5）有意识的运控球：控球队员在无人接应或不宜于传球的情况下，要有意识的运控球，利用向左或向右运球，牵制对方队员，以制造空当进行渗透。

（6）身体掩护球：当队员得球后，应把自己的身体置于对方和球之间，以免对方将球抢去或破坏掉。进攻时力争处于内线。

（7）迎球处理球：争取抢先于对手获得球。当传来空中球时，接球队员力争不让球落地或落地弹起前就把球控制好，以免耽误时间或被对方队员乘机截获造成不利局面。尤其是在罚球区内就可能因此被对方乘机破门。

第二节　篮球

一、篮球运动概述

篮球运动于 1891 年起源于美国麻省，由该州基督教青年会学校教师詹姆士·奈 ·史密斯博士设计和发明的。其以篮球为竞赛工具，双方各出 5 名队员按照规则在场内争取控球权，并最终将球投入对方球篮，以得分的多少决定胜负的集体球类运动项目。1894 年，篮球运动传入我国天津。1932 年国际业余篮球联合会成立。在 1936 年第 11 届奥运会上，男子篮球被列为正式比赛项目。在 1976 年第 21 届奥运会上，女子篮球被列为正式比赛项目。1950 年举行了第 1 届世界男子篮球锦标赛，1953 年举行了第 1 届世界女子篮球锦标赛。

二、篮球运动的特点和作用

现代篮球运动的主要特点是高速度、高强度。无论是传球、运球还是突破，都要快速、突然、有力，并在激烈对抗中完成技术动作；强调高空技术和高空优势；高度与速度的结合更加完善；高度的技巧性；传、运、投等技术动作要求达到熟练自如、出神入化的地步；攻守对抗异常激烈，对争抢能力要求很高。

现代篮球运动的发展趋势：防守战术向综合运用方向发展，以弥补盯人和联防单独运用的不足。不论采取什么防守形式，都以积极攻击球为主要目标，进攻战术将在运动员全面掌握高、精、尖技术的基础上，打破固定位置的打法，提倡移动进攻。战术运用将更加灵活，并具有攻击性；注意选拔培养“明星”运动员，同时强调整体的作用，加强全队战术的训练；扬长补短，树立自己的独特风格。

经常参加篮球运动，能改善中枢神经系统的机能，使运动分析器、前庭分析器特别是视觉分析器受到良好的训练，有利于促进学生完成动作的协调性，提高观察、判断和反应能力，增强循环、呼吸等器官系统的功能。紧张激烈的篮球比赛，还可以培养职业类大专院校学生积极、果断、勇敢、顽强的战斗意志和集体主义精神。

三、篮球技术

篮球技术，就是在篮球比赛中所运用的各种专门动作方法的总称，包括移动技术、运球技术、传接球技术、投篮技术、抢篮板技术、持球突破技术等。

(一) 移动技术

移动是篮球比赛中队员为了改变位置、方向、速度和争取高度等所采用的各种脚步动作方法的统称。主要有各种跑、跳、滑步、跨步、急停、转身、撤步等。

跑是队员在球场上改变位置、发挥速度的重要方法，是比赛中运用得最多的一种移动方式。篮球场上的跑具有快速、多变的特点。

1. 起动跑

后脚或异侧脚（向侧起动时）前脚掌急促用力蹬地，同时上体迅速前倾或侧转，向跑动方向移动重心，手臂协调摆动。前几步步幅要小、步频要快，争取在最短的距离内充分发挥速度并超越对方。

2. 变向跑

以从右向左变向跑为例。在跑动中变方向时，左脚先离地，这时，右脚前脚掌内侧用力蹬地，同时脚尖稍向内转、屈膝，膝部随之向左侧移动，上体向左侧前倾，左脚落地。落地时左脚脚尖向左，同时用力蹬地继续加速跑动（见图 2—32）。

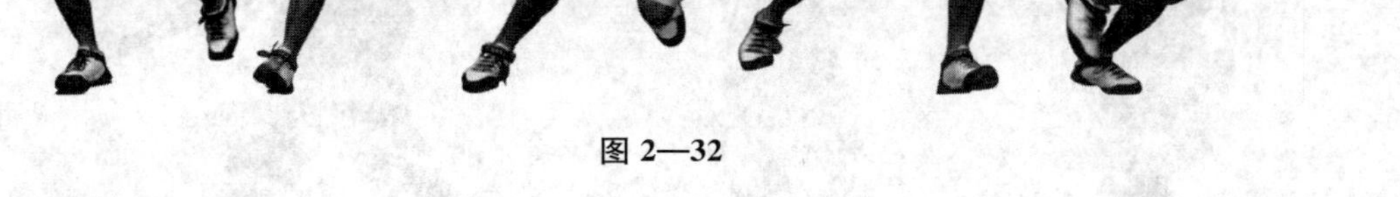

图 2—32

3. 侧滑步

以左侧滑步为例，两脚左右开立，成基本防守站立姿势。向左侧滑步时，右侧前脚掌内侧蹬地，左脚向左跨出，在左脚落地的同时，右脚紧随滑动，保持基本防守站立姿势（见图 2—33）。

图 2—33

4. 后滑步

后滑步是防守对方突破的一种步法。其动作方法、要领和侧滑步相同，只是移动方向是向侧后，这样可以有效地堵截进攻队员的移动路线（见图 2—34）。

图 2—34

5. 跳步急停

在慢跑或中速跑动中，单脚或双脚起跳（腾空不要过高），在空中臀部后坐，然后两脚同时着地，屈膝缓冲降低重心，使重心落在两脚前掌内侧上（见图 2—35）。

图 2—35

6. 跨步急停

在快速跑动中，先向前跨出一大步，用脚跟着地并很快过渡到脚掌抵住地面，上体稍后仰，屈膝降低重心，然后跨出第二步，脚尖稍内转并用脚前掌内侧用力蹬地，重心落在两脚前掌内侧上（见图 2—36）。

图 2—36

7. 侧身跑

在向前跑动时，头部与上体侧转向球的方向，脚尖朝向跑动的前进方向，内侧腿深屈，外侧脚用力蹬地，重心内倾（见图 2—37）。

图 2—37

（二）运球技术

持球队员在原地或移动中，用手连续拍球，使球借助地面反弹起来的动作叫运球。

1. 运球技术的主要动作方法

（1）高运球：是在无防守干扰的情况下，因整体战术需要，为加快向前推进速度所采用的一种运球方法。

动作要领：腿微屈，目平视，上体稍前倾，以肘关节为轴，用手按拍球的正后方向前推进（若为原地高运球，应按拍球的正上方），球的落点在身体的侧前方，高度在胸腹之间，一般拍一次球跑两步（见图 2—38）。

图 2—38

(2) 低运球：球反弹的高度在膝关节以下的，叫低运球。常在遇到有对手紧逼或接近防守队员时采用这种运球方法，用以保护球或摆脱防守。

动作要领：两腿弯曲，降重心，上体前倾，用异侧臂、身体和腿来保护球，用手腕和手指力量，短促地按拍球，以便更好地控制球，摆脱防守，继续前进（见图 2—39）。

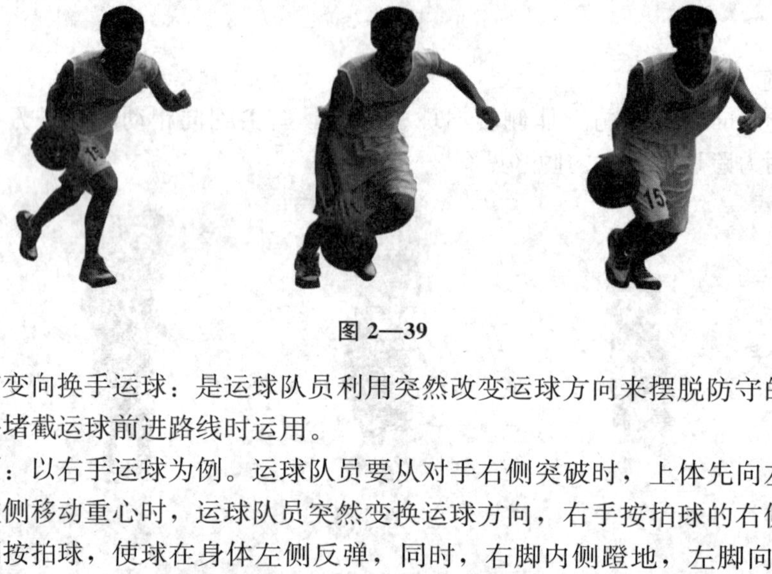

图 2—39

(3) 体前变向换手运球：是运球队员利用突然改变运球方向来摆脱防守的一种运球方法。常在对手堵截运球前进路线时运用。

动作要领：以右手运球为例。运球队员要从对手右侧突破时，上体先向左侧虚晃。当防守队员向左侧移动重心时，运球队员突然变换运球方向，右手按拍球的右侧上方，并靠近身体向左侧按拍球，使球在身体左侧反弹，同时，右脚内侧蹬地，左脚向左前方跨出，上体左转侧肩保护球，迅速换用左手按拍球的左侧后方，从对手右侧突破，继续前进（见图 2—40）。

图 2—40

（4）运球急起、急停。

动作要领：运球急起时，后脚用力蹬地，同时按拍球的后侧上方，向前运球，超越对手。运球急停时，手按拍球的前上方，同时两脚做跨步急停，并转入低运球，用臂、身体和腿保护球（见图 2—41）。

图 2—41

（5）背后运球：当对手紧逼运球队员时，运球队员用背后运球改变运球方向，从而摆脱防守。

动作要领：以右手运球为例。运球过程中，在改变方向时，右脚在前，右手将球拉至身后，并拍按球的后侧方，使球从后方反弹至左侧前方，左手立即迎球左脚跨出，摆脱防守（见图 2—42）。

图 2—42

（6）后转身运球。

动作要领：以右转身为例，背对球篮持球成基本站立姿势。突破时，重心降低，以左脚为轴转身，上体向右转，右脚向右侧后方跨步，同时右手向右侧后方放球，左脚前掌的内侧迅速蹬地转动面对球篮的方向，然后左脚向球篮跨出的同时左手运球上篮，或左脚向球篮跨出的同时运球（见图 2—43）。

2. 运球技术的主要练习方法

（1）原地运球。

1）原地高、低运球，体会按拍球的部位及手指的感觉。

图 2—43

2）原地体前左、右手交替运球，体会推拉球动作和按拍球的部位。

3）原地体侧前、后运球，体会前推后拉时的触球部位和用力感觉。

（2）直线运球。

要求：运球动作协调，运球过程中，要注意抬头。

（3）运球急起急停。

1）纵队于端线外，听信号后，运球急起，到中线时急停，再急起到端线。同样的方法返回。

2）在场内设标志线，听信号后，运球急起到标志线时，运球急停（见图 2—44）。重复练习。

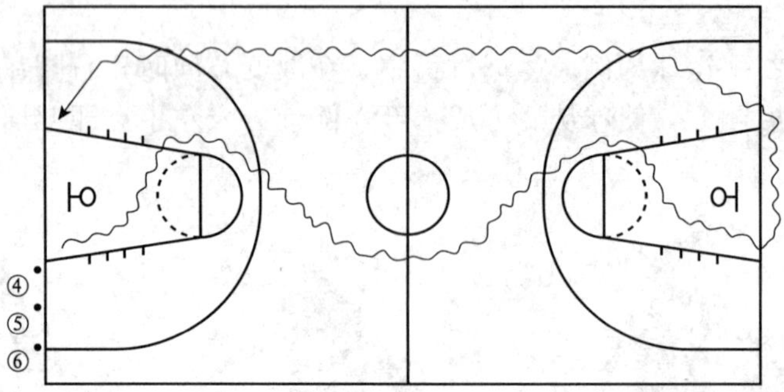

图 2—44

（4）换手变向运球。

1）弧线运球：沿罚球圈、中圈做弧形运球到对面的端线，再沿边线直线运球返回。

2）圆圈运球：沿罚球圈、中圈做圆周运球到对面端线，再沿边线直线运球返回。

3. 易犯错误与纠正方法

（1）运球时手型不正确，掌心触球。

纠正方法：原地运球练习。

（2）运球中带球跑。

纠正方法：结合各种脚步动作反复练习。

（3）控制不住球。

纠正方法：两人一组，各自运球过程中，力争打掉对方的球。

（4）低头运球。

纠正方法：反复进行看手势的多种运球练习。

(5) 运球中翻腕。

纠正方法：由慢速运球开始，逐渐加快速度，运球手法变换时，减少翻转幅度。

(三) 传接球技术

传接球是篮球比赛中进攻队员有目的地转移球的方法，是进攻队员之间相互联系和组织进攻的纽带，是实现战术配合的桥梁。

1. 传球技术方法

(1) 双手胸前传球：是最基本、最常用的传球方法。

动作要领：基本站立姿势，两拇指用力下压，同时两手带动前臂迅速向传球方向伸出，两手翻腕，手腕前屈，球离手时，食、中指用力拨球，球从食、中指尖飞出（见图 2—45)。

图 2—45

(2) 双手低手传球。

动作要领：基本站立姿势，持球方法是双手低手持球于腹前或腹侧（双手低手持球是双手托球的侧下方)。传球时，两手腕向外翻转，小指、无名指和中指用力拨球，将球传出。此传球方法多用在近距离。

(3) 单手肩上传球（以右手为例)。

动作要领：基本站立姿势。传球时，左脚向传球方向迈出半步，同时，将球引向右肩上方，肘关节外展，上臂与地面近似平行，右手腕托球后仰，左肩对着传球方向，身体重心落在右脚上，右脚蹬地，转体，前臂和肘关节迅速向前挥摆，手腕前屈，通过食、中指指尖拨球将球传出。身体重心随蹬地和球的出手向前移动，右脚向前迈出半步，保持基本站立姿势（见图 2—46)。

图 2—46

（4）反弹传球。

动作要领：反弹传球时，向前下方用力，击地点根据防守者的位置决定，一般应在传球者距接球者 2/3 的地方。球弹起的高度一般在接球人的腹部为宜。

（5）双手头上传球。

动作要领：双手举球于头上方，两肘微屈，持球方法与双手胸前传球相同。近距离传球时，前臂前伸、屈腕，同时拇指、食指、中指用力拨球将球传出。传球距离较远时，两脚用力蹬地，腰、腹用力伸展，带动上臂发力，前臂前甩，手腕前扣，手指用力拨球将球传出（见图 2—47）。

图 2—47

2. 接球技术

（1）双手接球。

动作要领：接球时要伸臂迎球，五指自然分开，肩、臂、腕、指放松。当手指触到球时，手臂顺势后引缓冲来球的力量，两手持球于胸腹之间（见图 2—48）。

图 2—48

（2）单手接球。

动作要领：右手接球，右脚向来球方向迈出，手臂伸出，五指自然分开，掌心正对来球，腕、指放松。当手指触球时，手臂顺势将球后引，收臂置球于身前或体侧，另一手迅速扶球（见图 2—49）。

图 2—49

3. 传、接球技术的练习方法

（1）原地传、接球练习。

1）原地持球模仿练习。

2）两人一组，对面站立传、接球练习。

（2）行进间传、接球练习。

1）迎面移动中传、接球练习。

2）两人一组，全场直线跑动传、接球练习。

3）三人直线跑动传、接球练习（见图 2—50）。

图 2—50

（3）四角传球：练习开始时，④传球给⑤，并跑向⑤接回传球并传给⑥，然后跑到⑥的队尾。当④传给⑥时，⑤紧跟着快速切向⑥，并接⑥的传球再把球传给⑦，然后跑到⑦的队尾，如此连续进行（见图 2—51）。

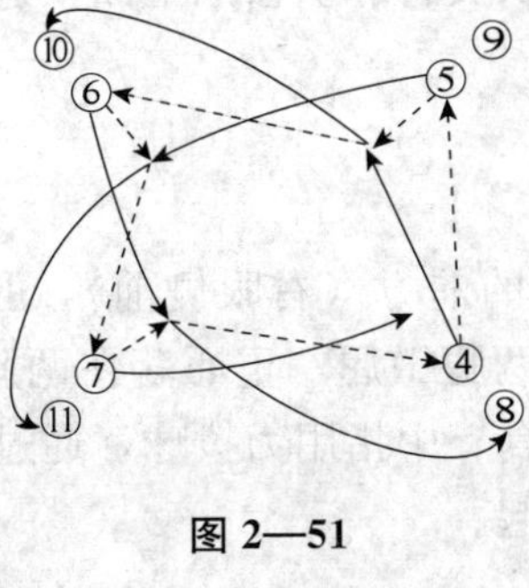

图 2—51

（4）全场推进传球练习：如图 2—52 所示，两人一组分别站在端线外，队员①持球，传球给②，接到球后回传给①，从球场一端开始传球推进至另外一端底线。

4. 运、传、投组合技术练习

练习方法：中线队员持球，罚球线延长线的边线站无球队员。中线持球的队员运球一次传球给边线的队员，纵切入篮下接回传球上篮，传球的同学跟进抢进攻篮板球，两人交换位置（见图 2—53）。

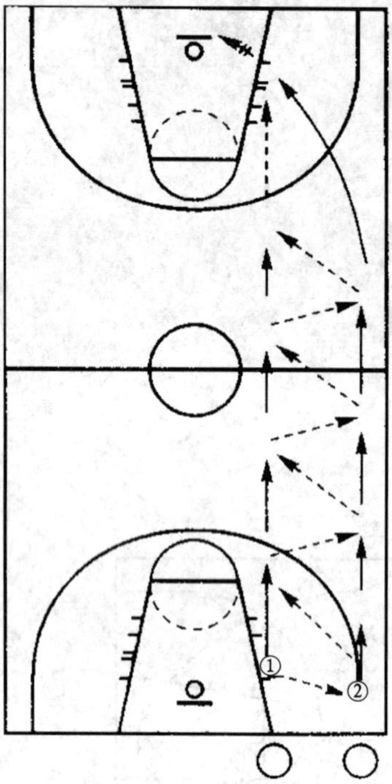

图 2—52

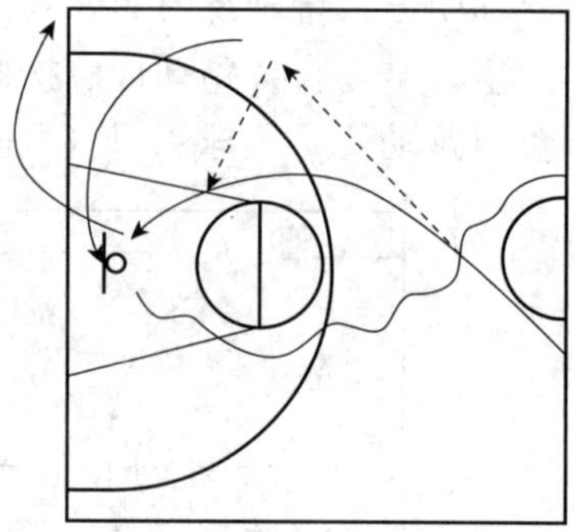

图 2—53

5. 易犯错误与纠正方法

（1）接球时，身体僵直，两臂紧张，手型不正确，无缓冲动作。

纠正方法：一人传球，另一人以正确的手型去接球。

（2）传球时手型不正确，掌心触球。

纠正方法：原地传球的模仿练习。

（四）投篮技术

投篮是在篮球比赛中，持球队员将球从篮圈上面投进球篮所采用的专门技术动作方法的总称。

1. 投篮技术方法

（1）原地单手肩上投篮。

动作要领：右手持球于肩上的前方（右眼侧前），肘关节对篮，左手扶球左侧下方，两脚前后或左右开立，同肩宽。两腿微屈，重心落在两脚上。投篮时，下肢蹬地的同时，右臂抬肘向上伸直，手腕前屈，食、中指用力拨球，通过指端将球投出。球出手时，身体随投篮动作向上伸展，脚跟微提起。

(2) 原地双手胸前投篮。

动作要领：双手持球于胸前，两脚前后或左右开立，两膝微屈，两眼注视球篮，肘关节自然下垂。投篮时，两脚用力蹬地，腰腹用力伸展，两臂向前上方伸出，手腕同时外翻，拇指压球，使球通过拇指、中指、食指的指端投出。球出手后，身体随投篮方向自然伸展。

(3) 原地跳投。

动作要领（以右手投篮为例）：双手持球于胸前，两脚前后或左右开立，屈膝，降低重心，重心保持在两脚之间。起跳时，两脚用力蹬地向上起跳，同时举球于右肩上方，当身体接近最高点时，左手离球，右臂向前上方伸展，手腕前屈，食指、中指用力拨球，通过指端将球投出，落地时屈膝缓冲。

(4) 行进间高手投篮。

动作要领（以右手投篮为例）：右脚跨步时接球，接着左脚跨小步并用力起跳，右腿屈膝上抬，同时举球至右肩上，腾空后当身体接近最高点时，右臂向前上方伸出，手腕前屈，食指、中指拨球，通过指端拨出。

(5) 行进间低手投篮。

动作要领（以右手投篮为例）：右脚向前跨大步同时接球，左脚接着跨小步并用力起跳，右腿抬起，同时双手向前上方举球，右手心朝上托球下部，手臂向上伸展，接近球篮时，食指、中指用力挑球，通过指端使球向前旋转，将球投出。

(6) 急停跳投。

动作要领：快速运球中，利用跳步（一步）或跨步（两步）急停（最好用跨步急停），同时接球起跳，双手迅速持球上举，身体在最高点时投篮出手（出手动作同原地跳投）。

2. 投篮技术的练习方法

(1) 原地投篮练习。

1) 原地持球模仿练习。

2) 正面定点投篮练习。

(2) 行进间投篮练习。

1) 半场运球做行进间投篮练习。

2) 半场运球上篮练习。每组持两球以上，同时向篮下做运球行进间投篮，投篮后抢篮板球，可运球传给另一组队尾，依次练习。

3) 全场行进间运传投篮练习。

(3) 跳起投篮练习。

1) 原地跳起投篮模仿练习：两人一组一球，相距一定距离，做原地跳起投篮练习。

2) 运球急停跳起投篮练习：半场运球，到限制区附近时，急停跳起投篮。

3. 易犯错误与纠正方法

(1) 持球手型不正确，掌心贴球，影响腕、指用力。

纠正方法：持球模仿练习。

(2) 投篮时肘关节外展。

纠正方法：适当提高持球的部位，对墙练习。

（3）投篮出手角度小，抛物线低。

纠正方法：多做翻腕托球动作，或在投篮练习者前站一人举手，帮助改进动作。

（4）行进间投篮时，易出现带球跑。

纠正方法：在走或慢跑中跨右脚的同时，拿固定球上篮练习；逐渐过渡到行进间投篮练习。

（5）跳投时，身体前冲，失去平衡。

纠正方法：首先进行徒手跳投的模仿练习，然后持球起跳练习。

（五）抢篮板球技术

抢篮板球是在投篮不中后，双方争夺控制球权的技术。篮板球在比赛中具有重要的作用，它是攻守转化的关键，一个球队对篮板球控制的好坏，直接影响着一场比赛的胜负。抢篮板球可分为双手抢球、单手抢球和点拨球三种。

1. 抢篮板球技术方法

（1）双手抢球。

动作要领是：当身体腾空时，腰腹要用力控制身体平衡。两臂尽量向上伸展，以提高制高点和扩大占据空间面积。当身体达到最高点时，双手手指触及球后，立即屈腕屈指握住球。腰腹用力，迅速收臂拉球于身前。

（2）单手抢球。

动作要领是：身体在空中要充分伸展，达到最高点时手臂要伸直，指端触球后立即用力屈腕、屈指握住球，并随屈臂迅速拉球于胸前。另一只手快速扶球，以便牢牢地握住球。

（3）点拨抢球。

抢篮板球处于不利位置时，或跳起高度低于对方时，或自己不能直接抢得篮板球时，可用点拨球的方法将球拨给处于有利位置的同伴，或用手指将球挑拨到便于自己接球的位置。

2. 抢篮板球技术的练习方法

（1）徒手模仿练习。

1）原地起跳，双手或单手抢篮板球动作的模仿练习。

2）助跑单脚起跳触篮板练习。

3）结合上步、跨步、转身、滑步等脚步动作，做单、双脚起跳抢篮板球练习。

（2）判断起跳和抢球练习。

1）每人一球，抛球击篮板，上步起跳，用双手或单手在空中抢反弹回来的球。

2）每人一球，跑动中向不同方向抛球，起跳后用双手或单手抢球。

3）对抗情况下的抢篮板球动作练习。

3. 易犯错误与纠正方法

（1）抢位意识差，拼抢不够。

纠正方法：两人一组，一攻一守，抢位练习。

（2）对球的落点、反弹方向判断不准确。

纠正方法：向篮板或篮圈上抛球后判断落点练习。

（3）起跳时机掌握不好，未能在最高点抢球。

纠正方法：最高点抢球练习，体会起跳时机和空间感觉。

（4）抢球后，握球不稳，护球意识差。

纠正方法：加强球感练习，加强落地后保护球练习。

（六）持球突破技术

持球突破是持球队员运用脚步动作和运球技术快速超越对手的一项攻击性很强的技术。持球突破和投篮、传球结合使用，攻击性更强、效果就更显著。持球突破技术动作主要由蹬跨、转体探肩、推放球和加速等几个环节组成。

交叉步持球突破：交叉步突破多与跳步急停跳步组合运用。接球跳步急停，与防守队员错位，运用交叉步持球突破。跑动中速度不是太快时，接球突破超越对方多用交叉步突破。

同侧步持球突破：在行进间速度快时，多用同侧步突破。两步急停若脚先着地停时多用同侧步突破。在快速跑动中接球突破超越对方时也多用同侧步突破。同侧步持球突破多与投篮假动作组合运用。

后转身持球突破：内线队员或其他队员背对篮接球时，多用后转身突破。

1. 交叉步持球突破

两脚左右开立，两膝微屈，身体重心降低，持球于胸腹之间。突破时，右脚前掌内侧迅速蹬地。上体稍向左转，右肩向前探压，重心向左前方移动，右脚向左侧前方交叉跨出，左手将球推放于左侧前方，中枢脚原地向前跨出的同时加速运球超越对手（见图 2—54）。

图 2—54

2. 同侧步持球突破

突破时，降低重心用脚向右前方跨出一步，向右转腰探肩，重心向前移，右手将球推至防御右侧前上方，左脚前脚掌迅速蹬地，右前方跨出的同时运球上篮或运球加速超越对手（见图 2—55）。

图 2—55

四、篮球战术

篮球战术是指，全队在进攻或防守时，有目的、有组织的按照基本的落位阵势、移动路线、攻击地点、防守范围、侧重防区和一些改变他人规律而确定的集体配合、协同行动的特定的组织形式及方法。它包括进攻战术和防守战术两部分。

（一）进攻战术

1. 传切配合

传切配合是两三个进攻队员利用传球和切入所组成的简单配合（见图 2—56）。

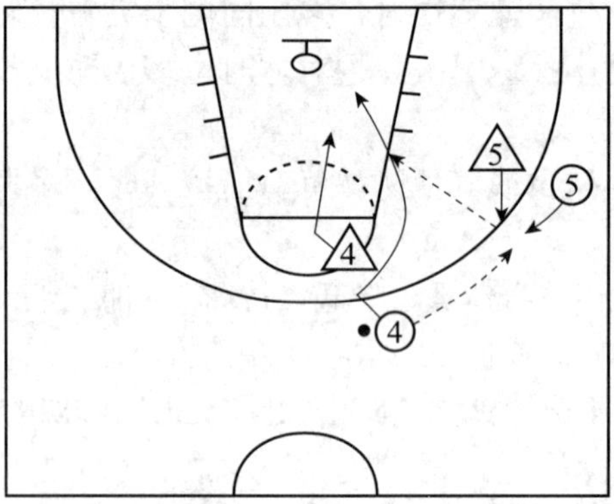

图 2—56

如图 2—56 所示，④给球后向篮下切入接⑤传球投篮，即叫传切配合。传切配合是一种既简单又很实用的配合方法，一般在对方扩大联防或采用扩大人盯人防守时运用。

配合时机：对方篮下较空，或失去防守位置时。

配合要求：切入队员要掌握切入的时机和动作，摆脱防守直插篮下。传球队员要及时、准确地传球给切入同伴，使他接球后便于进攻。

（1）传切配合的练习步骤与方法。

1）传切配合的落位、切入路线和切入动作练习。

2）在消极防守情况下练习：防守队员消极防守，帮助进攻队员完成配合。

3）在对抗情况下练习。

（2）易出现的问题及纠正方法。

1）配合时机不当。

纠正方法：听信号做切入和传球练习。

2）切入跑动中不侧身看球。

纠正方法：移动中听信号做侧身接球动作。

3）切不进去，球传不出去。

纠正方法：切入前做摆脱动作，起动要快；传球队员做瞄篮、突破假动作。

2. 掩护配合

进攻队员选择适当的时机和合理的位置，用自己的身体以合理的技术动作，挡住防守同伴的防守队员的移动路线，使同伴借以摆脱防守队员，创造以多打少或接球攻击的配合。掩护配合在有球队员之间和无球队员之间都可进行，习惯上我们称作“挡拆”，因为掩护的位置和方向的不同，所以掩护分为前掩护、侧掩护和后掩护。根据比赛场上不同的情况，在运用掩护时常采用反掩护、假掩护、定位掩护、交叉掩护、运球掩护、双掩护等（见图 2—57）。

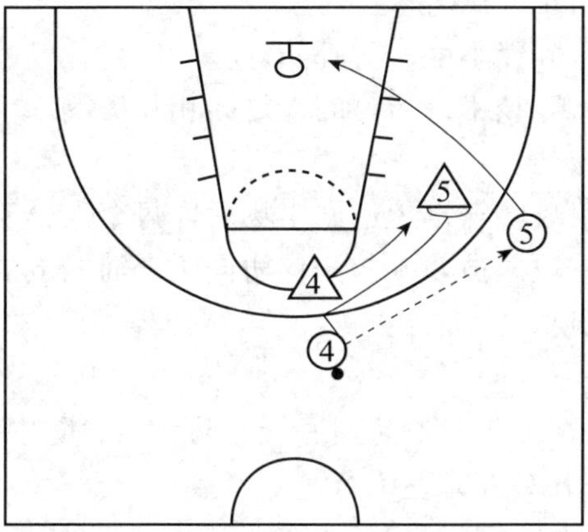

图 2—57

配合方法：如图 2—57 所示，④传球给⑤后向左做假动作，然后突然改变方向移动到△5的前面用身体挡住△5，给⑤做掩护，⑤投篮或突破。

（1）掩护配合的练习步骤与方法。

1）掩护配合的落位、移动路线及掩护动作练习。

2）在消极防守情况下练习，防守队员只跟随移动，使进攻队员体会有防守情况下的配合动作及配合时机。

3）在对抗情况下练习：半场二对二或三对三的攻守对抗练习。

（2）易出现的问题及纠正方法。

1）被掩护者的移动过早或过晚。

纠正方法：掩护配合时，听信号移动。

2）掩护者的站位不正确，靠前或靠后。

纠正方法：反复练习跑动路线、站位及掩护动作。

3）掩护后的转身不及时，失去掩护护送和第二次进攻机会。

纠正方法：听信号做转身练习。

4）过早暴露掩护意图。

纠正方法：被掩护队员要做向异侧突破或投篮假动作以吸引防守队员。

（二）防守战术

1. 人盯人防守

人盯人防守战术是指每个防守队员在盯住自己对手的同时，进行集体防守的战术。包括半场缩小（松动）人盯人和半场扩大（紧逼）人盯人及全场紧逼人盯人。

（1）人盯人防守的练习步骤与方法。

1）个人防守能力的训练。

2）进攻队员球动人不动条件下的防守队员选位练习。

3）进攻队员人动球动条件下的练习。

4）半场攻守练习。

5）全场紧逼人盯人练习。

（2）易出现的问题及纠正方法。

当防守队员被突破后，同伴不能及时补防。

纠正方法：加强个人防守技术练习，同伴之间相互提醒。

2. 区域联防

区域联防是防守队员由攻转守迅速返回半场后，每个人分工负责防守一定的区域，严密防守进入该区域的球和进攻队员，并与同伴协同防守而构成的一种集体防守战术。

（1）区域联防的练习步骤与方法。

1）基本落位队形的练习。

2）分解练习：一防二、二防三，防溜底线、防背切、防中锋等的练习。

3）消极进攻情况下的五对五完整练习。

4）积极进攻对抗情况下的完整练习。

（2）易出现的问题及纠正方法。

1）各个防守区之间不能及时协防。

纠正方法：消极进攻情况下的防守练习。

2）只顾人不顾球或只顾球不顾人。

纠正方法：加强个人防守能力的练习。

第三节　排球

排球运动是由两支人数相等的球队，在隔网的两个均等场区内，根据规则的规定，运用各种击球技术，进行集体的攻防对抗的体育项目。排球运动于 1895 年由美国马萨诸塞州的霍利奥克城青年会干事威廉·摩根创始，迄今已经有一百多年的历史了。当今排坛最重要的三大赛事为国际排联举办的世界排球锦标赛、世界杯排球赛以及奥运会排球赛。在 1981—1986 年我们中国女队创下了史无前例的“五连冠”，为祖国争取了荣誉。

排球比赛的形式是多种多样的，比赛是由后排右边的队员在发球区内，用一只手或手臂将球直接击过网开始，每方最多击球 3 次（拦网触球除外）使球过网，不得持球。一名队员不得连续击球两次（拦网和第一次击球时，同一击球动作除外）。比赛不间断地进行，直至球落地、出界或某队犯规。

发球队胜一球后，该队同一名队员继续发球。接发球队胜一球后，必须按顺时针方向轮转一个位置，换由下一名队员发球。在采用每球得分制的 6 人排球比赛中，发球队胜一球得一分，接发球队胜一球取得发球权同时得一分。在采用发球权得分制的沙滩排球比赛中，发球队胜一球得一分，接发球队胜一球不得分只得发球权。

比赛采用五局三胜制、三局两胜制和一局胜负制。每局的胜负为限分制，领先 2 分或 2 分以上，并达到规定分数的队或在规定分数前一分打平后超出对方 2 分的队胜一局。

一、排球技术

排球技术是运动员在排球规则允许的条件下所运用的各种合理击球动作的总称。它是排球运动和组织各种攻、防战术的基础。排球技术分为：准备姿势和移动、发球、垫球、传球、扣球、拦网六大类。这里重点介绍其中五类技术。

（一）发球

1. 发球的技术动作方法

（1）正面下手发球。左手在体前右侧抛球，高度约 20 厘米，右臂以肩为轴向后摆动。击球时右脚蹬地，身体重心随摆臂击球方向移动，在腹前以全掌或半握掌击球的后下部，用力朝上方（见图 2—58）。

图 2—58

（2）侧面下手发球。身体侧对球网，左臂直臂抛球于左腹前，右臂手心向上快速摆臂，手腕手指略紧张，用力击球的后下方。

（3）正面上手发球。两脚自然开立，一手持球平稳抛至右肩前上方，同时右臂屈肘后引，上体稍向右转，挺胸展髋，利用蹬地和身体向左转体收腹动作带动手臂向前挥动，用全掌击球后中下部或用掌根击球后中下部。击球时，全掌包住球，手腕迅速做向前推压动作或使腕关节保持紧张向前闪击球。

2. 发球的练习方法

（1）徒手模仿发球挥臂和抛球练习。

（2）对墙发球练习。

（3）相距 9～15 米互相发球练习。

（4）端线后发球过网练习。

3. 发球常见的错误及纠正方法

（1）抛球不稳，偏高或偏低，偏左或偏右，偏前或偏后，影响击球的准确性。原因是抛球动作不正确。

纠正方法：反复讲清抛球动作要领，并示范；设置固定的目标，多进行专门性的抛球练习。

（2）击球不准确，击球点过高、过低或偏左、偏右。原因是抛球不准，把握不好击球的时间。

纠正方法：多做击固定球的练习；反复强调击球时，要两眼盯住球击球，掌握好挥臂击球的时间和节奏；多进行对墙或对网的轻发球。

（3）挥臂动作不协调，过度紧张或过于放松。原因是身体协调性较差，没有掌握好发力的要领。

纠正方法：多做徒手模仿发球动作挥臂练习；强调注意全身协调用力和正确的发力方法；多做模仿发球动作的掷实心球练习。

（4）发球时注意力不集中。原因是对发球技术的重要性缺乏认识。

纠正方法：调整好自己的情绪和呼吸，防止急躁，把注意力集中到抛球和挥臂击球的动作上来，完成好发球的完整动作。

（二）垫球

垫球是接发球、接扣球和接拦网回球的主要手段，是组织进攻战术的基础。

1. 垫球的技术动作方法

垫球时，成半蹲姿势，双手重叠互握，掌根靠拢，手腕下压，两前臂外翻形成一个垫击平面。用前臂腕关节以上 10 厘米左右的平面插入球的后下部，向前上方蹬地抬臂，轻轻将球垫出。垫球的技术有正面双手垫球、体侧垫球和跨步垫球等。

（1）正面双手垫球（见图 2—59）。两脚开立，稍比肩宽。两脚适当提踵，双膝弯曲，上体自然前倾，全身放松，随时准备移动，两手掌根紧靠，两手手指重叠合掌互握，两拇指平行，手腕稍下压，两手臂翻成一个平面，在击球时看准来球，两臂夹紧前伸到球下，用前臂关节上约 10 厘米的地方两臂桡骨内侧形成的一个近似的平面击球下部。

（2）侧面双手垫球（以右侧手为例，见图 2—60）。当来球速度较快时、距离体侧较远时、来不及移动对正球时可以采用侧面垫球。左脚前脚掌内侧蹬地，右脚向右跨出一步，右膝弯曲，重心随即到右脚上，两臂夹紧向右伸出，左肩微向下倾斜，向左转腰并提右肩，使两臂击球面截住球的飞行路线，击球的后下部。

（3）挡球（见图 2—61）。当来球较高、力量较大、不便于利用传球或垫球时，可采用挡球。挡球还击速度快，便于还击较高、力量大的来球。

图 2—59

图 2—60

图 2—61

2. 垫球的练习方法

（1）队员自己试练徒手动作。

（2）原地垫球：垫击同伴手持固定球，垫同伴抛来的近距离（约 4 米）球。

（3）单人移动垫：垫同伴扔、吊、传、发、扣来球。要求移动方向有 2～4 个。

3. 垫球常见的错误及纠正方法

（1）垫球时两臂弯曲或不并拢。原因是动作要领不清。

纠正方法：多做徒手垫球模仿动作练习，反复讲清夹臂、抬臂、压腕、顶肘的动作要领。

（2）动作不协调，先蹬地后抬臂或先抬臂后蹬地。原因是动作不熟练，身体协调性差。

纠正方法：多做徒手正面垫球动作练习和对墙垫球练习，体会蹬地、抬臂、压腕、顶肘等动作的协调用力。

（3）移动慢，对准来球，击球部位不正确，垫在手腕或一个手臂上。原因是两臂形成的垫击平面没有对准来球或垫击动作不正确。

纠正方法：多进行快速移动和两臂紧靠插入球下对准来球的徒手动作练习，向左右移动的垫球练习。

（三）传球

传球主要用于二传，是组织进攻战术的基础。

1. 传球的动作技术方法

正面双手传球。传球的动作是在稍蹲准备姿势的基础上，上体稍挺起，双手置于脸前。当球接近额前时，用蹬地、伸膝、伸臂的协调动作迎球，以双手张开成半球形，两拇指相对成“一”字或“八”字，手腕内收后仰，主要以拇指、食指和中指从额前向前上方触球，并用手指、手腕的弹力将球传出（见图 2—62）。传球的技术有正面双手传球、背传球和侧传球。

图 2—62

2. 传球的练习方法

（1）先从徒手模仿练习开始，再结合球进行练习。

（2）移动传球练习。

1）两人对传，一人定位，一人向各个方向移动传球。

2）两人移动对传，传球弧度、落点不变。向前后移动传球，向左右移动传球。

（3）对墙传球练习。可以一人、两人或多人连续对墙进行接力传球。要求传在墙上的固定目标。为了增加兴趣，可以分成小组，比赛看哪个小组连续传球次数最多。

（4）站成圆圈传球，接球人向侧传球，将球传给旁边的人。

3. 易犯错误与纠正方法

（1）击球点过高、过低、太前、太后、偏左、偏右。

纠正方法：反复讲清击球点的合理位置并进行示范，使队员明确不正确的击球点所造成错误的影响。多进行结合球的判断移动的专项练习，如两人一组的一抛一传（或接）练习。强调保持正确击球点，使队员养成在正确的击球点上传球的习惯，提高对球的判断能力。

（2）手型不正确，大拇指朝前，两手分得太开或一高一低。

纠正方法：讲清正确的手型动作并进行示范，多做徒手传球模仿动作和传实心球、对墙传球等。

（3）身体动作不协调，先蹬腿后传球或先传球后蹬腿。原因是身体各部位协调性差。

纠正方法：多传实心球和进行对墙传球，多进行专项协调性的练习，体会蹬地、展体、伸臂的协调用力动作。

（4）传球时，伸手过早或过晚。

纠正方法：反复讲解传球出手迎击和伸送动作概念，多进行两人对传练习，体会出手的时间，多传实心球。

（5）手腕和手指缺乏弹击力。

纠正方法：多做发展手指和手腕力量的练习，多传实心球和足球，多做手指俯卧撑及抓铅球的练习等。

（四）扣球

扣球是比赛中积极进攻的有效武器，是得分、获得发球权的重要手段。

1. 扣球的动作方法

助跑时身体前倾，左脚向前迈出，右脚迅速跨出一大步，随后左脚及时并上。同时，两臂由体前经体侧摆至身体后下方，身体重心随之下降，两膝弯曲。随着双腿用力蹬地伸膝的同时，两臂用力向上摆动，身体向上跳起。右臂屈肘后引，上体稍向右转，挺胸展腹，挥臂时以迅速转体收腹的力量带动手臂加速向前上方挥甩。击球时以全掌包满球，击球的后中上部，并主动用力屈腕屈指向前推压，使扣出的球加速上旋（见图 2—63）。

2. 扣球的练习方法

（1）原地按照扣球动作要领做徒手举臂、拉臂、挥臂、扣腕和身体协调动作的练习，要求掌握正确的扣球动作。

（2）原地徒手挥臂击球。两人一组，相对站立，一人双手持球手臂抬起，伸直于头前

图 2—63

上方，另一人原地挥臂击球的后上部，但不要将球击出。两人交替练习。

(3) 两人一组，相距 6～8 米，对面站立。练习者用左手持球于左肩的前上方，然后挺胸、拉臂、收腹、挥臂做原地扣球练习，两人交替进行。

(4) 原地扣吊球练习。

(5) 一人一球，原地对墙自抛自扣练习。要求在最高点击球，并掌握击球的正确部位和击球时间。

(6) 在网下抛球，轮流做扣球练习。

(7) 助跑、起跳扣 3 号位抛来的球。

3. 易犯错误和纠正方法

(1) 助跑动作不协调，步幅由大到小，步速先快后慢。原因是身体协调性差，学生因怕助跑不及时，急于上步扣球而造成的。

纠正方法：讲清助跑动作要领，强调助跑时步速由慢到快，步幅先小后大，多做助跑起跳徒手模仿扣球动作练习。

(2) 起跳点不正确，与球的关系保持不好，造成击球点太前或太后，偏左或偏右。原因是判断不准确，助跑和起跳动作不够熟练。

纠正方法：多做助跑起跳动作练习、助跑起跳扣固定球（或树叶）练习、限定助跑起跳点的扣球练习。

(3) 起跳时间过早或过晚。原因是对来球判断错误，助跑上步过早或过晚。

纠正方法：讲解根据二传球的情况，何时开始助跑，多做对墙和网前助跑起跳的自抛自扣练习。

(4) 击球时没有充分伸直手臂屈肘击球，用不上挥臂甩腕的力量。原因是肩和肘关节过分紧张和僵硬，挥臂动作不够熟练。

纠正方法：反复做手持石子或小杠铃片模仿扣球挥臂，多做原地直臂投掷实心球，在网前助跑起跳模仿扣球挥臂动作投掷棒球或垒球。

(五) 拦网

1. 拦网的动作技术方法

距网 30～40 厘米站立，两臂在胸前自然屈肘，起跳时两膝弯曲用力蹬地上跳，双手贴网向上伸，两臂贴耳，两手自然张开包球、提肩，手腕用力下压，起跳时间应稍比扣球人晚些（见图 2—64）。

图 2—64

2. 拦网的练习方法

(1) 讲解示范后，由队员原地模仿体会拦网动作。

(2) 两人一组，相距两米，面对站立。一人持球于头上，由后向前摆动，另一人双手上伸做拦网击球动作。当手触球时，手腕前屈，两手下压，体会触球时压腕动作。

(3) 两人一组隔网站立，一人手持球，将球抛过网，另一人起跳将球拦回。

(4) 在 3 号位结合扣球练习拦网。

3. 集体拦网的配合

(1) 集体拦网要确定主拦队员，其余队员协同配合。

(2) 主拦网队员确定拦网中心，配合队员到位要及时，起跳点要找准。

(3) 手臂在空中要保持适当距离，尽量扩大拦击面，队员手与手之间距离不能过大，以免漏球。

(4) 要把身材高、弹跳力强、拦网好的队员换到对方进攻威力大的位置上，以加强本方拦网的力量。

4. 易犯错误和纠正方法

(1) 起跳时间过早或过晚。主要原因是判断不准确，有时是因为拦网队员存在急于拦球的心理。

纠正方法：反复讲解拦各种扣球的起跳时间，让队员通过实践，提高判断能力；教师还可用语言信号强化训练何时起跳。

(2) 拦网时，手臂扑打，造成触网犯规。原因是拦网队员急于拦死对方的扣球，拦击时伸臂压腕“盖帽”没有提肩的动作。

纠正方法：多做网前的原地和移动的徒手拦网；反复讲解拦网时要采用提肩、屈腕去拦击对方的扣球。

（3）起跳后，手触球网或脚过中线犯规。原因是拦网队员由于匆忙跳起，身体没有垂直向上跳，并且失去平衡。

纠正方法：多做网前快速移动起跳拦网动作，强调垂直向上跳，起跳后要含胸，微收腹，保持身体的平衡和稳定。

（4）手与手之间距离过大、手与网距离过大造成漏球。原因是拦网队员对拦网手之间或手与网之间的关系概念认识不清。

纠正方法：反复讲清手与手、手与网之间的距离关系，多做拦固定球的练习，体会手与手、手与网之间保持的合理距离。

（5）拦不到球。原因除了身材、弹跳高度和起跳过早或过晚之外，主要是对对方扣球线路判断不准，只看球，不看扣球队员的挥臂击球动作，盲目拦网。

纠正方法：反复地结合扣球技术和扣球队员的特点进行拦各种扣球的练习，要求拦网队员既要看球，又要看清扣球队员挥臂击球动作，拦其扣球的主要路线。

二、排球战术

（一）进攻战术

1.“中一二”进攻战术

接发球时，把球传给前排中间的3号位队员，由他传给2、4号位队员扣球，这种进攻配合称为“中一二”进攻战术（见图2—65）。

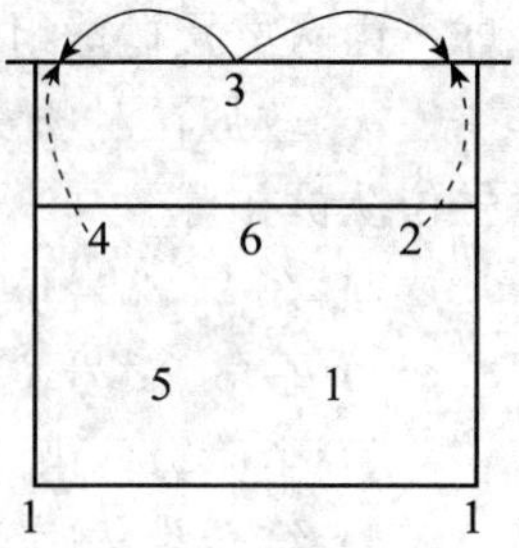

图2—65

（1）“中一二”进攻战术配合要求：

1）这种战术配合是最基本、最简单的。要求场上六名队员各守其责，3号位作为二传，2、4号位作为扣球手，1、6、5号位主要任务是接一传。

2）1、6、5号位队员要求把球尽可能传到3号二传手里。

3）3号位作为二传，要机智、灵活、视野开阔，根据场上情况分配扣球，尽可能组织起有效进攻。

4）2、4号位队员根据一传、二传情况，注意选择起跳时机和起跳点。

（2）练习步骤与方法：

1）临场讲解，让六名队员在场上按位置做示范。

2）教师在对方半场抛球，队员接发球组织“中一二”进攻战术练习。

3）全队分两组，一组发球，另一组按“中一二”站位接发球组织进攻战术。接球后可不扣球过网，接好一传给3号位进行组织，接3～5个球后轮转一次。

4）同上练习，要求进行扣球，2、4号位队员各扣3～5个好球后轮转一次。

5）结合教学比赛进行练习。

2.“边一二”进攻战术

接发球时，把球传给前排2号位队员，由他传给3、4号位队员扣球，这种进攻配合称为“边一二”进攻战术。它的接发球的基本站位见图2—66。

这种战术方法的优点是两个扣球队员可以互相配合，起一定的掩护作用，而且有较多的战术配合变化，它在攻击程度上比“中一二”进攻战术高。

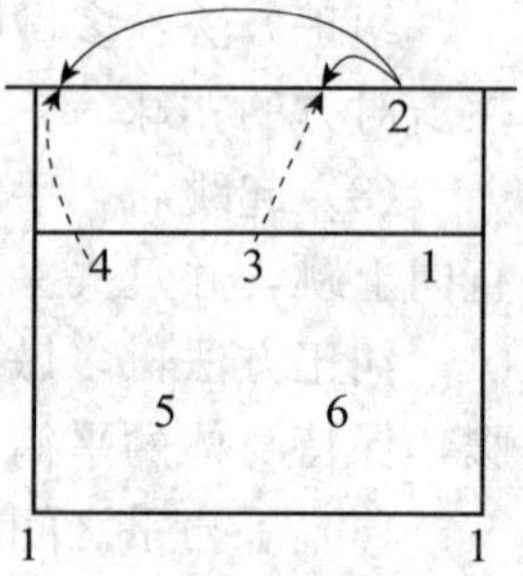

图 2—66

根据“边一二”进攻战术的站位可以变化出几种战术配合，如“快球掩护”“围绕”“梯次”等战术配合。

（1）“边一二”进攻战术配合要求：

1）这种战术配合是最基本、最简单的。要求场上六名队员各守其责，2 号位队员作为二传，4、3 号位队员作为扣球手，1、6、5 号位队员的主要任务是将一传球接好，传至 2 号位。

2）1、6、5 号位队员：尽可能将一传球传至 2 号位二传手里。

3）2 号位队员：作为二传，要视野开阔、灵活多变，根据场上实际情况，合理分配扣球，尽可能组织起战术进攻。

4）3 号位队员：如一传到位，应尽可能扣快球。

5）4 号位队员：扣拉开球时，应注意选择好起跳时机和起跳点。

6）采用“边一二”进攻战术时，二传队员应站在 2、3 号位之间，不要站得太靠近边线，以便运用快变战术。

（2）练习步骤与方法：

1）六名队员在场上站好“边一二”的接发球位置，教师临场讲解，并在对方半场抛球，由队员接抛球组织进攻战术。

2）教师在对场发球给 6 号位队员，6 号位队员做一传，2 号位队员做二传，给 3、4 号位队员扣球。

3）在 3、2 号位间做二传，3 号位队员扣快球作掩护，4 号位队员扣拉开球。

4）在 3、2 号位间做二传，进行“交叉”战术练习。

5）全队分两组，一组发球，另一组接发球组织“边一二”进攻战术。

6）结合教学比赛，进行实战练习。

（二）防守战术

1. 接发球站位阵形

接发球站位阵形，是按照接发球的人数来划分的。通常多采用五人接发球和四人接发球。

（1）五人接发球站位阵形。这是最基本的阵形。除由一名二传队员站在网前或从后排插上不接发球外，其余五名队员按照前三后二的位置站位，各担负自己区域内的一传任务。不接发球的队员应注意随时接应同伴的一传。尤其是当后排队员接球时，前排队员应转身注视接球队员，随时准备快速移动接应垫不到位的球。

五人接发球的优点是：队员均衡分布，每人接发球的范围相对减小。接发球时，已站成了基本的进攻阵形，组织进攻比较方便。

（2）四人接发球站位阵形。为了插上方便，插上队员与同列的前排队员都站在网前不接发球，其他四人站成弧形接发球。其优点是便于后排插上和不接发球的前排队员及时换位；其缺点是四人接全场球要求判断和移动能力较强。

2. 接扣球防守阵形

接扣球防守阵形是前排拦网与后排防守的整体配合阵形。防守阵形首先要根据对方进攻的具体情况；其次要充分发挥本队队员的特长，同时也要适当考虑到防守后的进攻战术打法。

（1）不拦网的防守阵形。根据对方进攻的情况没有必要进行拦网时，可以采用不拦网的防守阵形。与五人接发球站住阵形相似。前排进攻队员要撤到进攻线后，既准备防守，又便于进攻。后排队员后退，准备防后场球。二传队员留在网前，既可接吊到网前的球，又便于组织进攻。

（2）单人拦网的防守阵形。水平较低的队比赛时，由于对方进攻力量不强，扣球线路变化少，吊球又多，可以主动采用单人拦网的防守阵形。由不拦网的队员后撤防前区，后排队员防后场。

（3）双人拦网的防守阵形。水平较高的队多采用这种防守阵形。分为“边跟进”和“心跟进”两种。

“边跟进”防守阵形：多在对方进攻较强，吊球较少时采用。当对方 4 号位队员进攻时，我方 2、3 号位队员拦网，其他四个队员组成半圆弧形防守，如遇对方吊前区，由边上 1 号位队员跟进防守。

其优点是加强了拦网；缺点是边上的队员既要防直线，又要跟进防前区，比较困难。

“心跟进”防守阵形：即后排中心 6 号位队员在本方拦网时跟上去保护。适合于本方拦网能力强，对方采取打吊结合时采用。

其优点是加强了前场区的防守；缺点是后排防守的空当较大。

第四节　乒乓球

一、乒乓球运动概述

乒乓球运动起源于 19 世纪末的英国，由网球运动派生而来，最初只是作为人们茶余饭后的一种消遣，被称为“桌上网球”。1904 年，上海四马路一家文具店的经理王道平从日本买来 10 套乒乓球器材摆设店中，并亲自做打球表演。从此乒乓球在中国生根发芽。

新中国成立后，我国在发展体育运动，增强人民体质运动促进下，乒乓球运动发展较快，1953 年我国首次参加了第 21 届世乒赛，仅在短短 5～6 年的时间里，我国乒乓球运动员容国团就在第 25 届世乒赛上，一举获得男子单打世界冠军，从此打开中国乒乓球通往世界乒坛的大门。

1961 年我国首次成功地主办了第 26 届世界乒乓球锦标赛，我国乒乓健儿不畏强手共获男子团体和男子、女子单打三项冠军，在以后的乒乓之路上越走越宽广，特别是在第 36 届、43 届、46 届世乒赛及 26 届、28 届奥运会上囊括全部比赛的冠军。

乒乓球运动共分七个赛制，即男、女团体赛、单打、双打，还有男女混合双打赛制。乒乓球运动在我国具有广泛的群众基础，它设备简便，不很受年龄、性别和身体条件的限制，对各行各业不同人群均有较高的心理、生理及综合素质的锻炼价值。选乒乓球为职业技术院校体育教学必选课价值较大，此项运动深受广大学生们的喜爱，多项指标证明，对增强职业技术院校学生身心健康和职业技能的掌握均起到良好的作用。

二、乒乓球的基本理论

（一）球台

乒乓球台是一块高 76 厘米、宽 1.525 米、长 2.74 米的台面，台面上可分为端线、边线（2 厘米白线）、中线（3 毫米宽白线）及左右半台，还可分为左侧 2/3 台、右侧 2/3 台和全台。

（二）站位与击球距离

站位是指运动员开始击球前的基本位置。站位可分为近台（离台 30～50 厘米处）、中台（50～100 厘米处）和远台（1 米以外）。

（三）击球线路

击球线路是指球在球台上空飞行弧线的投影线。以右手执拍者为例，基本线路一般可分为右方斜线、右方直线、左方斜线、左方直线及中路直线。

（四）击球时间

它是指来球在本方台面弹起后，其运行轨迹从着台点上升再下落至触及地面以前的过程。可分为上升前期、上升后期、高点期、下降前、下降后五个时期。

（五）拍形

拍形包括拍形角度和拍形方向两个方面。

拍形角度：指拍形和台面所形成的角度。角度小于 90°时，称为前倾；角度大于 90°时，称为后仰。

三、乒乓球的基本技术和练习方法

（一）握拍法

目前，世界上主要的握拍法有两种，即直握拍和横握拍。初学者选择握法时，应根据自身的特点来确定握拍方法。不过目前绝大部分运动员都采用横握拍法。

1. 直握法

拇指和食指的第一、二指关节弯曲自然平均地钳住拍柄，拍柄贴住虎口，其他三指自然弯曲重叠，中指第一指关节顶在拍背 1/3 处（见图 2—67）。

图 2—67

2. 横握法

中指、无名指小拇指自然弯曲握住拍柄，拇指压在球拍正面，食指自然伸直放于球拍的背面，拍肩贴于虎口（见图 2—68）。

图 2—68

（二）基本准备姿势（以右手为例）

两脚开立，比肩稍宽，左脚稍前，右脚稍后，前脚掌内侧着地，两膝自然，重心在两前脚掌之间，含胸收腹，身体略前倾，执拍手臂自然弯曲，放松置于身体右侧腹前（见图 2—69）。

图 2—69

（三）基本步伐

乒乓球的基本步伐有：单步、跨步、并步、侧身步、交叉步五种。

1. 单步

一脚为轴，另一脚向前后、左右不同方向移动，重心随之跟上（见图 2—70）。

图 2—70

2. 跨步

一脚蹬地，另一脚向移动方向跨一大步，为防止跨步后失去重心，蹬地脚应随后上半步或一小步（见图 2—71）。

图 2—71

3. 并步

一脚先向另一脚移（或叫并）半步或一小步，另一只脚在并步脚落地后向同方向移动（见图 2—72）。

图 2—72

4. 侧身步

以左脚为轴，右脚向左后移动一步，或左脚先向左跨一步，右脚向左后移动一步（见图 2—73）。

图 2—73

5. 交叉步

先以离来球方向近的脚作为支撑，使远离来球方向的脚向来球方向跨一大步，在体前（侧）瞬间成交叉状态，身体随之向来球方向转动，支撑脚再跟着向移动方向迈出一步（见图 2—74）。

图 2—74

6. 练习方法

(1) 台前徒手模仿各种步伐练习。

(2) 结合挥拍动作进行各种步伐练习。

(四) 推挡

主要包括快推、减力挡等。

1. 快推

击球前，上臂靠近身体适当后撤引拍，拍形基本与台面垂直，球拍略高于来球或与球同高，击球时，手臂迅速迎前，在来球的上升期触球，前臂手腕用力向前将球推出，触球的中上部，食指用力压拍击球后迅速还原成准备姿势（见图 2—75）。

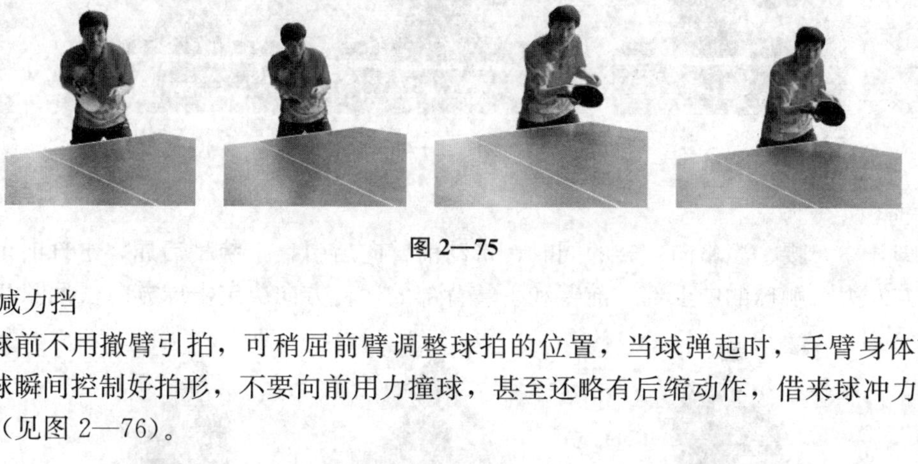

图 2—75

2. 减力挡

击球前不用撤臂引拍，可稍屈前臂调整球拍的位置，当球弹起时，手臂身体前移迎球，触球瞬间控制好拍形，不要向前用力撞球，甚至还略有后缩动作，借来球冲力将球反弹回去（见图 2—76）。

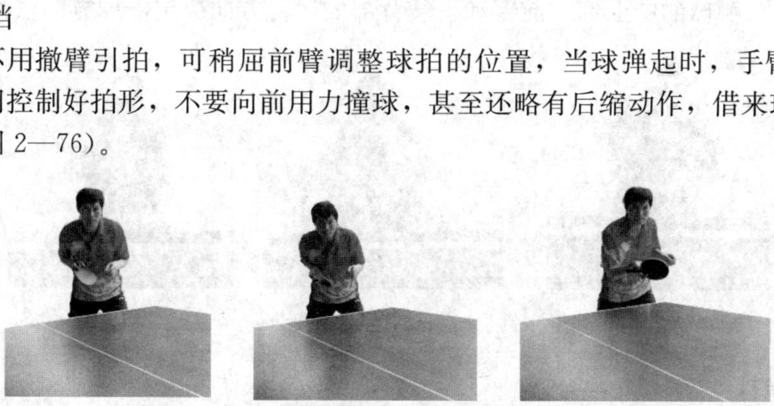

图 2—76

3. 练习方法

(1) 徒手做推挡模仿动作，体会动作要点。

（2）在台上两人互推斜线或直线，待熟练后逐渐增加力量和速度。

（3）一人攻球，另一人挡推。也可供多球来练习，反复体会推的动作。

4. 易犯错误

（1）推挡时拍形后仰或前倾、用力太大、动作往下切。

（2）肘关节离身体较远，推出的动作不直、左右不定、拍面不易固定。

5. 纠正方法

（1）持拍放松，食指用力压拍，使拍形前倾。

（2）台上放一参照物，控制右肘远离体侧。

（五）攻球

1. 正手攻球（以右手横板为例）

击球前身体稍向右转，腰带臂横摆引拍至身体右侧，重心落于右脚，前臂自然弯曲约120°，球拍略前倾，手腕自然放松。击球时，右脚稍用力蹬地，腰向左转带动手臂向前上方挥动迎球。触球瞬间，前臂用力收缩，触球的中上部，手腕辅以发力，身体重心由右脚移至左脚，球拍因惯性顺势挥至头左侧。球击出后，迅速还原，手臂放松，准备下一板击球（见图2—77）。

图2—77

2. 横板反手攻

两脚开立，腰、髋略向左转的同时，带动前臂向后引，手腕稍后屈，击球时前臂手腕向右前方发力，触球的中上部，前臂和手掌背部的运行方向决定击球方向（见图2—78）。

图2—78

3. 直拍横打

直拍横打时手腕自然下垂，但不要吊腕。引拍时，腰部向左下方呈弧形转动，以肘关节为轴，在球的下降前期击球，摩擦球的中下部。击球前，膝关节稍弯曲，收腹，身体重心略下沉，在引拍击球时，前臂、手腕朝前上方摩擦、利用挺腹和两脚向上的蹬力帮助发力，身体重心从左脚移至右脚。击球时主要用拇指和中指发力，食指自然放松（见图 2—79）。

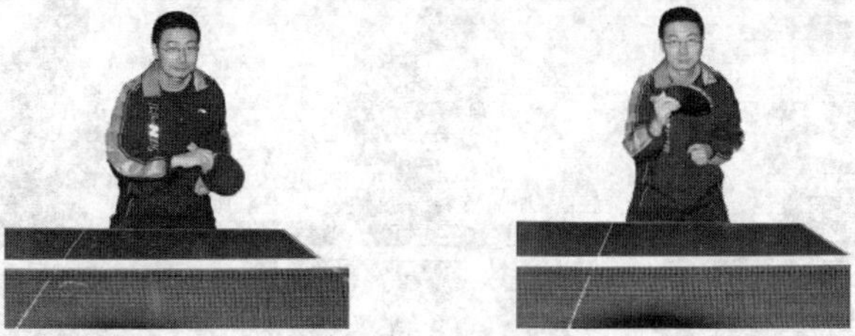

图 2—79

4. 练习方法

（1）原地徒手及持拍模仿动作的练习。

（2）结合步伐，在移动中进行攻球模仿动作。

（3）多球练习。一人供球，反复练习正、反手攻球动作。

（4）两人对攻（斜线、直线）力量由轻到重，反复练习，体会触球时的肌肉感觉。

5. 易犯错误动作

（1）正手攻引拍过后，拍面不易固定。

（2）身体动作用力顺序不协调，动作较大。

（3）反手攻肘外展大，横拍有推的动作成分。

6. 纠正方法

（1）反复体会徒手模仿动作，不急于上台击球。

（2）面对镜子练习徒手动作或二人相互控制练习。

（3）理解动作要领，按要求进行，击球时头脑思路要清楚。

（六）搓球

1. 搓球技术

搓球技术可分为正手搓球和反手搓球。

（1）正手搓球。右脚稍前，站位近台，前臂和手腕外旋使拍面稍后仰，身体略向右转，向右上方引拍。在来球的下降期用球拍的下半部摩擦球的中下部，前臂加速向前下方用力的同时手腕内旋配合用力（见图 2—80）。

图 2—80

（2）反手搓球。击球时，拍面后仰，屈臂后引，前臂向前用力为主，配合手腕动作。

根据来球旋转的程度调节拍面角度和用力方向，如球下旋强，拍触球的底部，向前用力大些；若来球下旋弱，拍触球的中下部，向下用力大些（见图 2—81）。

图 2—81

2. 练习方法

（1）徒手模仿动作，注意前臂、手腕的发力方法。

（2）多球练习，一人供下旋球，另一人反复练习斜线或直线的搓球。

（3）一人发下旋球两人对搓练习。

3. 易犯错误动作

（1）前臂和手腕及肩关节僵硬，动作易脱节。

（2）搓不出去球，易吃旋转，有推球动作成分。搓出的球不到位，忽长忽短。

4. 纠正方法

（1）从概念区别搓与推的动作方法，以生活中实例如“搓锹”、飞机着陆等方法去理解搓的动作。

（2）搓一下、推一下，相互交换，反复练习徒手动作。

（七）弧圈球

1. 弧圈球技术

弧圈球可分为正、反手加转弧圈和前冲弧圈球技术手法。

（1）正手加转弧圈技术。左脚在前，右脚稍后，身体略向右扭转，腹微收，髋稍向右后方压转，左肩略高于右肩。击球时，右脚掌内侧蹬地，以腰髋的扭转带动手臂向左上方挥动，击球瞬间快速收缩前臂，直拍的中指（横拍的食指）应加速手腕在触球瞬间的甩劲。手臂在腰的带动下向后下方引拍，球拍低于来球，在来球的下降前期或高点后期，摩擦球的中上部以手臂从下向上迎球（见图 2—82）。

图 2—82

（2）反手加转弧圈技术。右肩下沉，球拍引至腹前下方，腹部内收，肘关节稍向前顶出，手腕内旋，拍面前倾，以肘关节为轴前臂快速向右前上方挥动。

（3）正手前冲弧圈球技术。手臂在腰的带动下向后下方引拍，球拍低于来球，在来球的上升后期或高点后期，摩擦球的中上部以手臂从右后向前上方迎球。

（4）反手前冲弧圈球技术。右肩下沉，球拍引到大腿内侧，肘关节前顶手腕内旋。击球时拍面前倾以肘关节为轴，在来球的高点期摩擦球的中上部，身体向前上方发力并迅速还原。

2. 练习方法

（1）徒手做模仿动作，认真体会动作要领。

（2）一人发平击球或下旋球至某一点，一人练习拉球。体会正确的击球点和触球瞬间的摩擦动作（可用多球进行）。

（3）一人推挡，一人拉，定点定线。要求先轻带，随着技术的提高再逐渐增加力量和旋转。

（4）对搓斜球，其中一方侧身抢拉球。

3. 易犯的错误动作

（1）易与中远台攻球相混，拉的动作小，打的动作大。

（2）手臂、重心过低、拉的过程中向上挺身、缺少向前的力量。

（3）摩擦球的时间和部位掌握的不准确，判断力较差。

4. 纠正方法

（1）徒手反复练习拉的动作，近台拉一次攻一次由慢至快。

（2）面对镜子，两人相互控制完成动作。

（3）多球下练习一攻一拉。

（4）利用基本理论知识指导每一个动作环节。

（八）发球和接发球

发球和接发球是乒乓球的前两板球，它们既相互制约，又能相互促进发展。

1. 发球技术

发球是一项重要的基本技术，它是由抛球和挥拍击球两个动作组成。抛球是前提，击球部位和挥拍方向是决定发球性质的关键；用力大小和第一落点的远近是发球变化的条件。

（1）平击发球：这种发球一般不带旋转，是学习其他发球的基础。

动作要领：以正手发平击球为例。左脚稍前，身体稍向右转，把球放在左手掌心上，将手置于身体右侧，持球手将球向上抛起，右臂稍向后引拍，当球略低于网时拍由右向前挥动，拍形前倾，击球中部或稍向上些，前臂和手腕向前挥动，重心前移（见图 2—83）。

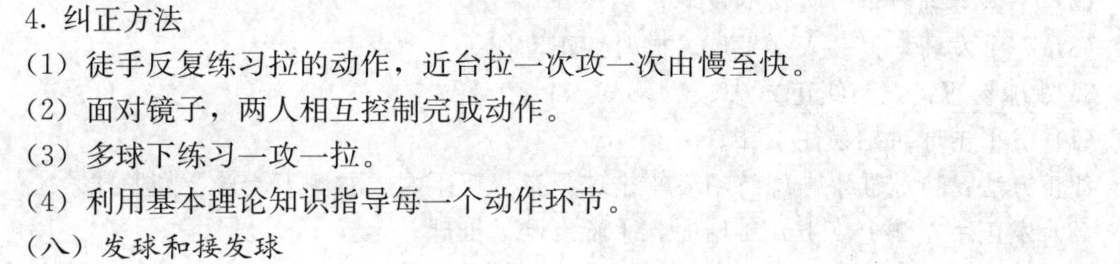

图 2—83

（2）正手发左侧上（下）旋球：这种发球方式球速一般不急，左侧上（下）旋转力较强，对方挡球后，向其右侧上（下）反弹。

动作要领：击球前，拍形稍向左偏斜，前臂和手腕由右向左挥动，击球时，拍从球的正中部向左上侧摩擦，击出的球是左侧上旋球（发左侧下旋球，拍稍后倾，从球的中下部向左侧摩擦）（见图 2—84）。

图 2—84

2. 发球的练习方法

初学发球时，应结合规则来练习。由慢到快，由短到长，先发平击球，到一定熟练程度后再进行发旋转球和高抛球。

(1) 徒手做挥拍与抛球动作练习。

(2) 用多球练习单一旋转的发球。

(3) 一个发球，另一人接发球，同时纠正动作。

3. 发球易犯错误与纠正方法

(1) 发平击球时拍易往下扣。

纠正方法：持球徒手击球练习发平击球，正、反手左、右侧下旋球及高抛球。

(2) 发正手左侧上（下）旋球时，手腕发硬易推球。

纠正方法：抛球接球的练习，前臂屈抛出球落回掌内。

(3) 发高抛球时，球抛不直，击不中球，前臂不内旋，手腕不颤抖。

纠正方法：用示范动作、看录像片等方法，增加表象。

4. 接发球

(1) 接发球的站位和判断：

接好发球的基础要选择好站位。根据对方发球位置来决定自己的站位。如果对方用正手在球台左方发球则站位应右一些，站位不应太近或太远。判断时，首先从对方出手动作判断；其次从对方动态来判断；最后从对方来球的弧线来判断。

(2) 接发球的方法：

1) 接平击发球时可用推挡和正、反手攻等方法。

2) 接上旋球和下旋球时通常可用搓球的方法，也可用推、攻、拉等方法将球接回。

3) 接上旋球和下旋球时，首先应判断发球时手臂移动的方向和来球速度的快慢，进行合理回接。

四、乒乓球的基本战术

(一) 发球抢攻战术

利用发球的旋转、落点和速度变化，控制对方，伺机抢攻。例如：正手发转与不转至对方正手或中路近网，配合长球至反手，伺机抢攻等。

（二）对攻战术

对攻战术是进攻性打法形成相持时，通过压左调右、调右压左、压左等右、压反手、中路或正手伺机正手攻或侧身攻，用加减力压反手或中路后迅速抢攻等。

（三）搓攻战术

主要以搓球的落点、旋转和快慢变化，为进攻创造机会，如搓转与不转或以摆为主，配合劈长两大角，伺机抢攻等。

第五节 羽毛球

一、现代羽毛球运动概述

羽毛球起源于14—15世纪的日本，发展于印度，球拍是木制的，球用樱桃核插上羽毛制成。这种球由于球托是樱桃核，太重，球飞行速度太快，使得球的羽毛极易损坏，加之球的造价太高，所以当时该项运动时兴了一阵子就慢慢消失了。现代羽毛球运动诞生于英国，大约在1800年由网球派生而来。1870年，出现了羽毛、软木做的球和穿弦的球拍。1873年，英国公爵鲍弗特在格拉斯哥郡伯明顿镇的庄园里进行了一次羽毛球游戏表演。从此，羽毛球运动便逐渐开展起来。“伯明顿”即成了羽毛球的名字，英文的写法是“Badminton”。那时的活动场地是葫芦形，两头宽、中间窄，直至1901年才改为长方形。

现代羽毛球运动在英国开展起来以后，逐步在欧洲发展，随后流传到美洲、大洋洲、非洲，约于第一次世界大战后传入我国。最早在上海的法国总会，随后在广州、天津、北京等城市教会办的青年会和学校开始出现，但是当时没有举办过任何较大规模的比赛。

新中国成立后，羽毛球运动逐渐在全国各大城市开展起来，深受广大群众所喜爱，并逐步成为我国体育运动的重点项目之一。

羽毛球比赛分为男、女团体，男、女单打，男、女双打，男女混合双打七个项目，当今世界最高水平的羽毛球比赛有汤姆斯杯赛（男子）、尤伯杯赛（女子）、金英羽毛球赛、世界羽毛球锦标赛等。自1992年巴塞罗那奥运会开始，羽毛球成为奥运会的正式比赛项目。多年来，我国羽毛球竞技水平较高，在历届大赛上均取得优异成绩。

若将羽毛球作为一种健身活动来从事其锻炼的话，也非常有价值。因为打羽毛球不受场地和器材、人数的限制，两人即可，随时随地都可进行。羽毛球作为体育教学项目更有价值，对职业技术院校学生动手能力的培养起着十分重要的作用。

二、羽毛球运动基本技术

握拍是羽毛球运动最基本、最重要的技术，也是掌握和提高羽毛球技术水平的关键。

（一）正手握拍法

用与握拍手掌同一个朝向的拍面击球叫正手击球，正手击球时的握拍方法为正手握拍法。

方法：握拍时，先用左手拿住拍颈，使拍面与地面垂直。再张开右手，使手的小鱼际肌靠在拍柄底托处，虎口对准拍柄的内侧小棱边，然后小指、无名指和中指并拢握住拍柄，小指与无名指在拍柄的末端就稍紧，负责不使球拍脱手，食指与中指稍微分开，用食指和拇指轻松地环扣住拍柄（见图 2—85）。

图 2—85　正手握拍法

（二）反手握拍法

用与握拍手手背同一个朝向的拍面击球叫反手击球，反手击球的握拍方法为反手握拍法。

方法：在正手握拍法的基础上，拍柄稍朝外转，食指收回，拇指第二指节顶贴在拍柄内侧的宽面上，其余四指并拢握住拍柄，手心与拍柄之间应有一个明显的空隙（见图 2—86）。

正手握拍法和反手握拍法除上述握法的区别以外，它们共同的技术关键是一要放松，二要灵活。

图 2—86　反手握拍法

易犯错误与注意事项：

（1）“拳握式握拍”，五指并拢，握拍太紧，影响手腕的灵活性。

（2）“苍蝇拍式握法”，握拍手的虎口对准拍柄宽面，造成屈腕不灵活。

（3）握拍时食指伸直贴在拍柄的宽面，造成击球时手腕不灵活。

（4）反手击球时没有换成反手握拍，影响击球的灵活性和手腕、手指的发力。

三、发球法、接发球技术

（一）发高远球技术

高远球发出的球飞行弧线高，在对方底线附近垂直下落。高远球能有效拉开对方的位置，是羽毛球的基本技术之一。

（1）发球站位：单打发球在中线附近，站在离前发球线约 1 米处。双打发球站位可靠进前发球线。

（2）准备姿势：身体左肩侧对球网，左脚在前，右脚在后，重心在右脚上，右手持拍向右后侧举起，肘部放松微屈，左手拇指、食指和中指捏住球，举在胸腹间（见图 2—87）。

（3）在左手放开球使之下落时，右手挥拍由上臂带动前臂，自右后方沿身体向前左上方挥动。当球落到右臂向前下方伸直能够触到球的瞬间，屈指紧握球拍，并利用手腕屈收的力量向前上方发力击球，顺势向左肩上方挥动缓冲（见图 2—88）。

图 2—87

(1)　(2)　(3)　(4)

图 2—88

易犯错误与注意事项：

（1）握拍太紧，会无法产生手腕爆发力。

（2）发球时站位不当。两脚平行站位，身体正对球网，导致身体重心无法向前移动，挥拍手臂摆动的幅度太小。

（3）击球瞬间拍面若没有正对球头，出现切球动作，会影响出球的高度和远度。

（二）正、反手发网前球技术

网前球发出去的球飞行弧线低平，在对方前发球线附近下落。网前球结合后场平快球运用能控制对方接发球抢攻，是羽毛球的基本技术之一。发出的球贴网而过，落在对方前发球线附近的发球区内，称为发网前球。发网前球要求较高，如果球飞行弧线太低，会不过网，若球飞行弧线过高，易遭扑击，所以，要更讲究发球技术。发高质量的网前球，可以避免对方接发球时往下压球，从而限制了对方做进攻性的回击。它是双打发球的主要手段。

（1）发球站位：单打发球在中线附近，站在离前发球线约 1 米处。双打发球站位可靠近前发球线（见图 2—89）。

（2）准备姿势：身体左肩侧对球网，左脚在前，右脚在后，重心在右脚上，右手持拍向右手侧举起，肘部放松微屈，左手拇指、食指和中指捏住球，举在胸腹间（见图 2—90）。反手发球时，拇指、食指和中指捏住球的羽毛，右脚在前（见图 2—91）。

图 2—89

图 2—90

(1)　(2)

图 2—91

（3）发网前球时，握拍要放松，上臂动作要小，主要靠前臂带动手腕向前切送，球的弧线要贴网而过，落点在前发球区附近，手腕不能有屈收动作。正手发网前球如图 2—92 所示，反手发网前球如图 2—93 所示。

(1) (2) (3)

图 2—92

(1) (2) (3)

图 2—93

易犯错误与注意事项：

（1）握拍太紧，动作僵硬，难以缓冲控制球。

（2）击球时手腕有屈收动作，能以控制出球的高度。

（3）击球时不是切击球。

（4）手臂没有向前推送球。

（三）接发球战术

1. 接发球站位

一般情况下，单打的发球站位离前发球线约 1.5 米，在右发球区应站在靠中线的位置，在左发球区应站在中间稍偏边线的位置。双打接发球时站位应靠近前发球线。

2. 接发球的准备姿势

单打接发球时左脚在前，右脚在后，侧身对网，重心在前脚，后脚脚跟稍提起，收腹含胸，持拍于右身前，两眼注视对方。双打接发球准备姿势基本同单打，但重心可随意移至任何一只脚上，球拍高举在肩上，注意力集中。

四、后场高球技术

（一）正手高远球技术、头顶高远球技术

正手高远球技术、头顶高远球技术是羽毛球的基本技术之一，其出球飞行弧线高，在对方端线附近垂直下落，能有效拉开对方的防守位置，需要有较大的爆发力。

（1）准备姿势：侧身后退，左肩对网，左脚在前，右脚在后，重心在右脚上。左臂屈肘，左手自然高举，右手持拍，手臂自然弯曲，将球拍举在右肩上方，两眼注视来球。

（2）击球时，右上臂后引，随之肘关节上提，明显高于肩部，将球拍后引至头部，自然伸腕，拳心朝上。然后在后脚蹬地、转体收腹的协调用力下，以肩为轴，上臂带动前臂快速向前上方甩腕，在手臂伸直的最高点击球。击球后，持拍手臂顺惯性往前左下方挥动并收拍至体前，与此同时，左脚后撤，右脚向前迈出，身体重心由后脚移到前脚上（见图 2—94）。

(1) (2) (3) (4) (5)

图 2—94

易犯错误与注意事项：

（1）准备姿势不正确。身体正面对网，手臂伸得太直，手指抓拍太紧，影响全身由下至上的顺序发力。

（2）引拍动作不正确。引拍时没有屈肘，大小臂夹角太大，球拍没有在身后下摆，挥拍距离太短，不能产生最大的爆发力击球。

（3）击球时身体没有转正对网或挥拍手臂没有内旋动作，不会甩手腕发力。

（4）击球时身体没有挺开，手臂没有伸直，击球点太低。

（5）头顶击球时左脚后撤要大。

（二）平高球技术

平高球的弧线较高远球低，速度较高远球快，是一种在较主动情况下运用的击球技术。

（1）准备姿势：侧身后退，左肩对网，左脚在前，右脚在后，重心在右脚上。左臂屈肘，左手自然高举，右手持拍，手臂自然弯曲，将球拍举在右肩上方，两眼注视来球。

（2）击球时，右上臂后引，随之肘关节上提，明显高于肩部，将球拍后引至头部，自然伸腕（拳心朝上）。然后在后脚蹬地、转体收腹的协调用力下，以肩为轴，上臂带动前臂快速向前上方甩腕，在手臂伸直的最高点击球。击球后，持拍手臂顺惯性往前左下方挥动并收拍至体前，与此同时，左脚后撤。右脚向前迈出，身体重心由后脚移到前脚。击球发力要小而快，以前臂、手腕发力为主。

（三）正手吊球、头顶吊球技术

吊球是从后场将球回击到对方网前区域靠边线两角的近网小球，球的飞行弧度过网后迅速下落，这种技术如结合平高球使用能有效调动对方的位置。

吊球的准备动作、引拍动作同高远球一致，击球点在右肩前上方（头顶吊球时在头上方）较高远球稍前一点的位置。吊球主要靠手腕、手指的控制力量，击球时手腕由伸腕到屈收带动手指捻动发力，并以手指转动使球拍形成一定的外旋，用斜拍面“切击”球托后部的右侧位置。后场正手吊直线球击球时，拍面的“切击”动作要小一些，击球瞬间以斜拍面击球托后部右侧偏中的位置，并向前下方切压击球。正手吊斜线球击球时，拍面的“切击”动作要大一些，几乎是向前下方侧击球托的右侧部位（见图 2—95）。

(1) (2) (3) (4)

图 2—95

易犯错误与注意事项：

（1）击球时没有切击球托，手腕下压不明显。

（2）击球时身体没有挺开，手臂没有伸直，击球点太低，形成推球动作。

（3）击球后，手臂没有随惯性挥向左肩上方。

（4）准备姿势、引拍动作、转体动作基本与后场平高球技术一致。

（四）扣球技术

扣球力量大，球飞行的速度快，在比赛中通常是进攻直接得分的重要手段。

击球前引拍动作加大一些，充分发挥下肢、腰腹和上肢的力量。击球时的击球点选在右肩前上方较击高远球稍前一点的位置，头顶扣球时击球点在头顶稍前位置。在准备击球前身体后仰，在击球瞬间将全身的力量，通过手腕由伸到屈地快速闪动，用正拍面向前下方击球（见图 2—96）。

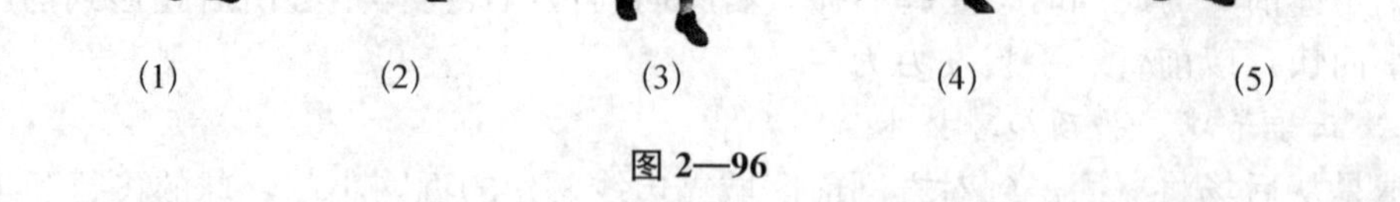

(1) (2) (3) (4) (5)

图 2—96

五、前场击球技术

（一）搓球技术

搓球是一种从一般放网前球技术基础上发展起来的富有进攻性的放网技术。搓球时，由于运用“搓”“切”等动作摩擦球托的不同部位，使球在越过网顶时的轨迹异常，给对方回击造成困难，从而创造了进攻机会。

（1）运用上网步法向来球方向移动，持拍手臂向来球方向伸出，争取高的击球点。左手于身后拉举与右手对称的反方向，以保持身体的平衡。正手搓球上网步法如图 2—97 所示，反手搓球上网步法如图 2—98 所示。

(1)

(2)

图 2—97

(1)

(2)

图 2—98

（2）在伸拍的同时前臂外旋、手腕后伸引拍。

（3）搓球有两种击球方式。一种是手腕动作由展腕至收腕发力，由右向左以斜拍面切击球托的右后侧部位，球呈下旋翻滚旋转过网（见图 2—99）。另一种是手腕由收腕到展腕发力击球，由左向右以斜拍面切击球托的左后侧部位，则球呈上旋翻滚旋转过网。反手搓球击球部位相反（见图 2—100）。

(1)

(2)

(3)

图 2—99

（4）击球后手腕伴有一定的制动动作，击球后手臂收回至胸前。右脚掌触地后立即蹬地向中心位置回动，准备回击下一拍。

(1)

(2)

(3)

图 2—100

易犯错误与注意事项：

（1）手臂伸的太直，握拍太紧，动作僵硬，将球弹击过网，不是搓切球，球过网不翻滚。

（2）搓球时拍面不正确，球不过网。搓球时拍框要低于拍柄部分。

（3）搓球时动作过大，用前臂发力砍球。搓球应用手腕、手指发力。

（二）推球技术

推球是将网前高点的球以飞行弧度较平的线路从网前击至对方两条边线与端线附近两角的技术。推球技术击球点高、动作小、球速快、落点变化多，是前场进攻技术。

（1）运用上网步法向来球方向移动，持拍手臂向来球方向伸出，争取高的击球点。左手于身后拉举与右手对称的反方向，以保持身体的平衡。

（2）在伸拍的同时，前臂外旋、手腕后伸引拍。反手推球时，前臂内旋、手腕屈收引拍。

（3）击球时，以肘为轴，前臂由外旋回环至内旋带动手腕由伸腕至展腕向前快速挥动发力击球。反手推球时，上臂内旋至外旋回环带动手腕由展腕至收腕向前挥动，拇指前顶，其余的手指握紧拍柄屈指发力将球推击出去。

（4）击球后，手臂收回至胸前。右脚掌触地后立即蹬地向中心位置移动，准备回击一拍。

易犯错误与注意事项：

（1）引拍动作僵硬，难以控制出球的力量和出球角度。

（2）动作过大，用前臂和手腕发力。放松握拍，用手腕、手指发力。

（3）引拍时的手臂动作没有与搓球、勾球的引拍动作保持一致。

六、下手击球技术

将网前低球由下至上地击至对方后场端线上空的球为网前挑后场高球。它是一种过渡球，目的是在被动情况下将球击得又高又远，以限制对方快速的进攻，争取回位时间。

（1）正手挑球。以肩、肘为轴心，前臂外旋带动手腕伸至身体的右前下方做半弧形回球引拍动作，当拍面击球的瞬间，前臂迅速内旋带动手腕向前上方展腕发力击球，用正拍面向前上方挥动击球（见图 2—101）。球拍顺惯性自然收回至胸前，同时迅速回位。

（2）反手挑球。反手挑球时，以肩、肘为轴心，前臂外旋带动手腕伸至身体的右前下

(1)

(2)

(3)

(4)

(5)

图 2—101

方做半弧形回球引拍动作。反手挑球击球时，前臂外旋带动手腕发力，并充分利用拇指的顶力将球击出（见图 2—102）。球拍顺惯性自然收回至胸前，同时迅速回位。

(1)

(2)

(3)

(4)

(5)

图 2—102

易犯错误与注意事项：

（1）引拍动作太小，不能充分发力。

（2）手指握拍太紧，不能产生手腕爆发力。

（3）击球时拍面朝网，造成球不过网。

七、羽毛球的基本步法

（一）上网步法

判断来球，左脚掌内侧用力蹬地并向来球方向迈出，接着右脚也向前迈出一大步。落地后，右膝弯曲缓冲成弓步，紧接着左脚向前脚靠上小半步。击球后，右脚蹬地用小步并退回中心位置。

（二）后退步法

判断来球方向，右脚蹬地先向后撤一小步，同时上体右转，左肩对网，左脚用并步靠近右脚（或从右脚后交叉后撤一步），同时上体右转，左肩对网，直至移到球下。在移动过程中，完成挥拍击球的引拍动作。击球后，身体重心随右脚前移，迅速用小步回到中心位置。

（三）移动

（1）垫步：当右（左）脚向前（后）迈出一步后，紧接着以同一脚向同一方向再迈一步，为垫步。垫步一般用作调整步距。

（2）交叉步：左右脚交替向前、侧或向后移动为交叉步。经另一脚前面超越的为前交叉步，经另一脚跟后超越的为后交叉步。

（3）小碎步：以小的交叉步移动，为小碎步。由于步幅步频快，一般在起动或回动起始时用。

（4）并步：右脚向前（或向后）移动一步时，左脚即刻向右脚跟并一步，紧接着右脚再向前（向后）移一步，称为并步。

（5）蹬转步：以一脚为轴，另一脚做向后或向前蹬转迈步。

（6）蹬跨步：以移动的最后一步，左脚用力向后蹬的同时，右脚向球的方向跨出一大步，称为蹬跨步。它多用于上网击球，在向后场底线两角移动做抽球时也常采用。

（7）腾跳步：起跳腾空击球的步法为腾跳步。可分为两种，一种是在上网扑球或向两侧移动突击杀球。另一种是对方击来高远球时，用右脚（或双脚）起跳到最高点时杀球。

第六节　网球

一、网球运动概述

网球起源于爱尔兰。一种说法是在 10 世纪，由用手掌击球的游戏演变而来。另一种说法是 12—13 世纪，法国年轻传教士，在教堂的回廊做用手掌击球的游戏，这个游戏被认为是古式室内网球的先驱，后来他们戴上手套击球，最后改用拍子的板面击球。近代网球的兴起应追溯至 1873 年，草地网球创始人英国少校沃尔特·克洛普顿·温菲尔德，他把古式网球和羽毛球的部分特点结合了起来。

我国的网球运动是在19世纪后期，由英、美、法等国商人、传教士和士兵作为娱乐活动相继传入的。随之在上海、广州、北京等城市教会中出现打网球活动，后来在教会学校中也开展起来。旧中国网球竞赛开展比较早，1910年第1届全国运动会就设网球比赛项目。从第3届开始设女子项目。1915年至1934年男子参加了第2届至第10届远东运动会，女子队参加了第6届至第10届远东运动会的网球表演赛。

在世界体坛上，网球也是一项颇具影响的运动。长期以来，它一直受到欧美人的青睐。从某种意义上讲，网球还是一种社会文明的标志。近年来，随着我国经济的迅速发展和人民生活水平的提高，“网球热”已经在老年人和青年人中形成，并正向着更大的范围扩散。网球运动的身体锻炼价值很大，打网球可以培养人们动作迅速、判断准确、反应快速，并能提高速度、力量、耐力、灵敏等素质。由于用网球拍击球，在拍球撞击时，需要根据来球的具体情况，随时挥拍应变处理，因此，对调节肌肉用力的紧张度与肌肉感觉有良好影响，对发展协调性有积极作用。网球运动是一种增进健康的手段。

另外，网球运动除了其本身的锻炼价值外，还具有一定的社交功能。还是一种艺术追求和享受，打网球文明、高雅，动作优美，观看竞争激烈的高水平比赛，更多的人在网球场把网球、网球比赛作为一种交流的方式。所以对我们职业技术院校中一些不同专业的学生来说，进行网球的学习具有特殊的意义。从近几年我院的网球选修课报名情况来看，以外语和管理系的学生居多。外语、管理系的一些专业如：商英、商日、酒店管理、旅游英语等专业的学生还是比较需要这方面的知识和技能。

二、基本技术

网球技术由发球技术、底线技术、网前技术、高压技术和其他技术构成。根据实际情况我们重点介绍握拍法、准备姿势、底线击球（正手击球、反手击球、双手反手击球）、发球、网前截击球、击球步法等几个方面的内容。

（一）握拍法

1. 东方式握拍法

东方式正拍握拍法：左手先握住拍颈，使拍子与地面垂直，然后手掌也垂直于地面，手握拍柄好像与人握手，故亦称“握手式”握拍法。准确地说，用右手掌根与拍柄右上斜面贴紧，拇指垫握住拍柄的左垂直面，食指微离中指，食指下关节压住拍柄右垂直面（见图2—103）。由此拇指与食指成“V”形，对准拍柄的右上斜面和左上斜面的上端中间。东方式反拍握拍法：反方向转拍180°，虎口对左上斜面（见图2—104）。

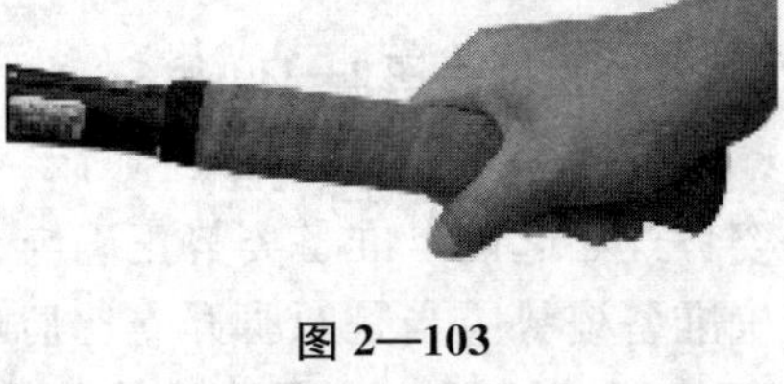

图 2—103

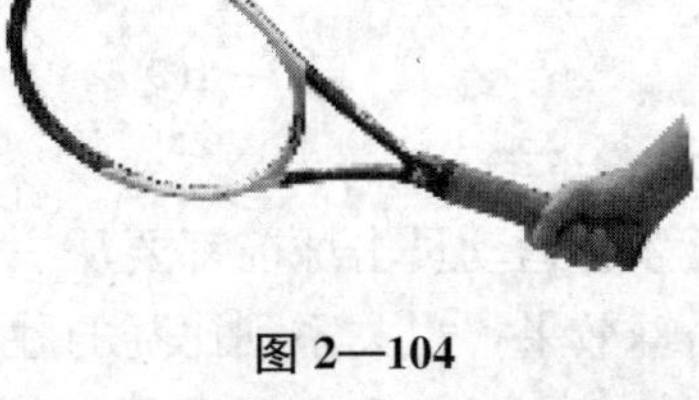

图 2—104

2. 大陆式握拍法

与东方式握拍法不同，大陆式握拍法在进行正、反拍击球时都无需变换握法。握拍时用手掌根贴住拍柄上部的平面，食指与其余三指稍微分开，食指上关节聚贴在右上斜面上，拇指垫贴在拍柄的左垂直面上（见图 2—105、图 2—106）。

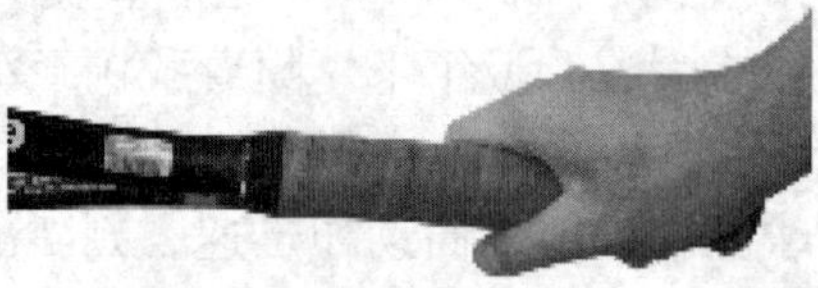

图 2—105

图 2—106

3. 西方式握拍法

该握拍法有利于抽击强有力的上旋球，特别适合打腰部及腰部以上的来球。由于握拍手在球拍柄的下方，所以对比较低的来球，正、反拍都比较难处理（见图 2—107、图 2—108）。

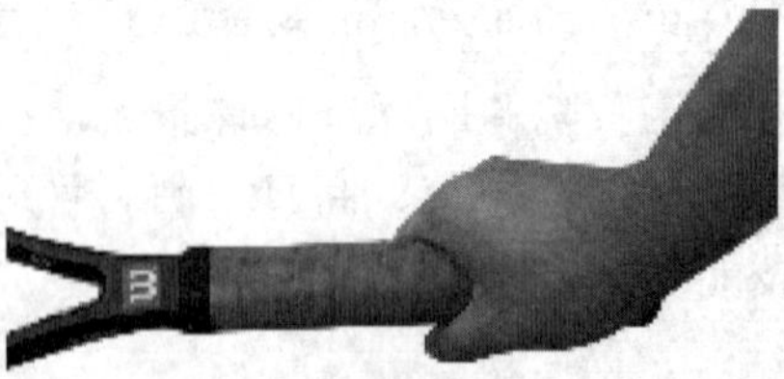

图 2—107

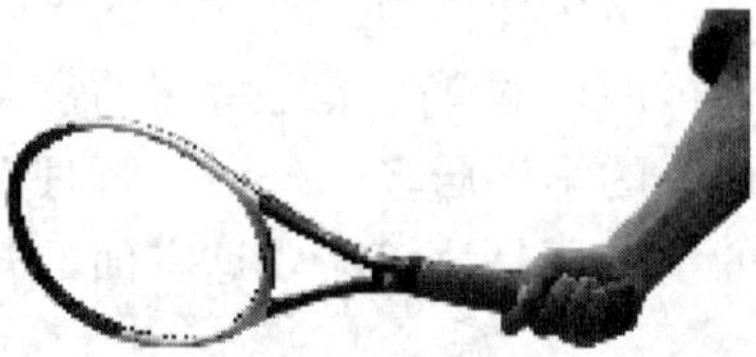

图 2—108

4. 双手反拍握拍法（推荐反手握拍方法）

它的动作要领是：右手是东方式反拍握法，握在球拍拍柄的底部，手掌根与拍柄对齐。左手握在右手的上方，做东方式正拍握拍法。该握拍法的优点在于对力量不足的运动员学反拍比较容易，同时这种握拍法易于对来球加上旋和进行发力，击球点可更靠后些，且动作的隐蔽性强，对方不易发现是击斜线还是击直线球；缺点在于对步法要求精确（见图 2—109、图 2—110）。

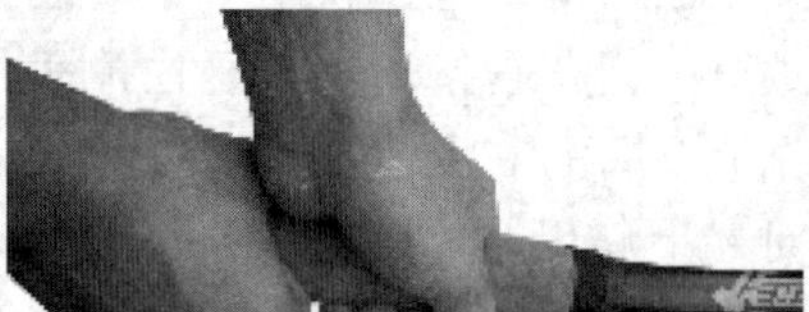

图 2—109

图 2—110

（二）准备姿势

动作要领：运动员击球前都要从一个准备姿势开始起动，准备姿势正确与否关系到起动快慢和击球效果，也关系到比赛的胜负。正确准备姿势应当是双脚开立比肩略宽，脚掌着地、脚跟抬起，身体重心置于两脚前脚掌之间，两膝微屈，并保持膝关节的良好弹性，上体微前倾，两眼注视对手或来球。球拍置于腹前，拍头指向前方略偏左，做上翘，手腕低于拍头。用正手握法轻握球拍，不持拍手轻扶着球拍的颈部；不要忽视不持拍手扶拍的作用，它可以扶住并稳定球拍，减轻持拍手的腕部负担，另外还能起到将球拍引至身体一侧的辅助作用，有利于加快动作（见图 2—111）。

图 2—111

（三）底线击球

1. 正手击球

（1）正手击球动作要领。

1）后摆引拍：由准备姿势开始，左手推拍向后同时身体向右侧，拍面与地面垂直略前倾，拍尾向球来的方向（见图 2—112、图 2—113）。

2）前挥：确定了击球点，能正确地后摆之后，要盯住球，保持拍面的稳定，尽可能地水平挥拍。有时为了准备打快球，想快速、有力地挥拍反而会出现用力过度而影响击球效果。要做到身体放松，注意力集中在击球动作上。从后摆开始到击球时为止，臂部要尽量地伸展挥出，这时还要注意不要仰头（见图 2—114）。

3）击球：在向前挥拍时，手腕要固定以保持拍面稳定，但是握拍要放松，在击球的一瞬间再猛力握紧（见图 2—115）。

4）随挥：随挥是在击球后，自然地停止用力，球拍向挥拍方向随势挥出。随挥动作幅度要大，如果中途有停顿，就会减少威力，还会打乱自己的节奏（见图 2—116）。

5）回到准备姿势：随挥后的手臂平缓地收回到身体的中心，做好再次击球的准备。

图 2—112

图 2—113

图 2—114

图 2—115

图 2—116

（2）易犯错误及纠正。

1）击球点太靠后，造成击球困难。

纠正方法 ：反复强调正确的击球位置。练习者原地站立，在正确的击球位置自抛球或由专人抛球反复练习击球动作。

2）球拍拉拍时肘关节领先，造成击球时手腕小臂紧固困难，击球无力。

纠正方法：练习者肘关节固定，用非持拍手推拍完成后引拉拍动作。一人站于练习者身后，用手抵挡练习者肘部。强调练习者用拍头后摆，而不是用手臂后摆球拍。

3）球拍后摆拉拍过大。

纠正方法：练习者从预备姿势开始，以右脚为轴原地向持拍侧转体至身体侧对球场，不要求后摆球拍。在练习者身后设障碍物，限制球拍的过大后摆。

2. 反手击球

（1）反手击球（单手）动作要领（见图 2—117）。

1）握拍与准备姿势为东方式反拍握拍法。准备动作与底线正拍准备动作相同。当判断出对方来球方向是反拍时，握拍由东方式正拍或东西方混合式正拍握拍法转换成东方式反拍握拍法。后摆动作左手轻托球拍的颈部，转动双肩。右肩侧身对网，几乎是背对球网，同时右脚向左侧前方约 45°跨出，全身自然放松，注意力集中，握拍手肘关节弯曲并贴近身体。

2）击球动作要把球打得既凶又准，必须要向前迎击球，击球点在轴心脚右脚的侧前方，双手握拍反拍击球点在左脚的侧前方。力争打上升球，因为上升球比下降球有较快的速度和较大的力量可以借助，所以回击球的速度也比较快。当向前挥拍击球时，朝着球网一鼓作气地回身转腰，拍面垂直于地面，肘关节稍屈并外展，手腕紧锁并由下向上方奋力挥出，在将要击球时刻，身体重心由后脚移向前脚，使身体重心顺畅地移到击球中去。

3）随挥动作由于腰的扭转，击球后使身体面向球网。为了控制球，跟进动作时球拍应向上挥到肩或头部的高度，同时保持身体平衡并准备下一拍的击球。

图 2—117

（2）易犯错误及纠正。

1）击球点过晚或太靠后，造成击球困难。

纠正方法：练习者练习时，在击球瞬间停住检查出球点。击球要及时引拍。

2）后摆拉拍不充分或太慢。

纠正方法：练习者做好预备姿势。一人向练习者反手连续抛出几个球，练习者快速转动身体并向后引拍，尽可能避免球击着球拍。练习者注意左手拉拍至左肩有肌肉紧张的感觉。要求每次都能做到这个程度。

3）随挥摆动不充分。

纠正方法：练习者侧身站立，球拍不后摆，反复练习击反手球。练习者侧对铁丝网等障碍物一定距离站立（持拍侧离网 1.5 米左右），一人抛球，练习者击球后，要求球拍触及铁丝网等障碍物。

4）拉拍过程中球拍离身体太远。

纠正方法：要求练习者拉拍结束时，拍柄触及身体。拉拍时，练习者持拍手的异侧手拉拍迫使球拍靠近身体。

3. 双手反手击球

双手反手击球动作要领见图 2—118。

图 2—118

当判断来球是飞向反手方向时，在移动到位的最后一步应保持右脚在前，身体右侧朝向来球方向，双手握球拍向左后挥摆，右臂伸展较大，左臂弯曲。在迎球过程中，挥臂与转体动作配合，使球拍由低向高挥动，拍与球碰撞的击球点，保持在髋前。拍触球时双手握紧球拍，两肩和两髋随着转动，拍面垂直或稍后仰，击球的中部位置。击球后双手随势挥至右侧头部高度，身体重心从左脚移到右脚，动作完成后迅速还原，恢复成准备姿势。

4. 底线击球的练习步骤及方法

（1）练习步骤：

1）根据底线正、反拍拍击的技术和步法要求，可先进行徒手或持拍挥拍练习，体会挥拍时向后拉拍，转肩及腰部扭转和重心交换等动作要领。

2）挥拍时可先进行单个动作的分解练习。例如：准备动作是“1”；转着向后引拍，向侧前方跨步是“2”；腰部扭转，向前挥拍是“3”；脚步跟上，动作还原是“4”。然后再进行连贯动作的挥拍，直至动力定型。

3）在原地练习挥拍的基础上，结合步法作挥拍练习，体会步法与手法的协同配合。

4）对球进行底线正、反拍击球练习，此练习方法对初学者来说效率高、效果好，能很好地体会动作和球感。

5）由教练送多球，进行单个动作的击球练习。

（2）练习方法：

1）底线正、反拍对打斜、直线练习。

2）底线正、反拍一点打两点练习。先固定线路，逐渐加大难度到不定点线路。

3）两条斜线对两条直线的练习，亦称“8”字线路。先固定线路，然后到不固定线路。

4）斜线与直线的交叉练习，亦称“N”字线路。

5）底线进攻与防守的练习。

（四）发球

1. 动作技术要领

两脚自然站立，侧面对向球网，前脚与端线大约呈 45°角，身体重心置于后脚。抛球时，球拍开始靠近膝关节，然后向后下方摆动，左臂和左肩上举将球抛起（见图 2—119）。球应抛在自己身体的右前上方，这时右肘弯曲，使球拍在背后下垂，双腿微屈，上体微后仰。当球拍向上挥动击球时，手臂充分伸展，双腿蹬地，腰部由后仰随手臂而一起向前压，这时手臂、腰部和腿部同时用力作用于球拍挥击球的瞬间。击球时，拍头朝前，在自己身体尽量伸展的最高点时击球。击球后，球拍向右下挥过身体，并迅速还原成准备姿势。

图 2—119

2. 易犯错误及纠正方法

（1）抛球不稳，抛球点不准确，身体前后左右晃动，重心不稳定 。

纠正方法：加强抛球练习。

（2）击球时身体向前做过多，球拍拍面下压太多，球下网。

纠正方法：将球抛后些，按合适的击球点击球，注意手腕向前。

（3）后摆动作不放松，肩关节不灵活，缺少“鞭打”动作，球发不出力。

纠正方法：多进行挥拍练习，使之放松协调。多体会“鞭打”动作。

3. 发球的练习步骤及方法

（1）分解练习：

1）抛球练习。左手持球，反复练习利用抬臂抛球动作。

2）不用球的挥拍模仿练习。

3）结合抛球和挥拍动作的徒手练习。

（2）完整练习：

1）完整动作的徒手模仿练习。

2）对着挡网或练习墙进行实际发球练习。

3）在场地上进行实际发球练习。

4）瞄准目标的发球练习。

（五）网前截击球

1. 技术动作要领

做好准备姿势，截击空中球的准备姿势应该是站在网前2.5～3米处，面对球网，随时准备迅速向两侧移动。

（1）正手截击球动作要领：球拍要举得高一些，约与眼部同高，当判断来球在正手时，身体向右侧转，拍头后引至右后上方，手腕略向后屈，左脚向右前方45°方向跨出，球拍由后向前下击球的瞬间手腕要固定，握紧球拍，类似向前推击的动作。截击时后摆动作要小，击球点应保持在身体的右前方。高于网的来球截击时手击的成分可多一些，这样击出去的球具有进攻性。低于网的来球截击时必须充分下蹲，拍头仍然要高于或平行于手腕，截击球的中下部，成为切削下旋球，此时应以推深落点为目的（见图2—120）。

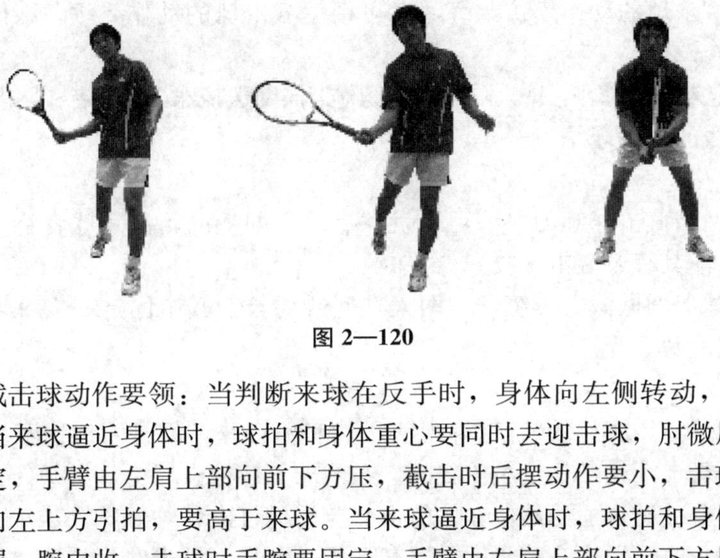

图 2—120

（2）反手截击球动作要领：当判断来球在反手时，身体向左侧转动，向左上方引拍，要高于来球。当来球逼近身体时，球拍和身体重心要同时去迎击球，肘微屈，腕内收，击球时手腕要固定，手臂由左肩上部向前下方压，截击时后摆动作要小，击球点应保持身体向左侧转动，向左上方引拍，要高于来球。当来球逼近身体时，球拍和身体重心要同时去迎击球，肘微屈，腕内收，击球时手腕要固定，手臂由左肩上部向前下方压，截击时后摆动作要小，击球点应保持在身体的左前方。高于网的来球和低于网的来球截击动作要领同正手截击球动作要领（见图2—121）。

2. 易犯错误及纠正方法

（1）向后扭引拍幅度过大。

纠正方法 ：建立正确的截击球引拍技术概念。背靠墙、网挡，反复练习截击球技术的模仿动作及击球练习。

图 2—121

（2）击球无力。

纠正方法：练习者反复练习转肩、上步动作。要求练习者拍头向侧上方，模仿撞击球动作，也可用加重球拍练习。将球吊在离身体适当的位置，反复练习撞击球动作。

（3）网前站立腿过直。

纠正方法：练习者膝关节弯曲，反复练习左右、前后移动。网前站立，提踵，双脚不停地移动。

3. 练习步骤及方法

（1）练习步骤：

1）做徒手截击球的动作模仿。练习者可根据截击球的动作要领，在网边做徒手截击球的模仿动作。

2）截击固定来球的练习。一人隔网在中场附近向网送轻球，练习者在网前做截击球练习。

3）结合实践的截击球练习。

（2）练习方法：

1）发球上网做截击球练习。练习者发球后，立即上网，接发球者将球回击到上网练习者的方向上，使其练习截击球技术。

2）底线抽球上网做截击球练习。两人在底线对拉，其中固定一人练习抽球上网做截击球练习，一定次数后互换。

（六）击球步法

有人说"网球是用脚打的"，这种说法虽然有些夸张，但是网球比赛中运动员跑动是否迅速、步法是否灵活确实是至关重要的。在网球的各种击球中，必须使人与球保持一个适当的距离，需要一种合适的站位，才能得心应手地打出各种好球。步法大致包括：开放式步法、闭锁式步法、滑步、跨步、左右交叉步、跑步、跳步和小步调整等。下面着重介绍四种步法。

1. 开放式步法

这是正手击球时常见的站位方式。若从准备姿势起动，则以右脚为轴，向右转体转肩，左脚向右前方跨出，与端线约成 45°角，使左肩对网，跨出的左脚较右脚仍在偏左侧的场地，身体呈开放姿势。

2. 闭锁式步法

这是反手击球时常见的站位。从准备姿势起动，以左脚为轴，向左转体转肩，右脚向左前方跨出，步子较大，超过左脚落左侧的场地，使右肩对网，甚至使右肩胛骨对网，身体呈闭锁姿势。

3. 滑步

指面对球网两脚左右滑步移动。向左移动时，蹬右脚，光移动左脚，再跟右脚；向右移动，则蹬左脚，先移动右脚，再跟左脚。

4. 左右交叉步

这在底线的正反手击球中经常运用。向右移动时，脚掌向右转动，左脚先向右前方跨一步，交叉于右脚前，同时向右转体进右脚，再进左脚。向左移动时，方法与向右移动时相同，方向相反。

第三章　游泳运动

游泳是在水里凭借肢体动作同水的相互作用而进行的活动技能。人类的游泳与动物游泳不同，人类游泳是一种有意识的活动，是随着人类社会的进步形成和发展起来的。游泳在其历史发展的过程中，逐渐成为体育运动的重要项目。坚持游泳锻炼，不但能使神经、呼吸和血液循环等系统的机能得到改善，而且还能提高肌肉的力量、速度、耐力、弹性和全身关节的灵活性，有效地增进健康，预防疾病，增强身体素质，使身体协调发展。

第一节　蛙泳

蛙泳是模仿青蛙游泳动作的一种姿势。蛙泳的时候，头露出水面或浸在水里，抬头就吸气，呼吸方便，省力持久，而且在游进中声音小、易观察、可负重，是实用性较强的游泳技能。

一、动作要点

（一）身体姿势

蛙泳在游进中，身体必须保持较好的流线型姿势，充分发挥手臂和腿的推进作用。身体自然伸直，稍微收腹塌腰，胸部与前进方向形成一定的仰角，身体纵轴与水平面角度为5°～10°，呈流线型。眼向前下方。

（二）腿的技术动作

蛙泳的腿部动作共分为收腿、翻脚、蹬夹水、滑行四个阶段，它们是紧密联系的完整过程，是游进中产生主要推进力的动作之一。

1. 收腿

收腿是把腿收至能为翻脚蹬夹水创造有利条件的位置。收腿是从滑行结束而自然下沉开始，两腿边收边分，在收腿结束时，大腿与躯干之间的角度为130°～140°，小腿和脚靠近臀部并与水面成垂直姿势，两膝距离与肩同宽。收腿的要求是：腿要放松、收腿的力量要小；速度与蹬腿相比要慢，截面要小（见图 3—1）。

图 3—1

2. 翻脚

翻脚是为了创造有力蹬夹水的动作，直接影响蹬夹水效果。实际上翻脚是收腿的继续、蹬夹水的开始。在收腿靠近臀部时，两膝内压，小腿外移，紧接着两脚外翻，使脚和小腿内侧对容易蹬水方向。要求在收腿未结束之前开始翻脚，在蹬腿开始时完成（见图 3—2）。

3. 蹬夹水

蹬夹水的要点是以髋和大腿的肌肉发力，以先伸髋，再伸膝、伸踝的顺序，以大腿内旋做快速有力的鞭状蹬夹水动作。蹬夹水结束时两腿并拢（见图 3—3）。

4. 滑行

紧接着鞭状蹬夹水动作，两腿并拢伸直，借助惯性向前滑行，身体成俯卧姿势，腿部放松为收腿做准备。

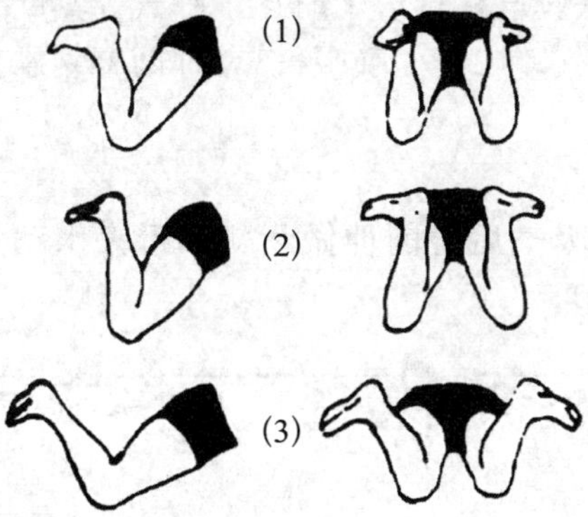

图 3—2

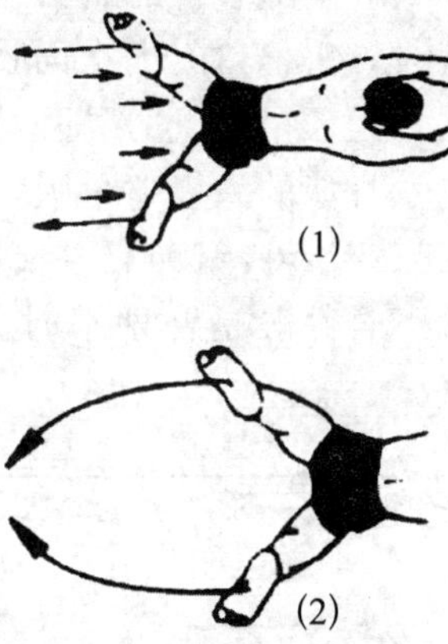

图 3—3

（三）臂部动作

蛙泳臂部动作不仅是游进的主要动力，而且对维持身体平衡、配合呼吸有重要作用。蛙泳臂的划水动作主要分为抓水、划水、收手和伸臂四个阶段。

1. 抓水

抓水是划水的准备阶段，抓水动作紧接滑行，肩前伸，两臂内旋滑下，稍勾手，两臂分开向侧下方压水。抓水结束时，两臂分成 30°～40°，两臂与水平面角度为 15°～20°。

2. 划水

紧接着抓水动作，两臂积极地做向侧、向下、向后方向屈臂划水。整个划水过程应保持快速有力。划水时前臂与上臂的角度是不断变化的，在主要划水阶段约为 90°。

3. 收手

划水结束时，随着惯性手臂内向、向上收到头的前下方，这时前臂与手几乎同时做动作，但不能强调两肘向内夹。

4. 伸臂

伸臂是有由伸直肘关节和肩前伸来完成的，掌心由收手时的内向逐渐向下方，两臂同时向前伸出，两手拇指并拢（见图 3—4）。

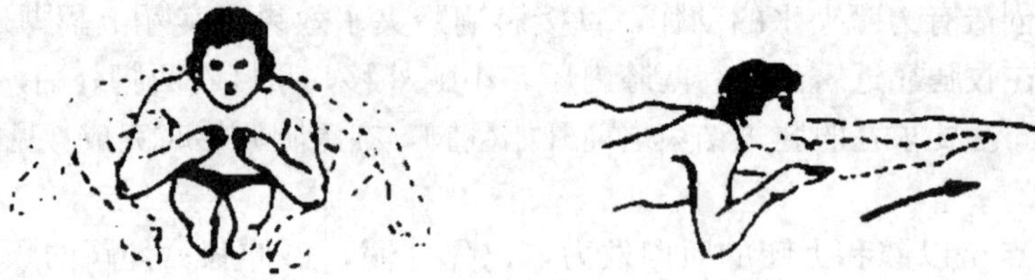

图 3—4

（四）臂与呼吸的配合

蛙泳的呼吸方法有两种：一种是抬头吸气时下颌前伸，口露出水面吸气，肩的上下起伏不大；另一种是随着臂的有力划水动作，头和肩上升时吸气，没有明显的抬头动作。

划水阶段，头、口露出水面吸气，伸臂时低头闭气，臂滑下时逐渐呼气。其配合又有两种类型：一是"早吸气"，即两臂开始划水时吸气；二是"晚吸气"，即两臂划水快结束时吸气。初学蛙泳的人以"早吸气"为好。

（五）腿、臂和呼吸的完整配合

臂、腿配合一般是臂划水时，腿伸直放松，吸气后臂前伸做收腿和蹬夹水动作（见图 3—5）。

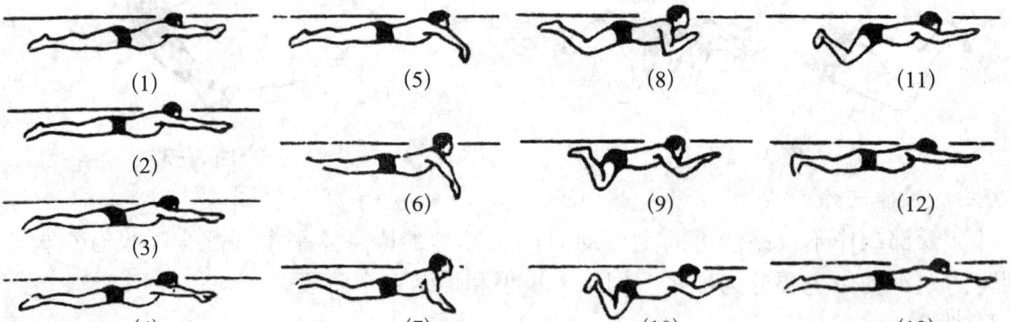

图 3—5

二、蛙泳的学习方法和步骤

初学蛙泳进行练习时，应先采用分解练习法，即先学腿部动作，后学臂部动作和呼吸方法，当较好地掌握了这几个分解动作后，再进行臂、腿、呼吸动作的完整配合。

（一）腿部动作的练习

1. 陆上模仿练习

（1）坐撑模仿蛙泳腿。坐在池边，上体后仰，两手后撑，两腿伸直并拢，膝关节展开，做蛙泳腿的收、翻、蹬夹、停的动作练习（见图 3—6）。

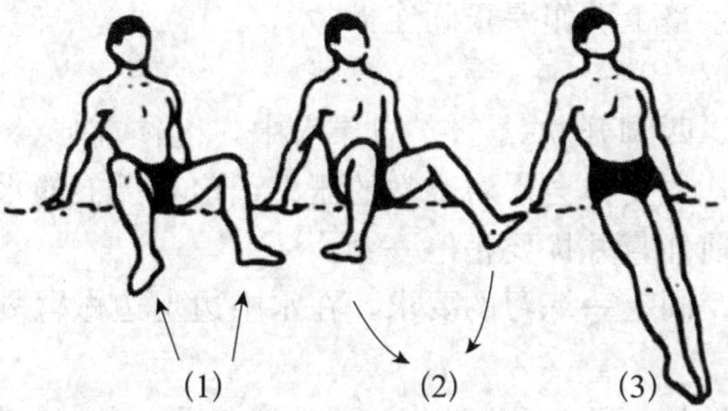

图 3—6

（2）俯卧凳上做腿的模仿练习。练习时，可先由同伴帮助自己被动练习动作，重点体会翻脚和脚蹬夹的路线与动作节奏，然后自己单独完成（见图 3—7）。

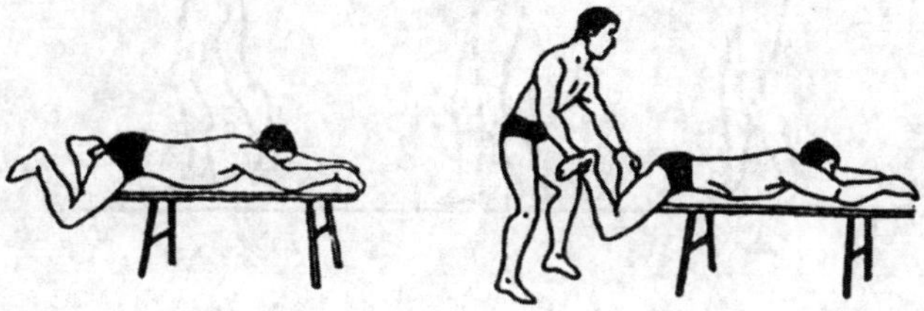

(1)　　　　(2)

图 3—7

2. 水中练习（见图 3—8）

（1）俯卧水中，一手抓池边、槽，一手反撑池壁，在同伴帮助下做收、翻、蹬夹、停的动作。

（2）由同伴托腹部，自己做收、翻、蹬夹、停动作。

（3）手扶撑池边，自己独立完成收、翻、蹬夹、停的动作。

（4）扶浮板做蛙泳腿练习。

（5）蹬池底或池壁后，两臂前伸不动，在滑行中做腿部动作的练习。

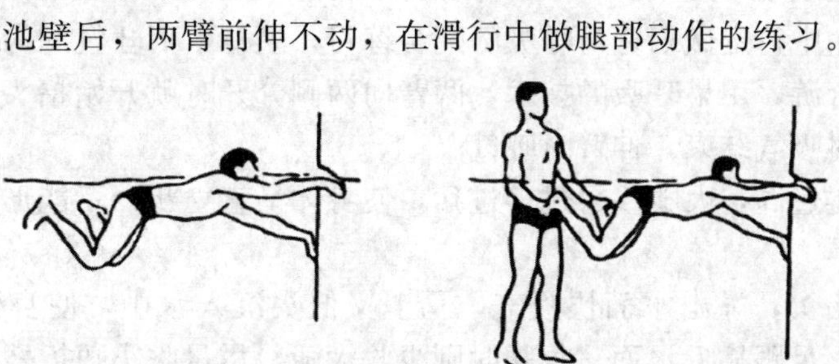

(1)　　　　(2)

图 3—8

（二）手臂和呼吸动作的练习

1. 陆上模仿练习

（1）两脚开立与肩同宽，上体前倾低头，两臂前伸并拢，掌心向下，做抓水、划水、收手、伸臂的动作练习。

（2）动作同上，在划水时抬头，嘴和鼻用力呼气，然后用嘴吸气、低头，再慢慢呼气、收手、伸臂、稍停，整个动作要正确连贯。

2. 水中练习（见图 3—9）

（1）水中站立划臂。两脚开立站于齐胸深水中，上体前倾、两臂前伸原地做划臂练习。划水时不要太用力，主要体会水对手掌的压力，培养手上的水感，以及体会划水路线和收手动作。两臂在体前伸直并拢要稍停一会。

（2）水中行走划臂。同上一练习的要求，在水中边走边做臂划水动作。适当用力，进一步体会臂划水的效果。

（3）同上两个练习要求，配合呼吸动作，要求肩要投入水中，当划臂开始时抬头吸气。

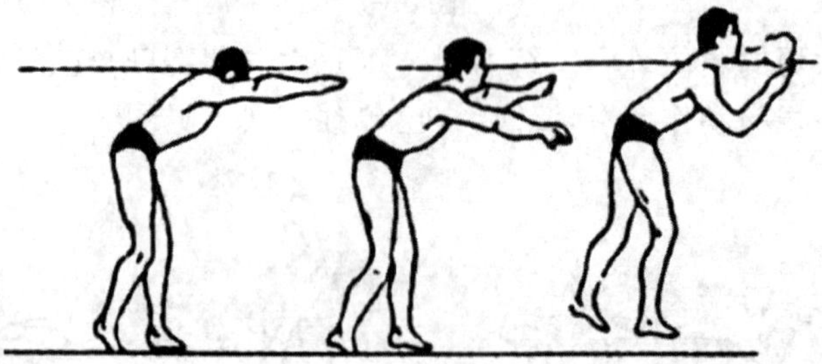

(1)　　(2)　　(3)

图 3—9

三、学习蛙泳时的常见错误与纠正方法

（1）蹬腿时没有翻脚或一脚外翻、一脚绷直剪水。

纠正方法：明确翻脚时脚尖要朝膝盖外侧方向勾起；反复在陆上和水中做腿的收、翻、蹬夹动作；收腿时两膝距离与肩同宽，放慢收腿的速度，默念“翻脚才蹬夹”的要求做动作。

（2）吸气不足或吸不到气。

纠正方法：水中行走做划臂与呼吸的配合练习，注意水下吐气均匀和嘴出水面快吸气动作。完整的配合游，用早呼吸的技术，两臂向两侧分开时就开始抬头，两臂向侧后方划水时吸气，收手时吸气结束，伸臂时呼气。

（3）头部抬得过高，大腿收得过多过猛，使身体呈直立状，不能形成平卧姿势和保持良好的流线型。

纠正方法：抬头，嘴出水面快吸气，马上又低头沉入水中，使身体平卧，臀肌稍收紧，让下肢浮起，足跟靠近水面。收腿时则少收大腿，尽量收小腿折叠起来靠近臀部。

（4）臂划水路线太后，超过肩的延长线，影响了收手动作，增加了阻力，打乱了节奏。

纠正方法：在浅水中练习，手在肩前完成划水。注意不要划得太宽，两臂划至与肩同宽就要屈肘，并将肘部抬高。划水不超过肩的延长线就及时收手，并注意收手时，尽量减小阻力。

（5）收腿时头肩过低，收腹提臀，两腿并在一起收得太多太快，蹬腿时挺腹，造成臀部上下起伏过大。

纠正方法：注意保持平卧姿势，默念“边收边分慢收腿”的要领练习动作，收腿时头肩稍抬起，蹬腿时腹肌应稍收紧，以髋关节发力做蹬夹动作，并将髋关节伸展拉直。

第二节 爬泳

游爬泳时，运动员在水中成俯卧姿势，两腿上下交替打水，两臂轮流划水，动作很像爬行，所以人们称之为“爬泳”。它是四种竞技游泳技术中速度最快的一种姿势，在自由泳项目的比赛中，运动员都采用这种姿势，所以通常人们也称之为“自由泳”。

一、动作要点

（一）身体姿势

游爬泳时，身体应伸直成流线型，几乎水平地俯卧在水面，背部和臀部的肌肉保持适当紧张，身体纵轴与水平面成3°～5°角。头部与身体纵轴成20°～30°角，水面齐发际，两眼正视前下方。在游进中，由于划臂、打腿和转头吸气的影响，会自然形成躯干围绕纵轴有节奏地左右转动，通常转动的角度为35°～45°。这种转动的优点是：可缩短臂出水后空中移臂的转动半径，有利于臂的划水和维持身体平衡，有利于转头吸气（见图3—10）。

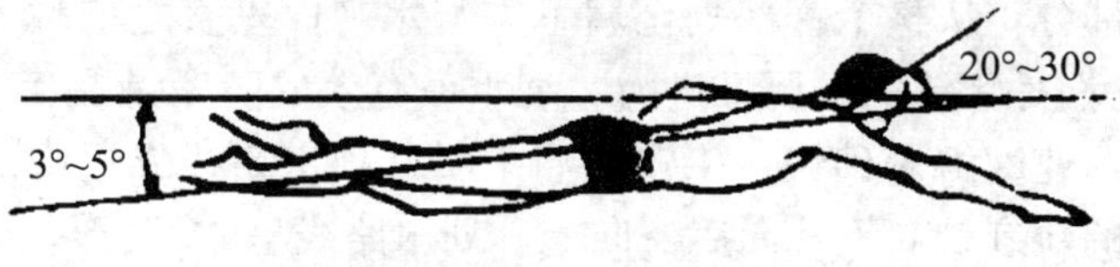

图3—10

（二）腿部动作

爬泳腿打水的主要作用是，抬高下肢以维持身体平衡，使身体保持较好的流线型，协调两臂的划水动作，并能起一定的推进作用（见图3—11）。

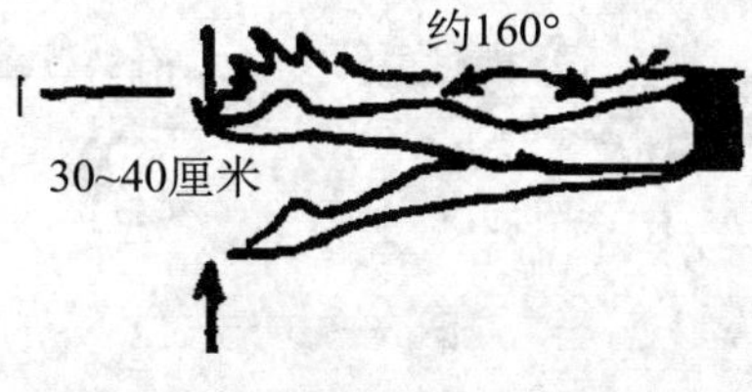

图3—11

自由泳的打腿是两腿不停地上下轮流做鞭状打动。一腿向下一腿向上，两腿的动作一样。向下打时，腿自然伸直，由髋关节发力，大腿带动小腿打动，打水结束后自然地向上，另一腿做向下打的动作，两腿轮流进行。打动的幅度，即两腿上下打动时相差的最大距离为 30～40 厘米，在向下打水时应快而有力，在向上提时，放松一些。在向下打水时，小腿由于水的阻力，膝关节会有些弯曲，但不宜弯曲过大，弯曲程度在 140°～160°较为适宜。在打水时，两脚腕应该放松，脚尖伸直，两脚掌稍向里转一些。

（三）手臂动作

自由泳的手臂划水动作是推动身体前进的主要力量，约占整个推进力的 75%。臂的一个周期动作可分为入水、划水、出水和移臂三个连贯的部分进行分析。

1. 入水

完成空中移臂后，手应有控制地又自然放松地入水。入水时，肘关节要高于手，手指自然伸直并拢，臂稍内旋，手掌向外，以大拇指领先切入水中。尽量避免入水时将气泡带入水中影响划水效果，臂入水的顺序是手、前臂、上臂和肘关节，如果直臂入水就会带入大量气泡并增加额外的前进阻力。手的入水点，应在肩的延长线上，或在身体纵轴线和肩的延长线之间（见图 3—12）。

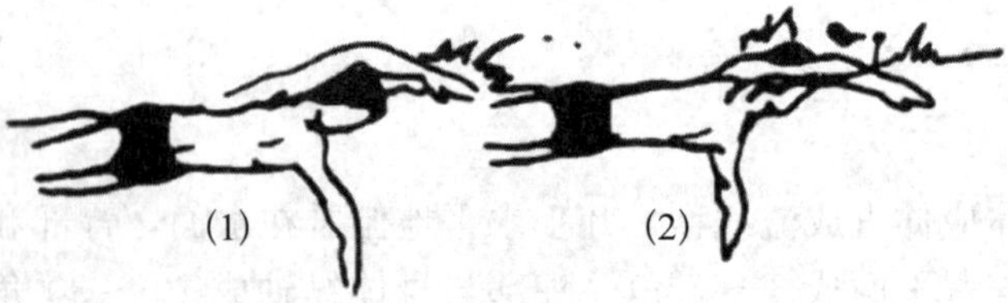

图 3—12

2. 划水

划水是指手入水后，从屈腕对水开始一直到臂与水平面成 160°～165°为止的划水过程。这阶段又分两部分，从整个臂部划至肩下方与水平面垂直之前称“拉水”，过垂直面后称为“推水”。它们是爬泳的主要推进力，划水最有效的阶段是在 40°～165°整个划水过程，手臂由屈到伸，速度由慢到快。手臂在肩下时，划水路线靠近中部，屈臂90°～120°。整个划水动作，手的轨迹是向下→向后→向上。划水路线呈“S”形。

3. 出水和移臂

臂的出水是在划水结束后，借助推水的惯性使肩、肘上提，肩和上臂几乎同时出水。出水时，由上臂带动，肘部向外上方做“提拉”动作，掌心朝后方。手臂出水的动作必须迅速而不停顿，前臂和手掌应尽量放松（见图 3—13）。

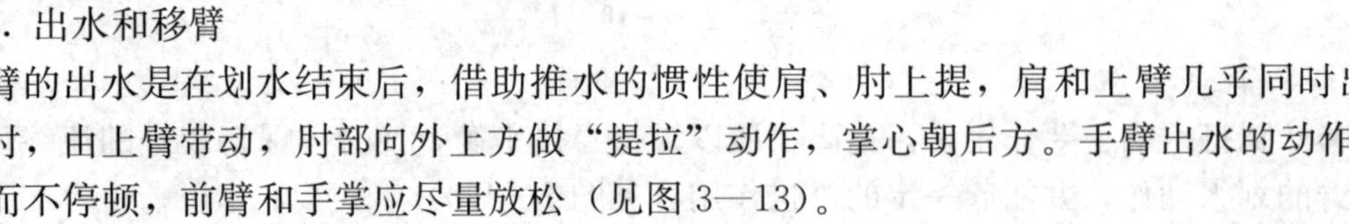

图 3—13

在手臂提出水面前移的前半部分，前臂和手的动作较慢，落后于前移的肘关节，移臂完成一半时，肘部继续弯曲。

（四）臂的配合技术

自由泳两臂的配合有两种方法：一种是当一臂完成空中移臂入水时，另一臂划至肩的下方，两臂之间的角度和手的动作对称，举右手为例：当右手入水时，左腿做第 1 次打腿，右手滑下时，左腿做第 2 次打腿，右手在划水时，左腿做第 3 次打腿。左手划水与右腿的配合也同上。另外还有一种是前交叉，当一臂将入水时，另一臂刚刚开始划水。这种配合方法不利于频率的加快，现在用得比较少。

（五）呼吸与臂的配合技术

爬泳时，一般在两臂各划水一次的过程中做一次完整的呼吸，即吸气、憋气、呼气动作。我们以向右转头吸气为例，当右手入水后，口鼻开始慢慢地呼气；右臂划水至肩下，向右侧转头，呼气量开始增加；右臂划水即将结束时呼气量进一步加大；右臂出水时，张口吸气；移臂至体侧时，吸气结束并开始转头复原；继续转头、移臂并憋气，脸部转向前下方；当头部回到原来位置，右臂入水，又开始下一次的呼吸动作周期。

（六）手腿配合技术

一般是采用两手各划 1 次，两腿共打 6 次的配合方法。为了充分发挥手臂的作用，加快动作的频率，也有采用两手各划 1 周，两腿共打 4 次的配合方法。在初学自由泳的阶段可用打腿 6 次，划手 2 次的配合方法。

二、爬泳的学习方法和步骤

初学爬泳要先学腿部动作，后学臂部动作和呼吸方法，再学习配合动作。爬泳的两腿鞭状打水动作是基础，手臂划水是推动身体前进的主要动力，呼吸配合是要解决的关键。

（一）腿部动作

1. 陆上模仿练习（见图 3—14）

（1）坐在池边或岸边，两手后撑，上体后仰，两脚伸直稍内旋，做上下交替打水模仿练习。然后可把脚浸入水中，踝关节放松，做大腿带动小腿的鞭状打水动作。

（2）俯卧池边或岸边，髋关节展开，两腿伸直，脚稍内旋，踝放松，模仿打水练习，动作幅度稍大些。

图 3—14

2. 水中练习

（1）手扶池边或池槽，身体成水平俯卧姿势，先直腿打水，再过渡到小幅度的鞭状打水。要求髋关节展开，大腿带动小腿，踝放松。可快、慢交替或重复一定次数，动作基本掌握后可加转头呼吸。

（2）蹬边滑行后，直腿打水，逐渐过渡到膝关节适度放松屈腿的鞭状打水。

（3）手扶浮板打腿练习。

（二）手臂动作及呼吸的配合技术

1. 陆上模仿练习（见图 3—15）

（1）两足开立，主体前倾，做直臂划水模仿练习。先单臂做，然后两臂交替做。空中移臂要屈臂高肘，并体会入水动作。然后再做屈臂划水模仿动作的练习。

（2）上体前倾，两手扶膝，做向左（右）侧转头呼吸练习。在转头时吸气。

（3）走步进行手臂动作练习，加上与呼吸的配合。

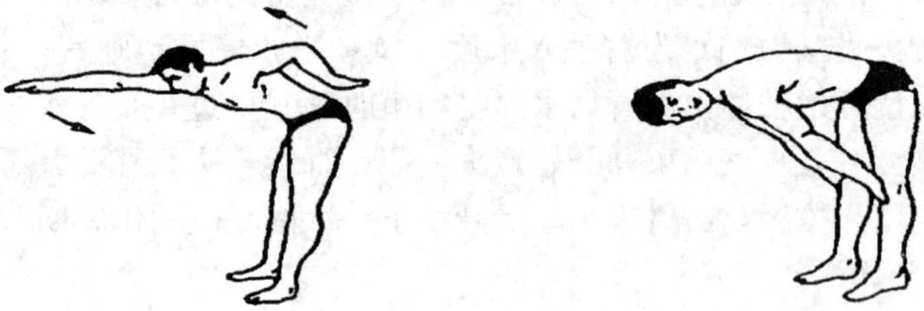

图 3—15

2. 水中练习

（1）站立水中，上体前倾，肩浸没在水里，做臂划水练习，从原地过渡到走动，划水时适当用力。

（2）两臂划水配合转头呼吸。

（3）蹬池边滑行后不呼吸，做两臂交替划水练习。

（三）完整配合

1. 陆上模仿练习

（1）站立，两臂上举，原地踏步，踏步 3 次，划臂 3 次，如此连续做，形成 6∶2 的配合节奏。

（2）同（1），加上转头呼吸的配合。

2. 水中练习

（1）腿夹浮板做臂划水的练习。

（2）在教练员的保护和牵引下做腿打水的练习。

（3）在水中做臂划水和呼吸的配合练习。

（4）蹬边滑行打腿，两臂轮流划水，不呼吸的臂、腿配合练习。

（5）同（4），配合呼吸的完整练习。

三、学习爬泳时的常见错误与纠正方法

（1）打水时大腿没有发力动作，只用小腿打水，并屈膝过大，出现小腿走动向大腿弯曲收腿的现象，而不是直腿放松上浮。

纠正方法：注意观察正确打腿动作，建立正确的爬泳腿技术概念。练习中先用直腿打水矫正，默念要直腿放松上浮，大腿发力带动小腿，踝关节放松，逐渐过渡到屈膝鞭状打水。

(2) 动作过于紧张或踝关节柔韧性差，形成勾脚尖打水，俗称“锄头式”打水。

纠正方法：多做发展踝关节柔韧性、灵活性的练习，打水时充分放松踝关节，脚尖内旋一些。

(3) 划水结束前掌心向上，没有向后推水的动作，造成身体下沉和臂出水困难。

纠正方法：注意臂划水经过肩下时，要由拉水转入推水，并要逐渐伸开腕关节，使手展开，以掌心向后推水，利用惯性提肘，将手如同从裤袋里抽出来似的带动臂出水前移。先在水中走动时做臂划水及臂出水动作，做正确了再运用于配合游。

(4) 直臂入水后向下压水，划水时形成向后摸水的动作，划水效果很差。

纠正方法：练习时注意手指领先入水，强调记住空中水中肘的位置都要高于手。入水后不急于划水，屈臂、高肘，掌心向后对好水，抱到水后才划水。可在水中多做走动中划臂动作，动作正确了再运用于配合游。

(5) 由于臂划水路线太短，又低时拖肘，臂的动作过于急促，造成吐气不足，呼吸困难。

纠正方法：强调臂划水时肘要高，划水路线要长。配合游时先减少呼吸次数，两臂各划 3 次吸 1 次气，再各划 2 次吸 1 次气，最后两臂各划 1 次呼吸 5 次。

第三节　仰泳

仰泳是身体较水平地仰卧于水中，依靠两腿不停地上下交替向后方踢水，两臂轮流向后划水而游进的。仰泳动作结构基本与爬泳相同，但卧水姿势与爬泳相反，因而得名仰泳，也叫“爬式仰泳”。还有一种仰泳，其动作结构基本与蛙泳相同，但姿势相反，称为反蛙泳。

在游泳竞赛中，仰泳的速度仅次于爬泳和蝶泳，排在第三位。仰泳也有一定的实用价值，在水中托运较轻的物体、水中救人或长游时通常都采用仰泳。

一、动作要点

(一) 身体姿势

仰泳时身体几乎水平地仰卧在水中，胸部自然延伸，与腹部成一直线，使身体纵轴与水平面构成较小角度，从而减小游进时的截面阻力（见图 3—16）。髋关节微屈，两腿较平地伸延在后面，后脑进入水中，颈部肌肉放松，脸部露出水面，眼看向斜后方，不要左右摇摆。

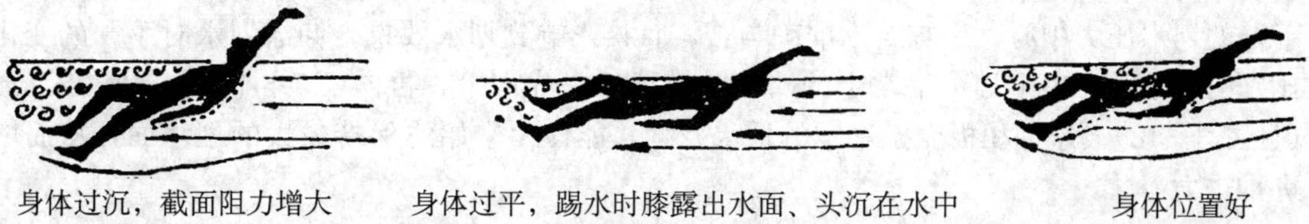

身体过沉，截面阻力增大　　身体过平，踢水时膝露出水面、头沉在水中　　身体位置好

图 3—16

（二）腿部动作

仰泳腿的动作是保证身体水平姿势和维持身体平衡的主要因素，并能产生一定的推进力。仰泳时两腿打水幅度比爬泳大，打水时以髋关节为支点，由大腿发力，带动小腿和脚向后上方做鞭打踢水。向上踢水时，膝关节微屈，成 135°～140°角，踝关节伸展，脚向内转，动作要有力。向下打水时，膝关节自然伸直，两腿跟上下最大距离为 50 厘米（见图 3—17）。仰泳两腿的配合过程就是“下压上提”。向上踢水时，腿是由弯曲到伸直，向下压水时，腿几乎是伸直的。

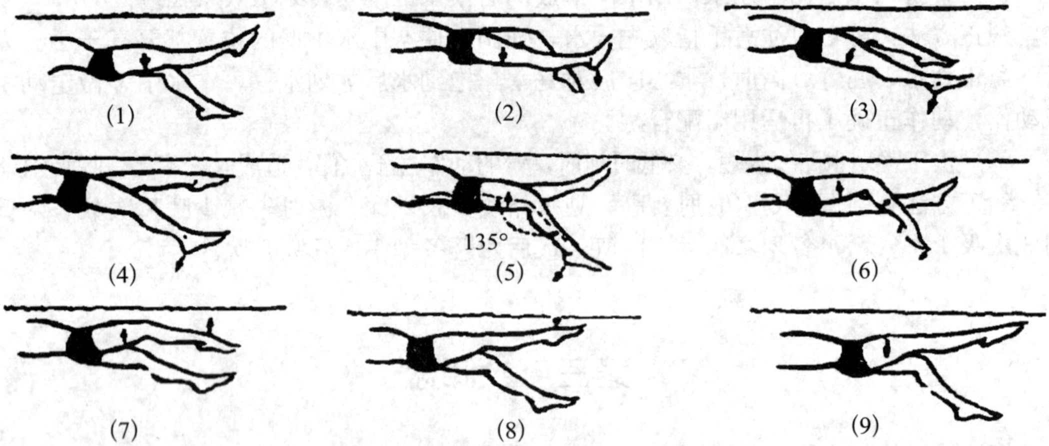

图 3—17

（三）臂部动作

仰泳时臂的动作与爬泳一样，都是产生前进力量的主要因素。两臂的动作基本相同，目前在游泳比赛中，都采用屈臂划水技术。为了便于分析，把一个周期的臂部动作分为入水、抱水、划水、出水和空中移臂五个环节。它们之间是连贯的。

（1）入水。借助移臂的惯性，臂部自然伸直，小指领先入水，入水点在身体纵轴延长线或肩的延长线上。其顺序是上臂先入水，接着前臂和手几乎同时入水。入水动作自然、放松，不要用手拍击水面，以避免带起水泡。

（2）抱水。手臂入水后，臂下滑到一定深度时直臂内向，往深水处积极抓水，并转腕和肩带内旋，同时开始屈臂，使手掌、上臂和前臂处在最有利的划水位置。完成抱水动作时臂与身体纵轴构成约 40°角，肘关节开始弯曲，手掌距水面约 30 厘米。

（3）划水。划水动作是推进身体前进的主要动力。动作包括拉水和推水两个部分，整个动作是由屈臂抱水开始，以肩为中心，划至大腿侧下方为止。仰泳划水时，手掌是整个手臂的划水压力中心。手掌对水准确与否，直接影响到划水效果。仰泳划水时手掌的变化比别的姿势大，整个划水手掌走的路线从侧面看是先向下，再向下，再向下，成“S”形（见图 3—18）。这种积极变换手掌的划水技术，能使手掌始终保持较大的划水面，从而增进推进力。

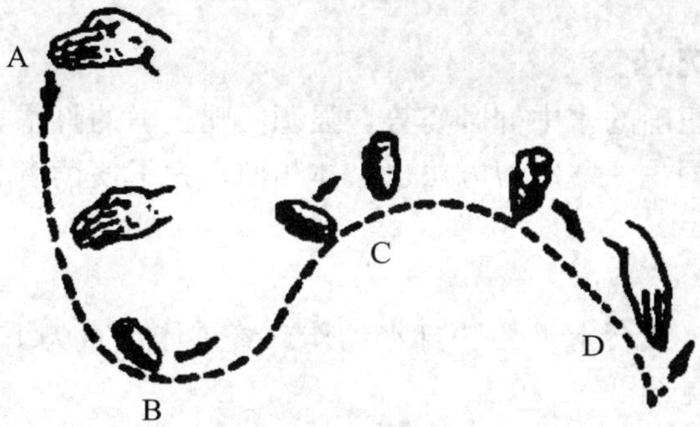

图 3—18

(4) 出水。借助手臂内旋下压，推压水的反作用力和三角肌的收缩力，手臂自然出水。出水动作是臂先压水后提肩，由肩带动上臂、前臂和手依次出水。

(5) 空中移臂。提臂出水后，手臂应迅速沿着肩的垂直面向肩前移动，手臂要自然、放松、伸直，移臂的后段肩关节要充分伸展，手垂直向头后移臂，速度要快。两臂的动作配合，应采用中后交叉，即当一臂划水结束，另一臂已入水并开始划水，两臂几乎处在完全相反的位置上，这样能保持动作的连贯和速度的均匀。

(四) 呼吸动作和腿、臂的动作配合

仰泳时身体成仰卧姿势，脸一直露出水面，因此呼吸技术简单、自然，只要张口有节奏地呼吸即可，但不能用鼻子吸气，以免呛水。仰泳时要注意动作的配合。臂与呼吸的配合是两臂各划水 1 次，呼吸 1 次。两臂、两腿和呼吸的配合是 6∶2∶1，即在一个循环动作内腿打水 6 次，臂的划水 2 次，呼吸 1 次。完整的动作配合如图 3—19 所示。

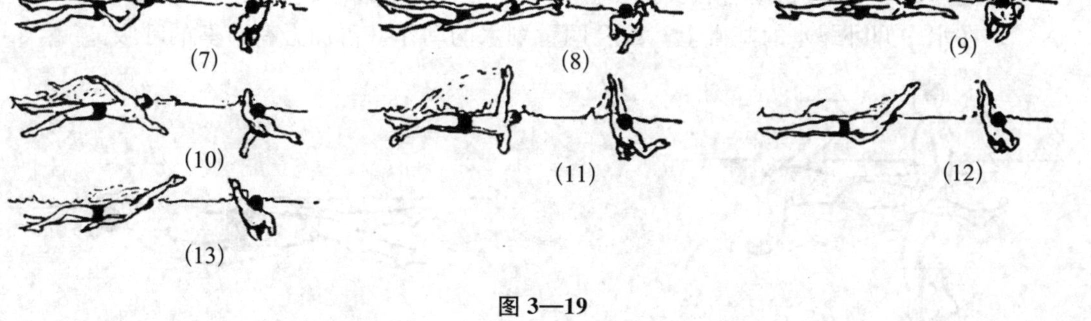

图 3—19

二、仰泳的练习方法

初学者一定要掌握正确的水中仰卧姿势，强调两腿正确的打水方式。仰泳动作结构和技术要点大体与爬泳相同，一些练习方法也大体相似，为了使读者看得简明，现将各种配合练习方法集中介绍。

（一）陆上模仿练习

（1）仰坐池边。地上或台上坐两腿打水动作。着重体会直脚下压与屈腿上踢的动作。练习时眼看两腿动作（见图 3—20）。

（2）仰卧在凳上或原地站立模仿仰泳臂划水练习（见图 3—21）。

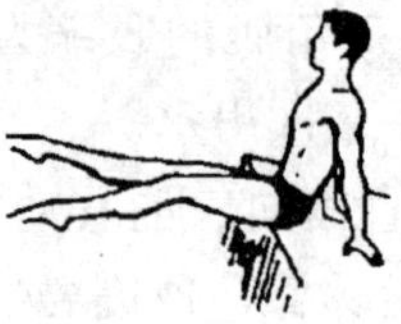

图 3—20

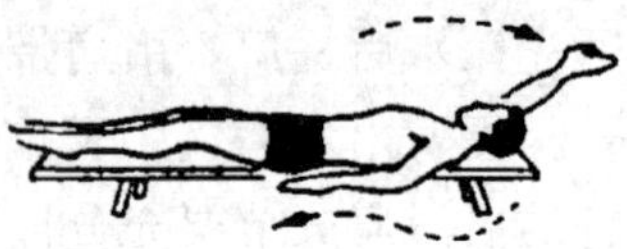

图 3—21

（二）水中练习

（1）两手反握池槽、池边或后撑池底，做仰泳腿的打水练习（见图 3—22）。要求上踢结束时，膝和脚不露出水面。

（2）蹬池壁或蹬地，做仰泳腿的打水练习。可以两臂放于体侧做摸压水的动作（见图 3—23），也可以由同伴托头帮助练习。

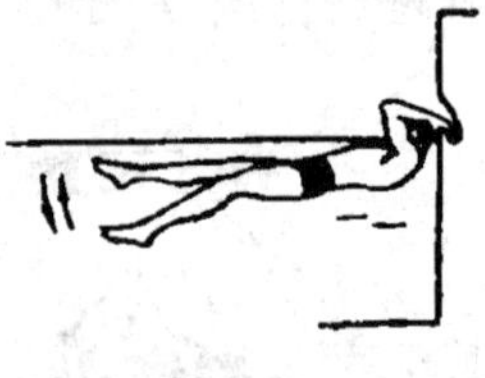

图 3—22

图 3—23

（3）让帮助者抱住双腿，做仰泳臂划水的练习（见图 3—24）。

（4）同（3）练习。帮助者将其推出。要求练习者加上踢水的动作（见图 3—25）。

（5）在水中仰卧踢水的基础上，配合两臂划水的动作，再加上有节奏的呼吸。

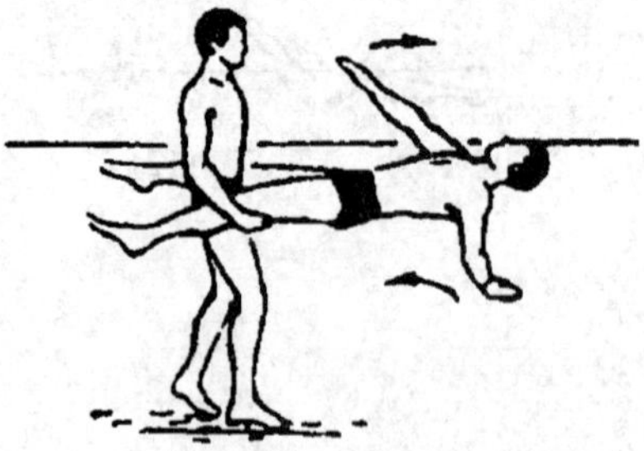

图 3—24

图 3—25

第四节 游泳的安全与救护

一、游泳的安全和卫生常识

(一)游泳时应注意的事项

(1)在参加游泳课之前要学生进行体检，如果有传染病、心脏病、高血压和有开放性伤口的学生一律不能参加游泳。

(2)每次游泳之前都要做好准备活动后再下水，不要一见水就往下跳，以免引起抽筋和拉伤等。

(3)在天然水域游泳时，要事先了解地形、水情等情况，并要准备好安全救生工具等。

(4)在剧烈运动或强体力劳动后，不适宜马上下水游泳，因剧烈运动后人体肌肉的收缩及反应减弱，动作不协调，如果马上游泳很容易引起抽筋，发生溺水事故。

(5)在饭后和饥饿时不宜进行游泳，因在饭后进行游泳容易引起胃痉挛，出现腹痛和呕吐。还有游泳会使消化器官的血液供应减少，从而影响食物的消化和吸收。在饥饿时游泳因体内血糖含量下降，容易出现头晕和四肢无力现象。

(6)女生在月经期游泳要采取足够卫生措施，否则不宜进行游泳。

(二)游泳时常见的几种现象和处理方法

1. 抽筋

抽筋是在游泳中经常遇到的问题，主要是由于身体过于疲劳或遇寒冷刺激等，引起肌肉发生强直性收缩的现象。在发生抽筋时，要保持镇静，进行大声呼救和自救。自救的方法主要是拉长抽筋的肌肉，使收缩的肌肉放松和伸展。在抽筋上水后要注意按摩抽筋部位和注意保暖，不应再下水游泳。常见部位抽筋的自救方法如下：

(1)手指抽筋：将手握拳，然后用力张开，连续做到抽筋消除为止。

(2)小腿和脚趾抽筋：先吸一口气浮在水面上，用抽筋脚的对侧手握住抽筋的脚趾，用力向身体方向拉同时用同侧手压在抽筋腿的膝盖上帮助小腿伸直，使抽筋消除。

(3)大腿抽筋：先吸一口气，仰卧水中，弯曲抽筋的腿，使之与上体成直角，然后用两手抱住小腿使它贴在大腿上。并加震颤动作，随即向前伸直。

2. 呛水

呛水是水从鼻腔或口腔进入呼吸道而引起的。发生呛水时不要紧张，沉着冷静地把头露出水面，随即调整呼吸，就可避免继续呛水，恢复正常呼吸。

3. 皮肤过敏

下水后由于冷水的刺激，出水后被风吹，有时会引起皮肤过敏。皮肤过敏轻者表现为皮肤发红，起疙瘩。严重者则会出现头晕、心跳、气喘、恶心和呕吐等现象。在游泳中，如遇上述情况，应及时上岸，擦干身体，穿好衣服，注意保暖，喝点热水或姜茶，出点汗，一般能很快恢复。

4. 头晕

游泳时的头晕主要是血液循环受重力改变的影响，不能及时回流心脏，造成脑部血液暂时供应不足，从而产生头晕现象。另外，人体在水中大量散热，消耗的能量也较大，有时也因血糖下降引起头晕。以上的现象一般来说都是正常的生理反应，休息之后很快便能恢复。

5. 耳朵进水

耳朵进水，一般可用单脚跳动法，如右耳内进水，头偏向右侧，用右脚单跳几次，水就会流出。也可用吸引法，即头偏向有水的一侧，用手掌紧压有水耳朵的外部，屏住呼吸，然后迅速拉开手掌，水就会被吸出来。必要时也可用消毒的棉棒，轻轻地伸进外耳道把水吸出。千万不要用火柴棍、发卡或锐利的东西乱勾乱挖，以免把外耳道或鼓膜穿破，引起感染，导致中耳炎。

二、游泳救护

游泳救护工作是保障游泳者生命安全的一项重要措施。游泳救护工作的指导思想是"立足预防，有备无患"，即以防为主，以救为辅，防救结合，有备无患。

救护分为自我救护和救护溺水两大类，其中救护溺水又分为间接救护和直接救护两种方法。

（一）自我救护

自我救护是指会游泳者在没有其他人员的帮助下，自己排除意外事故来解救自己的救护方法。游泳时，突发事件原因很多，常见的是因下水前没做好准备活动出现抽筋的现象，这是由于技术动作过于紧张、僵硬、不协调等造成的。出现抽筋时，应保持镇静，不要惊慌，相信自己能够解救自己。

在游泳时，时常会发生痉挛、呛水等意外事故，因此我们应该了解和掌握一些自救知识，进行自我保护，防止发生意外。

（1）手指痉挛。将手指握成拳头，然后再用力张开，这样迅速交替做几次，直到症状缓解（见图 3—26）。

（2）手掌痉挛。用手掌将痉挛的手掌用力向下压，直到抽筋现象消除为止（见图 3—27）。

图 3—26

图 3—27

（3）上臂痉挛。握拳并尽量弯屈肘关节，然后用力伸直，反复进行（见图 3—28）。

（4）小腿或脚趾痉挛。先深吸一口气，仰浮在水中，用抽筋肢体对侧的手握住抽筋痉挛的小腿或脚趾，并用力向身体方向拉，同时用另一只手掌压在抽筋膝盖上，帮助小腿伸直，使痉挛现象消除（见图 3—29）。

(5) 大腿痉挛。先吸一口气，仰浮在水中，痉挛腿屈膝，然后用双手抱住小腿用力使它贴在的腿上，并加振颤动作，随即向前伸直，使痉挛现象消除（见图 3—30）。

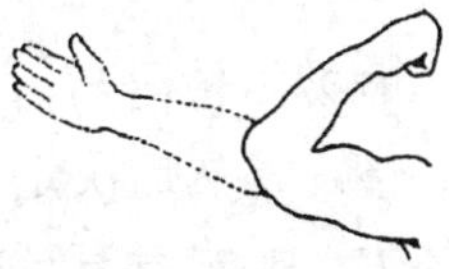

图 3—28

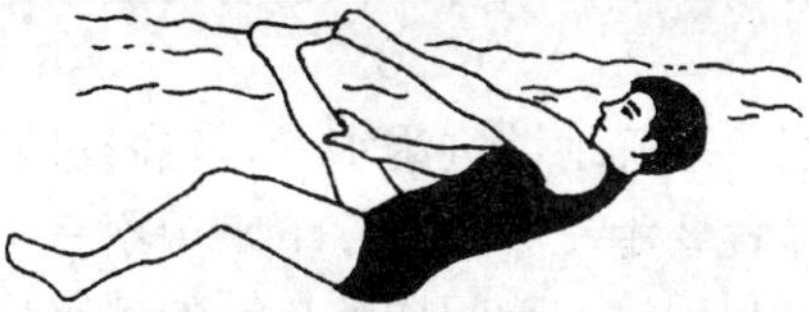

图 3—29

图 3—30

(6) 呛水。呛水是指水从鼻腔或口腔吸入呼吸道，是游泳时在水中吸气而引发的。要防止呛水，主要多练习水中呼吸动作。一旦发生呛水要保持镇静，游泳动作不要乱，先憋气游，使头部完全露出水面再调整呼吸。这样呛水感觉就会缓解、消除。

（二）救护溺水

1. 间接救护

间接救护是指利用救生器材对较清醒的溺水者施救的一种方法。这种方法既省力又安全、迅速。常用救护器材的使用方法如下：

(1) 救生圈。最好在救生圈上系一根绳子，当发生溺水时，可将救生圈掷给溺水者，待溺水者抓住救生圈后，将其拖到岸边（见图 3—31）。

(2) 竹竿。溺水者离岸较近时，伸给溺水者，待溺水者抓住后将其拖至岸上（见图 3—32）。

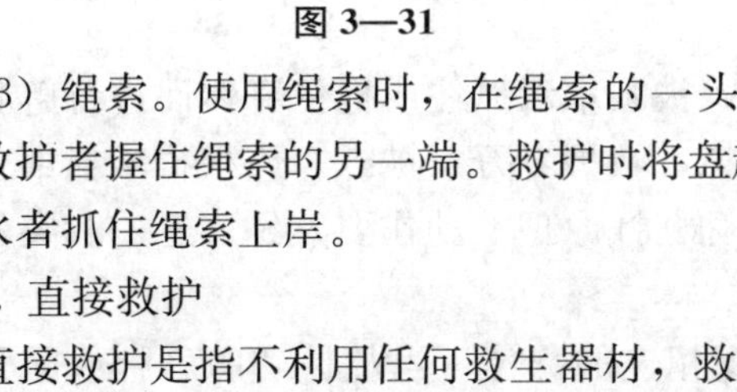

图 3—31

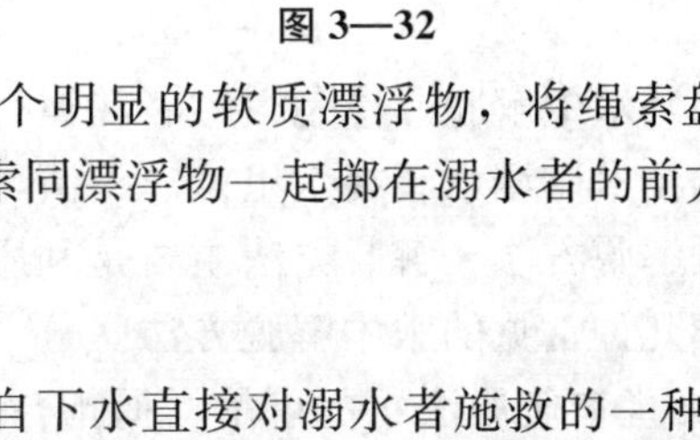

图 3—32

(3) 绳索。使用绳索时，在绳索的一头系上一个明显的软质漂浮物，将绳索盘成圆圈，救护者握住绳索的另一端。救护时将盘起的绳索同漂浮物一起掷在溺水者的前方，便于溺水者抓住绳索上岸。

2. 直接救护

直接救护是指不利用任何救生器材，救护者亲自下水直接对溺水者施救的一种方法，这种方法是在没有任何救生器材或因各种原因不能使用器材的情况下（如溺水者距离较远或溺水者神志不清）而采用的。这种方法要求救护者必须具有舍己救人的精神，又有较好的技能（包括使其解脱、拖带、上岸、急救）。

(1) 入水前的观察。发现溺水者，首先应发出求救信号，争取更多的人参与救护，在自己准备下水的同时，应对周围环境作简单的观察并迅速作出判断。如了解水域情况和判断溺水者与自己的距离、方位等。

（2）入水。入水时要求安全、迅速、注意目标。根据不同情况采用不同的入水方法：对熟悉的水域，如游泳池，可以用游泳出发的跳水姿势入水，要求入水要浅，入水要快；对不熟悉的水域，应采取跨步姿势入水，当身体入水后两腿迅速向下蹬夹水，两手臂迅速向下压，使身体立即浮出水面。

（3）游近溺水者。为了迅速、准确地游进溺水者，在游进其时，一般采用较快的抬头爬泳或抬头蛙泳。当游到距溺水者 2 米左右时应停下来观察一下溺水者情况，然后决定用什么方法接近和控制溺水者，并利用这一瞬间调整自己的呼吸以保存体力。溺水者有三种情况：第一，会游泳，突然发生抽筋或其他事故；第二，已经昏迷；第三，正在求生挣扎。第三种情况对救护者特别危险，要选择有效的方法接近溺水者，避免自己被溺水者抱住。接近溺水者有三种方法：

1）游到溺水者背后：可直接从后面靠近溺水者，双手托其腋下，使口鼻露出水面后进行拖带。

2）溺水者面对自己：一般来讲，溺水者会不同程度地表现出挣扎的求生欲望。为避免被溺水者抓住，救生者除大声要求溺水者保持“安静”外，应先吸口气潜入水中，在水中扶助溺水者髋部（见图 3—33），将其扭转 180°背向自己，然后用第一种方法接近溺水者。

3）溺水者面向自己，而且有单手或双手上举的求救动作，这种情况可以从正面接近。其方法是：从正面用左（右）手准确果断地抓住溺水者的左（右）手腕，用力向自己的左（右）后方拉，借助这个惯性力使其转体 180°背向自己，然后用上述方法控制溺水者（见图 3—34）。

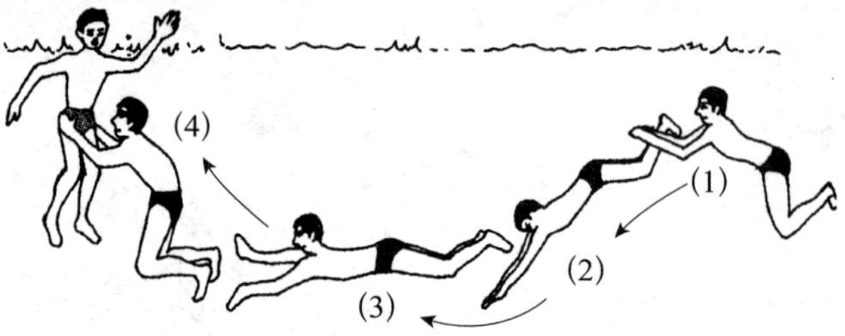

图 3—33

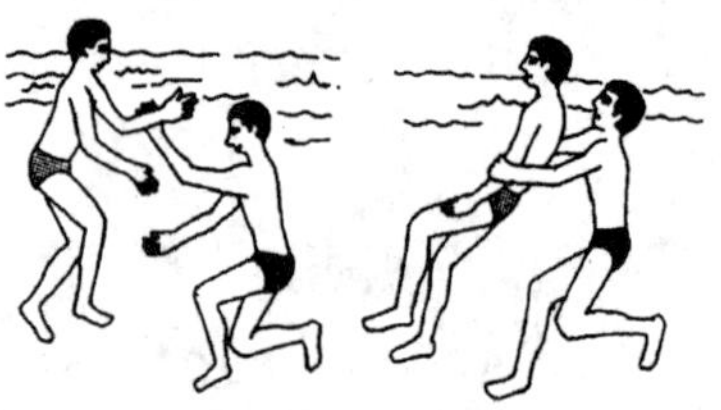

图 3—34

（4）水中解脱。这是救护者在执行救护中，被溺水者抓住或抱住身体而进行解救的一种专门技术。溺水者在水里神志不清，挣扎乱抓，救护者万一被抓，应根据被抓部位，采用各种解脱方法。解脱方法主要是利用反关节和杠杆原理，动作要熟练、迅速和突然。下面介绍几种常见的水中解脱方法。

1）虎口解脱法：虎口是指拇指与食指之间相连的部位。当救护者的手腕或前臂被抓住时，救护者可用压迫溺水者虎口的方法使溺水者脱手而得到解脱。例如，溺水者双手从上面同时抓救护者的双手腕或前臂，救护者都应双手握拳屈肘、臂外旋、肘内收，用前臂压迫溺水者虎口食指脱手而解脱（见图 3—35）；如果溺水者的双手从下面同时抓住救护者的双手臂，救护者用上面相同的解脱方法，只是动作方向相反，即可得到解脱（见图 3—36）；如果救护者的一只手臂被溺水者双手抓住，则救护者一只手可握紧拳头，另一方从溺水者两臂中间穿过，握住自己的拳头，同时突然向下压，即可解脱（见图 3—37）。

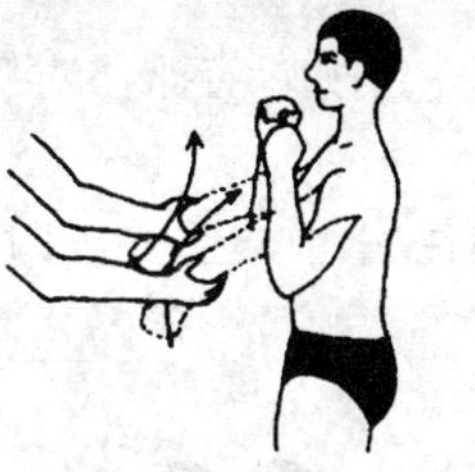

图 3—35

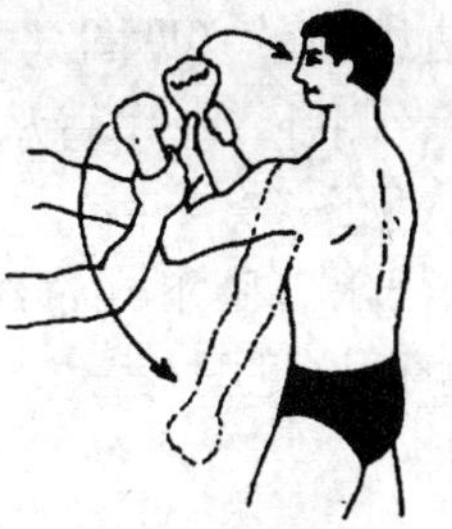

图 3—36

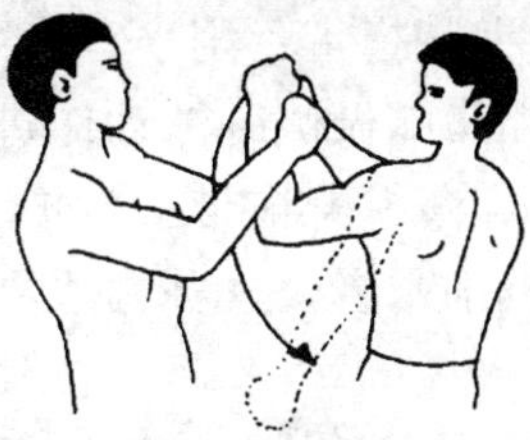

图 3—37

2）托肘解脱法：溺水者从背后抱住救护者的颈部，救护者首先握住溺水者靠近自己胸前的一只手腕，另一只手从下向上托其同一手臂的肘关节，自己收颌低头顺势从溺水者腋下滑脱出来。解脱后不要放开溺水者的手腕，要顺势将其扭转至背向自己（见图 3—38）。溺水者从前面抱住救护者的颈部，救护者用左手（右）手上推其右（左）肘关节，右（左）手握其一手臂的手腕并向下拉，同时收颌低头从其两臂间解脱出来，然后推转溺水者使其背向自己（见图 3—39）。

图 3—38

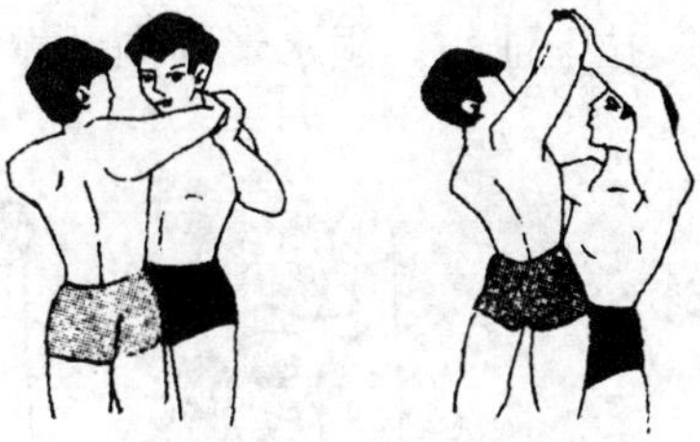

图—39

3）推扭解脱方法：救护者被溺水者从正面拦腰抱住，救护者可一手按住其头后部，另一手托在其下颌并向外扭转头，使溺水者放手，并使其转向背向救护者（见图 3—40）。

（5）拖带。这是救护者把溺水者从水中托运靠岸的方法。一般采用侧泳或反蛙泳两种泳式进行拖带。

1）两手托头部反蛙泳拖带：救护者和溺水者均仰卧水中，救护者两臂伸直，两手托扶住溺水者的头后部至两颊，两腿做反蛙泳蹬腿动作进行拖带（见图 3—41）。

2）托双腋拖带：双臂伸直托溺水者双腋，采用仰卧蛙泳蹬腿拖带，救护者拖带时稍含胸收腹（见图 3—42）。

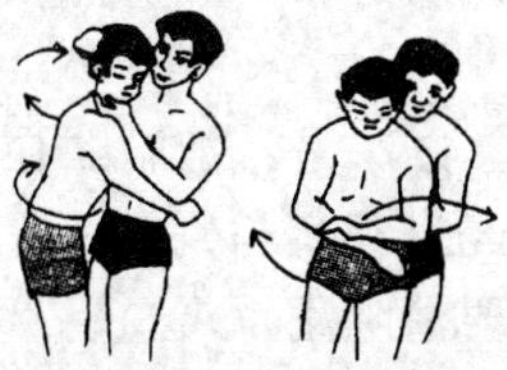

图 3—40

图 3—41

图 3—42

3）单手抓托颈部拖带：将溺水者仰卧水中，救护者直臂单手抓住其颈后部，另一手臂划水，两臂做反蛙游泳或侧泳动作进行拖带（见图 3—43）。

4）夹胸拖带：溺水者仰卧，救护者侧卧，一手臂从其肩上斜经过胸前抓住对侧腋下，一手臂和两腿做侧卧泳动作进行拖带（见图 3—44）。

5）穿背握臂拖带：救护者一手从溺水者腋下穿过经背部握住另一方手臂，即可单臂侧泳拖带溺水者，这种方法易于观察游向（见图 3—45）。

图 3—43

图 3—44

图 3—45

（6）上岸。是指把处于昏迷状态的溺水者拖上岸的方法。在天然水域，虽然岸边情况不同，但均为斜坡，上岸相对比较容易。遇到游泳池或类似游泳池的陡岸时，上岸较困难。下面介绍两种游泳池内上岸的方法。

1）池边上岸方法：救护者将溺水者一手压在池边上，自己先上岸，然后抓住其两手腕，拉上池边。溺水者面向池壁或背向池壁均可（见图 3—46）。

(1) (2) (3) (4)

图 3—46

2）扶梯上岸方法：将溺水者拖带至扶梯前，使其面向自己并将其扛在肩上，双手握住扶梯，稳步爬梯上岸；当溺水者臀部移到池边时，应扶其头后，慢慢坐下来放倒。

（7）岸上急救。溺水者被救上岸后，首先要观察症状，然后再决定采取哪些措施。如果溺水者神志清醒，只需一般性引吐、保暖和休息便可逐渐恢复正常，无须其他救护；如果溺水者处于昏迷状态，神志不清，应立即与医疗急救单位联系，同时进行急救。急救措施主要有以下两种：

1）人工呼吸：当溺水者处于昏迷状态，首先判断其有无呼吸。方法是：把脸贴在溺水者鼻、口，感受呼吸的气流，观察胸部的肌肉是否有上下起伏。经过观察与判断，确认溺水者已无呼吸时，应立即进行人工呼吸。在进行人工呼吸前，先要清除溺水者口、鼻中的异物，保持呼吸道通畅；如有松动的假牙应取出，以免堕入气管；如溺水者牙关紧闭，救护者从其后面用两手大拇指向前上方顶住下颌关节，同时用两手食指、中指向下压下颌骨，便可掰开溺水者牙关。清理口、鼻中的异物后，接着进行控水。其方法是：救护者一腿跪着，另一腿屈膝，将溺水者的腹部放置在屈膝的大腿上，一只手扶起头部使口向下，另一只手压其背部，将水排出（见图 3—47）。控水后，立即进行人工呼吸。实践证明，口对口吹气法效果好，且简便易行。操作方法：救护者在仰卧的溺水者侧面，一手捏住鼻子，另一手扶着下颌（见图 3—48），深吸一口气，然后对紧溺水者的口将气吹入。吹完一口气后，口手离开，用手压下溺水者的胸部，帮助其呼气。如此有规律地反复进行，每分钟做 14～16 下，开始时稍慢，以后可适当加快。在抢救已经停止呼吸的溺水者，需要做很长时间，最好有两人以上轮流进行。

2）心脏按摩：当溺水者处于昏迷状态时，在判断其有无呼吸的同时也要判断其有无心跳。其方法是：摸手腕动脉或颈动脉血管，如无脉搏或微跳，应立即做心脏按摩。下面介绍胸外压心脏按摩法：救护者跪在仰卧的溺水者体侧，双手重叠按在溺水者胸骨下端，两臂自然伸直，借助身体重量，按正常心跳节奏向下按压（见图 3—49）。如果溺水者被救上岸后，呼吸与心跳均无，可以同时进行人工呼吸和心脏按摩（见图 3—50）。经采取人工呼吸或心脏按摩抢救措施后，溺水者虽已脱离危险，仍须送医院进行全面检查，以防因溺水而引起其他并发症。

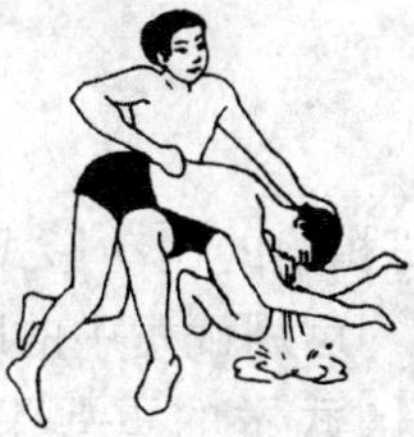
图 3—47

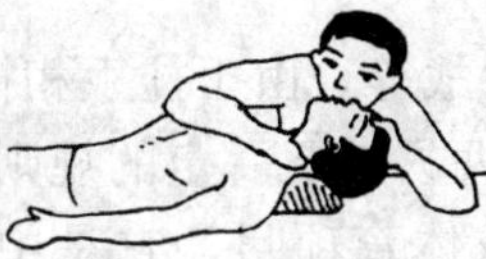
图 3—48

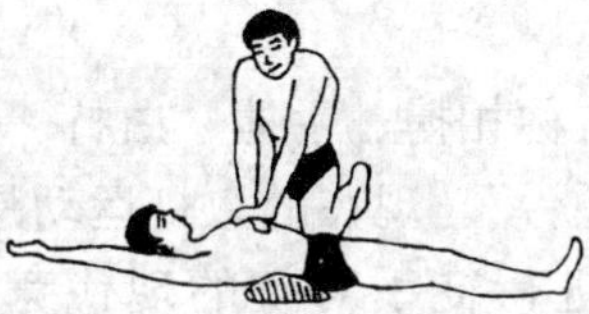
图 3—49

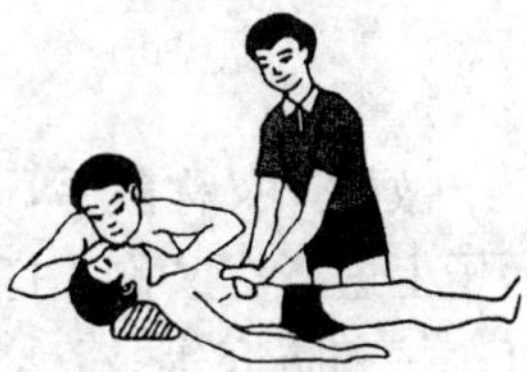
图 3—50

第四章　搏击类运动与击剑

第一节　散打

散打，又称散手，古称相搏、手搏、白打、手战等，由于徒手相搏相角的运动形式在台子上进行，又称“打擂台”。现在的散打运动是两人按照一定的规则，运用武术中的踢、打、摔和防守等技法，进行徒手对抗的现代竞技体育项目，它是中国武术的重要组成部分。

散打技术根据其应用性能可分为进攻、防守和防守反击三类。其中，散打步法作为基础，始终贯穿于散打技术运用的全过程。

一、实战姿势与步法

实战姿势通常也叫预备姿势、格斗式，其动作为侧身，成开立步，两手握拳，拳眼斜朝上，左前右后屈举于体前；左臂屈 90°～110°，右臂屈小于 90°，垂肘紧护右肋；下颌微收，闭嘴合齿；面部和左拳、左肩正对对手（见图 4—1）。

图 4—1

步法是散打各类技术的基础，它指的是在散打对抗中根据对方的不同情况合理移动脚步的方法。它可分为前后左右的单滑步、双滑步、滑并步、左右闪步、垫步、插步、跃步、跨步等。

二、进攻技术

进攻技术是指在对抗中运用各种方法击打对方的技术，它主要包括踢、打、摔三种。踢指的是用腿攻击对方的各种击法。打指的是用拳攻击对方的各种击法。摔指的是用各种接触式方法破坏对方重心，使其除两脚之外的第三点着地的各种击法。散打摔法一般分为主动摔和接招摔两种：主动摔是指在对抗中避开对方的击打，主动借靶、进靶以致摔倒对方的方法；接招摔是指在对抗中接住对方拳或腿并固定其一端，再运用动作进靶将对方摔倒的方法。

（一）拳法技术

1. 冲拳

冲拳是一种直线进攻型动作，有左冲拳和右冲拳，特点是距离对手较近，易发动，预兆小，灵活性强，但相对地力度较小。

动作要领：右（左）脚微蹬地面，重心微向前脚移动；同时左（右）拳直线向前冲出，力达拳面（见图4—2）。

关键环节：冲拳时，上体不要前倾，快出快收，切勿停顿。

2. 掼拳

掼拳是一种横向的进攻动作，有左掼拳和右掼拳两种，可以结合身体姿势的高、低变化，击打对方的侧面。上盘可击太阳穴；中盘可击腰肋部位。

动作要领：右（左）脚微蹬地并向内扣转，合胯并向左（右）转腰，同时右（左）拳向外（约45°）、向前、向里横掼力达拳面或偏于拳侧；左（右）拳变掌屈臂回收至左（右）腿前（见图4—3）。

图4—2

图4—3

关键环节：掼拳发力时，肘尖微抬，使肩、肘、腕基本成水平。

3. 抄拳

抄拳属上下进攻型动作，有左抄拳和右抄拳两种。由于击打距离短，适用于近距离实战。双方接触时，正面攻击对手的胸、腹或下额。

动作要领：右（左）脚蹬地，扣膝合胯，微向左（右）转腰的同时，右（左）拳由下、向前、向上抄起，大小臂夹角在90°～110°，拳心朝里，力达拳面；左（右）手回收至右（左）肩内侧（见图4—4）。

关键环节：抄拳要借助脚蹬地、扣膝、合胯、转腰的力量，发力由下至上，协调顺达。抄拳时，手臂先微内旋再外旋，螺旋形运行。

4. 横扣拳

它的特点是幅度小，速度快，较适合用于近距离或贴身的实战，主要用以击打对方头部的侧面。实用范例可参考左右掼拳。

动作要领：以左横扣拳为例，左拳向外、向前、向里横摆扣击，拳眼朝上，拳心朝右，力达拳心（见图 4—5）。

图 4—4

图 4—5

关键环节：动作幅度要小，扣击速度要松快。配合左闪步扣拳，腰略向右转，以加大扣拳的力度。

5. 鞭拳

鞭拳是横向型进攻动作之一，并能借助于转体的惯性，动作幅度大，运动路线长，力度较大。用于退守反击时，动作隐蔽、突然。

动作要领：右脚经左腿后插步，身体向右后转 180°；同时，两手屈臂一起回收至胸前；动作不停，上体继续向右转体 90°，同时右拳反臂向右侧横向鞭打，拳眼朝上；力达拳背（见图 4—6）。

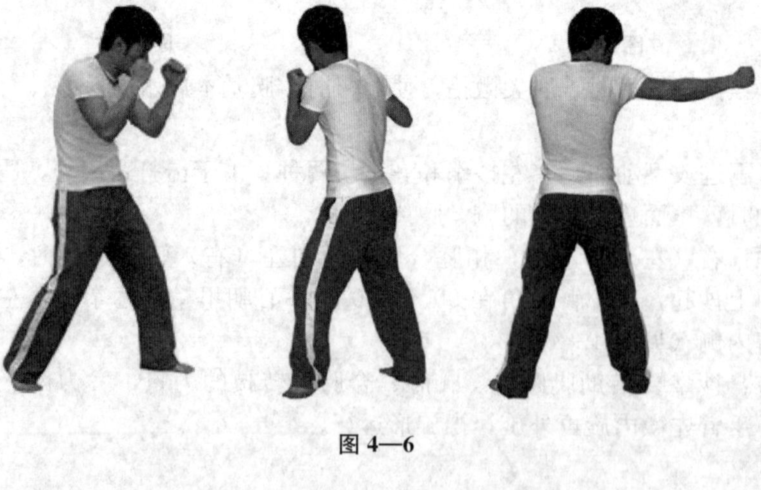

图 4—6

关键环节：转体要快，以头领先，不能停顿，双腿支撑要稳。鞭拳时，以腰带臂，前臂鞭打甩拳。

（二）腿法技术

1. 蹬腿

（1）前蹬腿。

动作要领：身体重心前移；左腿直立或稍屈，身体稍左转；右腿屈膝前抬，勾脚，以脚跟领先向前蹬出，力达脚跟。亦可送髋，脚掌下压，力达脚前掌（见图 4—7）。

图 4—7

关键环节：屈膝高抬，爆发用力，快速连贯。

（2）后蹬腿。

动作要领：身体向右（左）后转，两腿变屈，左（右）、右（左）手握拳护于胸前；左（右）腿直立或稍屈支撑，右（左）腿屈膝抬起，脚尖勾起朝下，脚跟领先用力向后蹬；眼看蹬腿方向（见图 4—8）。

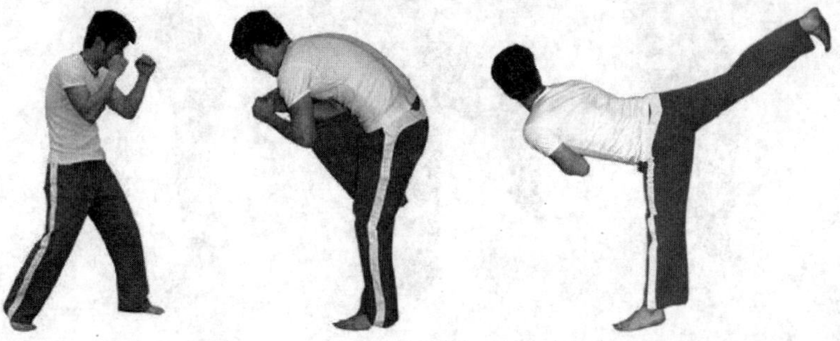

图 4—8

关键环节：向后转身时以头领先；蹬腿时收膝展髋，腰肌收缩。支撑腿要有力，注意平衡。

2. 踹腿

踹腿是比赛中使用率较高的腿法之一。此腿法容易调整步法，因此，踹腿的使用变化较多，它直线运动，速度快、力量大，不易防守，而且配合步法运用，变化多，宜于在不同距离上使用。

动作要领：左（右）腿直立或稍屈支撑，身体向左（右）转 180°，同时右（左）腿屈膝前抬，小腿外摆，脚尖勾起，脚掌正对攻击目标，用力向前踹出，力达脚掌，上体可侧倾（见图 4—9）。

图 4—9

关键环节：踹腿时，上体、大腿、小腿、脚掌成一条直线，踹出一定要以大腿推动小腿直线向前发力。

3. 横摆踢腿

横摆踢腿又叫边腿，在实战中使用较多。它以身带腿，速度快，力量大，运用得好能起到重击对手的作用。但因其弧形横摆，路线长，幅度大，较易被对手察觉和防守，实战中应注意，动作快速、突然。

动作要领：左膝外展，上体右转，收腹，带动右腿收髋、扣膝、直腿向左上方横摆打腿，踝关节屈紧，力达小腿下端至脚背（见图 4—10）。

图 4—10

关键环节：以转体带动摆腿，动作连贯、快速。

4. 弹腿

弹腿的优点是动作快速，易于变化，可视不同情况分别击对手的上、中、下三盘。

动作要领：左腿直立或稍屈支撑，上体左转 180°，稍向左侧倾；同时右腿屈膝前摆，扣膝，绷脚背，随即挺膝向前弹踢小腿，力达脚背、小腿下端（见图 4—11）。

关键环节：脚背紧张用力，膝内扣，以膝带腿，快速有力。

5. 横扫腿

横扫腿是横向型的进攻动作。虽动作路线长，但在直线动作难于进攻时，突然改变路

图 4—11

线亦能使对手防不胜防。运用时往往以假动作做掩护，动作果断、敏捷、快速，常可出其不意。

动作要领：身体右后转 360°；随转体右腿直腿由后向前横扫，脚背绷紧，力达脚掌；目视右脚（见图 4—12）。

图 4—12

关键环节：转体时以头领先，并借其惯性，腰背发力，展髋，挺膝，绷脚背。

6. 后扫腿

动作要领：左腿屈膝全蹲，脚前掌为轴，两手扶地向右后方转体一周，展髋，带动右腿向左后方弧线擦地直腿后扫，脚掌内扣并勾紧力达脚后跟至小腿下端背面（见图 4—13）。

图 4—13

关键环节：低身与转体要快速连贯，借以带动扫腿，加快动作速度，增强力度。

(三) 摔法技术

1. 夹颈背摔

多用于防守冲、掼拳击头部时反击，或主动进攻。

动作要领：双方由实战式开始，以下均同。甲以左冲拳击乙头部，乙用前臂格挡甲左前臂。乙左臂由甲右肩上穿过后，屈臂夹甲颈部，同时右脚背步至与左脚平行，两腿屈膝，身体右转，以左侧髋部紧贴甲方前身，继而两脚蹬伸，向下弓腰，低头将甲背起后摔倒（见图 4—14）。

图 4—14

关键环节：夹颈牢固，背步转身要快，低头、蹬腿协调有力。

2. 抱腿别腿摔

动作要领：甲站立或起左侧弹踢腿时，乙将甲左腿抱住，并向甲的支撑腿后上左步，上体左转，转腰成右弓步，用左腿别甲右腿，同时用胸下压甲左腿（见图 4—15）。

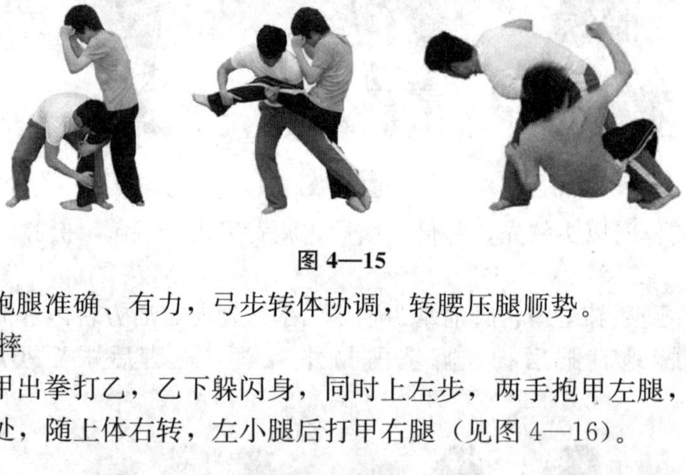

图 4—15

关键环节：抱腿准确、有力，弓步转体协调，转腰压腿顺势。

3. 抱腿打腿摔

动作要领：甲出拳打乙，乙下躲闪身，同时上左步，两手抱甲左腿，抱起后，左腿向前摆至甲右膝窝处，随上体右转，左小腿后打甲右腿（见图 4—16）。

图 4—16

关键环节：下潜快，抱腿准，前摆后打腿协调一致。

4. 抱单腿涮摔

动作要领：甲用左蹬腿踢乙胸部，乙立即用两手抓握甲左脚，两腿屈膝，两手向甲右侧拉其左脚，随即向下、向左上方成弧形摆荡（见图 4—17）。

图 4—17

关键环节：抓握要准确、牢固，右拉和弧形摆荡动作要连贯有力。

5. 接腿勾踢摔

动作要领：甲用右侧弹踢腿踢乙肋部，乙顺势用左手抱住甲右小腿，右手由甲右肩上穿过下压其颈部，同时右脚向前勾踢甲左腿踝关节处（见图 4—18）。

图 4—18

关键环节：接、抱腿准确，压颈、勾踢动作要协调有力。

6. 接腿搂腿摔

动作要领：甲用左侧弹踢腿踢乙肋部，乙立即用右手臂抱住甲左小腿，右脚向前上步，左腿抬起前伸，由前向后拨踢甲支撑腿，同时左手用力向前推甲左肩（见图 4—19）。

图 4—19

关键环节：抱紧腿，搂腿、推肩协调有力。

7. 夹颈打腿摔

动作要领：甲用左冲拳击乙头部，乙右前臂外格甲左臂。乙左手由甲右肩上穿过，屈肘夹甲颈部，同时右脚背步与左脚平行，随即右转体用左小腿向后横打甲左小腿，将甲打起并摔倒（见图 4—20）。

图 4—20

关键环节：格挡迅速，夹颈有力，打腿、转身动作协调一致。

8. 拨颈勾踢摔

动作要领：甲用右冲拳击乙头部，乙用左掌外格甲右前臂。乙伸右臂穿过甲的肩部，用手拨甲颈部右侧，同时右脚勾踢甲左脚的踝关节处，将甲勾倒（见图 4—21）。

图 4—21

关键环节：拨颈、勾踢协调有力。

三、防守技术

防守技术是指在对抗中运用各种防护手段保护自己不被打击、少被打击或免受重击的方法。它可分为接触式防守和不接触式防守。前者主要包括推拍、格架、阻挡、截击等，后者主要包括躲闪、撤步、提膝等。

（一）接触式防守

1. 推拍

主要用于防守对方直线型拳法或横向型腿法对上盘的攻击。

动作要领：左手（右手）以拳心或掌心为力点向里横向拍挡（见图 4—22）。

图 4—22

关键环节：前臂尽量垂直，拍挡幅度小，用力短促。

2. 格架

主要用于防守对手横向型的手法或腿法攻击上盘，如左右掼拳或左右横踢腿等。

动作要领：左手（右手）屈臂向同侧头部或肩部格架（见图 4—23）。

图 4—23

关键环节：大小臂叠紧并贴于头侧，要含胸侧身，暴露面小。

3. 阻挡

主要用于破坏、阻挡对方的进攻，为反击作准备。

动作要领：两脚蹬地，身体微前移，以肩部和手心阻挡对方直线拳法的进攻；以臂部阻挡对方直线腿法的进攻（见图 4—24）。

图 4—24

关键环节：身体用力。阻挡拳法要含缩、闭气、提左肩并收下颏；阻挡腿法要含胸、收腹、沉气，两手紧护体前，尽量缩小被击面。

4. 截击

以先发制人的方法，抢在对方进攻之前阻截其腿，破坏对方的进攻。

动作要领：左腿屈膝略抬，脚趾翘起，脚掌朝前下方，以脚掌为立点前伸阻截（见图 4—25）。

关键环节：提膝迅速，阻截要抢在对方进攻之前，支撑要稳。

（二）不接触式防守

1. 躲闪

躲闪主要包括后闪、侧闪、下蹲躲闪和跳步躲闪等。

（1）后闪。主要用于防守对方拳法攻击上盘部位，为以腿法反击作准备。

动作要领：重心后移，上体略后仰闪躲（见图 4—26）。

图 4—25

图 4—26

关键环节：后闪时下额收紧，闭嘴合齿；后门幅度不宜过大，重心落于后腿。

（2）侧闪。主要用于闪躲对方用手法正面攻击上盘部位，如左右冲拳等。

动作要领：两膝微屈，俯身，上体向左侧或右侧闪躲（见图 4—27）。

关键环节：上体要含缩，侧身不转头，目视对方。

（3）下蹲躲闪。主要用于防守对方横向攻击头部，如左右掼拳、高横踢腿等。

动作要领：屈膝，沉胯，缩颈，重心下降，弧形向下躲闪，两手紧护胸（见图 4—28）。

图 4—27

图 4—28

关键环节：下躲闪时，膝关节、髋关节和颈部要协调一致，目视对手。

（4）跳步躲闪。主要用于在未清楚对方的进攻意图或应急防守时，为反击寻找适宜的位置和时机。

动作要领：两脚蹬地使身体向后、向左或向右跳闪（见图 4—29）。

关键环节：跳闪时，整体移动不能松懈，向左跳闪，上体微右转；向右跳，上体微左转；眼睛始终盯着对手。

2. 撤步

动作要领：前脚由前向后收步，接近后脚，脚前掌着地，重心落于后腿（见图 4—30）。

关键环节：前脚回收迅速，虚点地面；上体正直，支撑要稳。

3. 提膝

动作要领：后腿微屈，独立支撑，前腿屈膝提起（见图 4—31）。

图 4—29

图 4—30

图 4—31

关键环节：重心后移，提腿迅速，根据对方腿法进攻的路线、方位，膝关节分别有里合、外摆或垂直向外的变化。

第二节　跆拳道

一、跆拳道的发展史

跆拳道起源于朝鲜半岛，是一项古老而又有创新的竞技体育运动。跆拳道是一项利用拳和脚进行搏击的对抗性活动。它通过竞赛、品势和功力检验等运动形式，使练习者增强体质，掌握战术，并培养坚忍不拔的品质。1955 年正式称朝鲜的自卫术为“跆拳道”。1961 年 9 月韩国成立了唐手道协会，后更名为跆拳道协会。1973 年 5 月，在韩国汉城（今首尔）举行了第一届世界跆拳道锦标赛，同时，世界跆拳道联盟（WTF）在汉城成立。1975 年世界跆拳道联盟（WTF）被国标体育联合会接纳为正式会员。1980 年世界跆拳道联盟（WTF）得到国际奥委会的承认。

跆拳道技术是指跆拳道竞赛中所使用的能充分发挥运动员机体能力，合理有效完成动作的方法。它是为适应被列为奥运会正式比赛项目的需要，而从跆拳道体系中分化出来的。与其他比赛项目一样，只有在比赛中按照竞赛规则的要求去进行，所获得的成绩才能被承认。这样在某种程度上就限制了一些技术的使用，如用拳击头、用肘膝攻击的技术都被禁止使用，这在一定程度上保护了双方运动员，减少了伤害事故的发生，同时对运动员的技术提出了更高的要求。

根据动作的功能可将跆拳道技术大致分为进攻技术、防守技术和反击技术三大类。进攻技术有横踢、劈腿、前横踢、双飞踢和拳的进攻等，防守技术主要通过手臂的格挡、脚步的移动来表现；反击技术有后踢、后旋踢和拳的反击等。这种分类只是相对的，在跆拳道比赛中，许多运动员在防守或反击时也使用横踢、劈腿等技术，或是在进攻中也会使用后踢、后旋踢等反击动作。

跆拳道运动员所掌握的技术越全面，掌握的运动技能越多，也就越有利于在比赛中根据实际情况使用有效的单个技术或组合技术。全面的技术训练也有利于发现运动员技术上的个人特点，并根据其特点进行个别技术的精雕细刻，使之形成自己的技术风格，发展个人的绝招单个技术和绝招组合技术。

二、跆拳道的特点与作用

（一）跆拳道的特点

跆拳道是朝鲜民族的传统竞技体育项目，具有其鲜明的特点：

1. 手脚并用，以腿为主

跆拳道是以腿法为主的搏击对抗性项目，腿法所占的比例高达70%以上。跆拳道理论认为，在人体四肢中，腿的力量远大于手及臂的力量，而且腿法攻击路线长、威力大，还能使自己易遭受攻击的部位如头、躯干远离对手的攻击范围；同时跆拳道的竞赛规则也对腿法的使用有着积极的倡导和鼓励作用（如限制拳法的使用种类和攻击部位），腿法是最主要的得分手段与方法。因此，跆拳道以其灵活多变、丰富精妙的腿法著称于世。

2. 直来直往，以刚制刚

在跆拳道比赛中，极少采用闪躲的防守方法，而多以拳、掌、臂格挡防守，以刚制刚，直接接触，方法简练硬朗。进攻或反击时，多采用直线的连续攻击，以快速连贯的腿法组合击打对手，注重击打的实效性，令人防不胜防。

3. 功力测试，方法独特

跆拳道理论认为，经过训练，人体所发挥的威力是巨大的，令人生畏，因此，不能直接运用到竞技比赛中或以人体为测试对象，只能用那些没有生命的物体，如木板，砖瓦，石块来做目标，以检验修炼者的功力程度。功力测试已是跆拳道训练、晋级考试、表演、比赛的一个重要内容，成为其固有的特点之一。

4. 发声扬威，以气催力

跆拳道运动中，无论是品势练习还是训练比赛，都要求修炼者具有威武磅礴的气势。洪亮且具有震慑力的发声，正是显示自身能力的表现形式。发声，可以提高自己的兴奋性，增强注意力，使自己全身心地投入训练比赛中；发声，增强身体的爆发力，达到以气催力、提高攻击杀伤力的目的；发声，可以提高自身斗志，从气势上压倒对手，给对手造成巨大的心理压力；发声，可以配合进攻动作来提高击打效果，赢得裁判员的认可，达到得分的目的。

5. 内外兼修，身心合一

跆拳道运动既重身体素质训练，更重心智的内在修炼，它要求内外同修，身心合一。无论是品势练习还是实战比赛，动作只是一种形式，它承载的是跆拳道所蕴含的文化、精神与意念，反映了自己对跆拳道的认知、理解程度。同时，在练习中，强调内力与外力的协调统一，以意引力，以气催力，才能使动作发出无坚不摧的威力。

6. 礼始礼终，谦和恭让

“礼”，是跆拳道重要的训练内容，贯穿于整个训练过程。它强调一切训练都是以礼开始、以礼结束，通过行礼，表现出自己内心对师长、队友的尊敬、感激之情；同时，时时刻刻培养自己谦虚、谨慎、和蔼、忍让等良好的行为规范和礼仪习惯。

（二）跆拳道的作用

跆拳道具有防身健身、修身养性、娱乐观赏等多方面的作用，是人们增强体质、培养意志品质的一种较好的手段。

1. 改善和增强体质

跆拳道的技术动作是由全身协调配合，主要通过各种各样的腿法来表现。它能很好地促进人体的力量、速度、灵敏、耐力、协调等全面身体素质的发展，具有强身健体的作用。由于运动员在比赛和平时训练中要经常临场应变换战术，或是快速进攻，或是主动后撤再反击，或是腾空劈腿，或是后踢接后旋踢，这对提高神经中枢的灵活性、提高神经中枢协调支配各器官的能力起着良好的作用。

2. 提高防身与自卫的能力

跆拳道运动紧张激烈，对抗性强，它对提高人体的速度、力量、灵敏、耐力、柔韧等身体素质、提高内脏器官的机能、特别是提高神经系统的灵活性有明显的作用。通过跆拳道的攻防训练，可以学习、掌握一定的格斗技术，提高应变能力，达到防身自卫的目的。在训练过程中，大强度的训练除需要良好的体能外，还应具备顽强拼搏的精神和坚忍不拔的意志。因此，跆拳道的修炼过程，就是一个意志品质培养的过程。

3. 娱乐观赏，陶冶情操

跆拳道是一项很具有观赏性的运动项目。在功力检验中，运动员轻松击破木板、砖瓦使人为之惊叹。而竞赛跆拳道则是两人激烈的对抗，双方选手斗智斗勇，比赛中常有的凌空飞腿和组合腿法令人眼花缭乱，具有极高的观赏价值。

三、准备姿势和步法

（一）准备姿势

准备姿势也称实战姿势或预备姿势，是竞赛跆拳道比赛中双方开始时的基本站立姿势，如图 4—32 所示。准备姿势应便于进攻和防守反击以及步伐的移动。

图 4—32

（二）前踢和横踢

1. 前踢

前踢是学习横踢的基础，在品势中常被使用。

动作过程：

（1）右架站立，重心移至左腿，如图 4—33（1）所示。

（2）提起右大腿同时髋部略向左转，膝盖朝前，脚面稍绷直，双手握拳自然垂放在身体两侧，如图 4—33（2）所示。

（3）继续将髋关节前送，右大腿向前抬提，当大腿抬至水平或稍高时，向前弹出小腿，用脚面击打目标，如图 4—33（3）所示。

（4）直接向右转髋使右小腿折叠快收回原位，然后后撤右腿，还原为右架准备姿势，如图 4—33（4）所示。

(1)　(2)　(3)　(4)

图 4—33

2. 横踢

横踢是跆拳道比赛中最为常用的动作之一，也是运动员得分的主要技术。

动作过程：

（1）右架站立，重心移至左腿，如图 4—34（1）所示。

（2）提起右大腿同时髋部略向左转，膝盖朝前，大小腿折叠，脚面绷直，如图 4—34（2）所示。

（3）继续将右大腿向前提高，左脚向外侧转动，右腿快速鞭打踢出小腿，膝盖朝向左侧，用脚面击打对方胸腹和面部及两肋部（或是所有被护具包围的部位，下同），如

图 4—34（3）所示。

（4）击打后，右脚自然落下成左架，然后后撤右腿，还原成右架准备姿势，如图 4—34（4）所示。

(1) (2) (3) (4)

图 4—34

（三）后踢和劈腿

1. 后踢

后踢是跆拳道比赛中最为常用的动作之一，也是运动员反击对方进攻的主要技术。

动作过程：

（1）右架站立，重心移至左腿，如图 4—35（1）所示。

（2）以左脚尖为轴，左脚跟外旋，身体向后方转动，如图 4—35（2）所示，同时提起右大腿，使大小腿几乎折叠，脚尖勾起，头部稍向右后方转动，如图 4—35（3）所示。

（3）右腿向后平伸后蹬，在蹬直前膝盖稍外翻（向右侧），如图 4—35（4）所示。

（4）用脚跟部位击打对方腹部和胸部。

（5）击打后，右脚自然落下成左架，然后后撤右腿，还原成右架准备姿势，如图 4—35（5）所示。

(1) (2) (3) (4) (5)

图 4—35

2. 劈腿

劈腿也称下劈，是跆拳道比赛中常用的动作之一，也是进攻和反击对方进攻的主要技术。

动作过程：

（1）左架站立，重心先移至右腿，如图 4—36（1）所示。

（2）提起左大腿，同时略转髋向右并向上送髋，使左腿膝盖与胸部尽量贴近，身体重心向上，如图 4—36（2）所示。

（3）左脚高举过头，左腿伸直贴紧上体，上体保持正直或稍前俯，重心向上，如图 4—36（3）所示。

（4）左脚脚面稍绷直，左腿快速下压（如刀劈木块一样），用脚掌或脚后跟下砸对方的头部，身体重心前移至左腿上，身体要稍后仰来控制重心，如图 4—36（4）所示。

（5）击打后，左脚自然落下成右架，然后后撤左腿，还原成左架准备姿势，如图 4—36（5）所示。

(1) (2) (3) (4) (5)

图 4—36

（四）后旋踢和侧踢

1. 后旋踢（简称后旋）

后旋踢是跆拳道比赛中常用的动作之一，也是运动员反击对方进攻的主要技术。

动作过程：

（1）左架站立，以右脚尖为轴，右脚跟外旋，重心移至右腿，如图 4—37（1）所示。

（2）身体向左后方转动，同时提起左大腿向斜后方向 40°蹬直，头部向左后方转动，如图 4—37（2）、（3）、（4）所示。

（3）身体继续旋转，左腿借旋转的力，向后划一个半圆形的水平弧线，快速屈膝用脚掌击打对方头部，如图 4—37（5）所示。

（4）击打后，身体中心依然在右腿上，左脚自然落下，还原成左架准备姿势，如图 4—37（6）所示。

(1) (2) (3) (4) (5) (6)

图 4—37

2. 侧踢

主要用来阻挡对方进攻，不是主要得分动作。

动作过程：

(1) 左架准备姿势站立，将中心移至右腿，同时以右脚前掌为轴脚跟内旋，如图 4—38 (1)所示。

(2) 直线提起左大腿，弯曲小腿同时向右转髋，身体左侧侧对对方，如图 4—38 (2) 所示。

(3) 膝盖方向朝内，勾脚面，展髋，走直线平蹬出左腿，用脚掌外侧攻击对方，如图 4—38 (3)、(4) 所示。

(4) 左腿自然落下，并撤回原位，如图 4—38 (5) 所示。

(1) (2) (3) (4) (5)

图 4—38

(五) 双飞踢与旋风踢

1. 双飞踢（简称双飞）

双飞踢是跆拳道比赛中较为常用的动作之一，也是运动员得分的主要技术。

动作过程：

(1) 右架站立，重心移至左腿，如图 4—39 (1) 所示。

(2) 提起右大腿使用横踢，如图 4—39 (2) 所示，然后在右腿未落下时，立即提左腿使用横踢，如图 4—39 (3)、(4)、(5) 所示，也就是连续使用两个横踢。

(3) 打击后，两腿自然落下，还原成右架准备姿势，如图 4—39 (6) 所示。

(1) (2) (3) (4) (5) (6)

图 4—39

2. 旋风踢

旋风踢也称后转体横踢，是跆拳道比赛中常用的动作之一。

动作过程：

（1）右架站立，右脚往前进一步成左架站立，以右前脚掌为轴脚后跟外旋，重心移至右脚，如图 4—40（1）、（2）所示。

（2）身体左后转约 360°，左腿提膝同时随着身体向后转动，如图 4—40（3）、（4）所示。

（3）身体稍后仰，左腿下落的同时右脚蹬地并使用右脚横踢技术，如图 4—40（5）、（6）、（7）所示。

（4）击打后，两脚自然落下成左架，如图 4—40（8）所示。

图 4—40

四、跆拳道品势

（一）太极一章

（1）准备姿势：站于 A 方向位置（见太极一章演武线图，如图 4—41 所示，以下文中字母，均参见相应的演武线图），两脚与肩同宽，自然站立，两手握拳屈臂于腹前，拳心向内，眼睛平视前方（见图 4—42（1））。

（2）左转身体，左脚转向 B 方向（简称向 B，下同）成左前探步，左臂下截（防左下段），右拳回收腰侧（见图 4—42（2））。

（3）右脚向 B 迈进一步成右前探步，右拳前冲拳（攻中段），左拳回收腰侧（见图 4—42（3））。

（4）身体右转 180°，右脚向 H 迈进一步成右前探步，右臂下截（防右下段）（见图 4—42（4））。

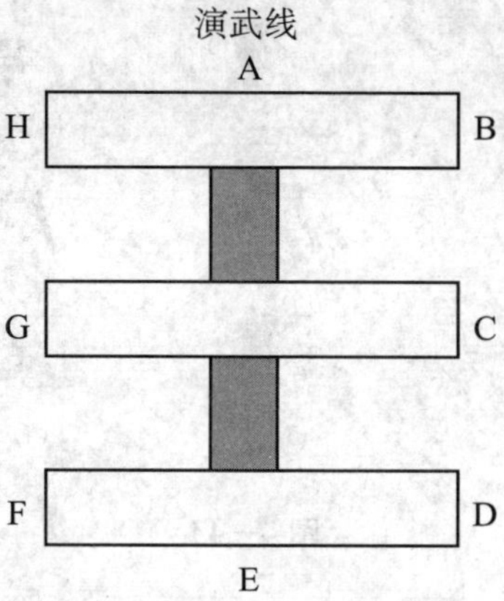

图 4—41

(5) 左脚向 H 迈进一步成左前探步，左拳前冲拳（攻中段），右拳回收腰侧（见图 4—42 (5)）。

(1)　(2)　(3)　(4)　(5)

图 4—42

(6) 身体左转 90°，左脚向 E 迈进成弓步，左拳屈肘下截（防左下段），右拳回收腰侧（见图 4—43 (1)）。

(7) 两脚不动，右拳前冲拳（攻中段），左拳回收腰侧（见图 4—43 (2)）。

(8) 左脚不动，右脚向 G 移步成右前探步，身体右转，左臂外格（防左中段），拳心向上，右拳回收腰侧（见图 4—43 (3)）。

(9) 左脚向 G 迈进一步成左前探步，右拳前冲拳（攻中段），左拳回收腰侧（见图 4—43 (4)）。

(10) 身体向 C 转 180°，左脚向 C 迈进一步成左前探步，右臂屈肘向里格挡左拳前冲拳（防中段）（见图 4—43 (5)）。

(11) 右脚向 C 迈进成左弓步，左拳前冲拳（攻中段），右拳回收腰侧（见图 4—44 (1)）。

(12) 以左脚为轴，身体右转，右脚向 E 移步成右弓步，右臂屈肘上抬至左肩，然后向下截拳（防右下段），左拳回收腰侧（见图 4—44 (2)）。

(13) 两脚不动，左拳前冲拳（攻中段），右拳回收腰侧（见图 4—44 (3)）。

(14) 身体左转，左脚向 D 移步成左前探步（见图 4—44 (4)），左臂屈肘上架（防左上段），置入额前，拳心朝外。

(15) 上提重心，左脚跟稍提，右脚前踢，两臂下截，置于体侧（见图 4—45 (1)）；

(1) (2) (3) (4) (5)

图 4—43

(1) (2) (3) (4)

图 4—44

右脚下落成右前探步，右拳前冲拳（攻中段），左拳回收腰侧（见图 4—45（2））。

（16）以左脚为轴，身体右后转，右脚向 F 移步成右前探步，右臂屈肘上架（防右上段），置于额前，拳心朝外（见图 4—45（3））。

（17）上提重心，右脚跟稍提，左脚前踢，两臂下截，置于体侧（见图 4—45（4））。左脚下落成左前探步，左拳前冲拳（攻中段），右拳回收腰侧（见图 4—45（5））。

(1) (2) (3) (4) (5)

图 4—45

（18）以右脚为轴，身体右转，左脚向 A 移步成左弓步，左臂屈肘上抬至右肩，然后向下截拳（防左下段），右拳回收腰侧（见图 4—46（1））。

（19）右脚向 A 迈进一步成右弓步，右拳前冲拳（攻中段）并发声，左拳回收腰侧（见图 4—46（2））。

（20）收势：以右脚为轴，身体左后转，左脚向后撤与右脚平行，两手握拳屈臂于腹前成准备姿势（见图 4—46（3））。

(1)　　(2)　　(3)

图 4—46

（二）太极二章

（1）准备姿势：同太极一章（见图 4—47（1））。

（2）右转身体向 B 成左前探步，左臂下截（防左下段），右拳回收腰侧（见图 4—47（2））。

（3）右脚向 B 迈进成右弓步，右拳前冲拳（攻中段），左拳回收腰侧（见图 4—47（3））。

（4）以左脚为轴，身体右后转，同时右脚向 H 移步成右前探步，右臂屈肘上抬至左肩，然后向下截拳（防右下段），左拳回收腰侧（见图 4—47（4））。

（5）左脚向 H 迈进成右弓步，同时左拳前冲拳（攻中段），右拳回收腰侧（见图 4—47（5））。

(1)　　(2)　　(3)　　(4)　　(5)

图 4—47

（6）以右脚为轴，身体左转，同时左脚向 E 移步成左前探步，右臂屈肘向里格挡（防中段），左拳回收腰侧（见图 4—48（1））。

（7）右脚向 E 迈进一步成右前探步，同时左臂屈肘向里格挡（防中段），右拳回收腰侧（见图 4—48（2））。

（8）身体左转，左脚向 C 移步成左前探步，左臂向下截拳（见图 4—48（3））。

（9）上提重心，左脚跟稍提，右脚前踢，两臂下截，置于体侧（见图 4—48（4））。右腿下落成右弓步，同时右拳前冲拳（攻上段），左拳回收腰侧（见图 4—48（5））。

(1) (2) (3) (4) (5)

图 4—48

（10）以左脚为轴，身体右后转，右脚向 G 移步成右前探步，右臂向下截拳（防右下段），左拳回收腰侧（见图 4—49（1））。

（11）左脚前踢，两臂下截，置于体侧（见图 4—49（2））。左腿下落成左弓步，右拳回收腰侧（见图 4—49（3））。

（12）以右脚为轴，身体左转 90°，左脚向 E 移步成左前探步，左臂屈肘上架（防左上段），左拳置于额前，拳心朝外。右拳回收腰侧（见图 4—49（4））。

（13）右脚向 E 迈进一步成右前探步，同时右臂屈肘上架（防右上段），右拳置于额前，拳心朝外，左拳回收腰侧（见图 4—49（5））。

(1) (2) (3) (4) (5)

图 4—49

（14）以右脚为轴，身体左后转，左脚向 F 移步成左前探步，右臂屈肘向里格挡（防中段）（见图 4—50（1））。

（15）以左脚为轴，身体右后转，右脚向 D 移步成右前探步，右臂屈肘向里格挡（防中段）（见图 4—50（2））。

（16）身体左转，左脚向 A 移步成左前探步，左臂向下截拳（见图 4—50（3））。

(17) 右脚前踢，两臂下截，置于体侧（见图 4—50（4））。右腿下落成右前探步，右拳前冲拳（攻中段），左拳回收腰侧（见图 4—50（5））。

(1)　(2)　(3)　(4)　(5)

图 4—50

(18) 左脚前踢，两臂下截，置于体侧（见图 4—51（1））。左腿下落成左前探步，左拳前冲拳（攻中段），右拳回收腰侧（见图 4—51（2））。

(19) 右脚前踢，两臂下截，置于体侧（见图 4—51（3））。右腿下落成右前探步，右拳冲拳（攻中段）并发声，左拳回收腰侧（见图 4—51（4））。

(20) 收势：同太极一章（见图 4—51（5））。

(1)　(2)　(3)　(4)　(5)

图 4—51

（三）太极三章

(1) 准备姿势：同太极一章（见图 4—52（1））。

(2) 左转 90°，左脚向左迈一步成左走（站立）步，左手下格挡（见图 4—52（2））。

(3) 右前踢攻中段，右脚落下成右弓步，右直拳、左直拳攻中段（见图 4—52（3）、(4)、(5)）。

(4) 以左脚为轴右转 180°右脚向前迈一步成右走（站立）步，右手下格挡（见图 4—53（1））。

(5) 原姿势不变，左前踢攻中段，左脚落下成左弓步，左直拳、右直拳攻中段（见图 4—53（2）、(3)、(4)）。

(6) 左转 90°，左脚向前迈一步成左走（站立）步，右手高位刀手向内攻击颈部（见

(1) (2) (3) (4) (5)

图 4—52

(1) (2) (3) (4)

图 4—53

图 4—54（1））。

（7）右脚向前迈一步成右走（站立）步，左手高位刀手向内攻击颈部（见图 4—54（2））。

（8）左转 90°，左脚向左迈一步成右三七步，左手刀手中位格挡（见图 4—54（3））。

（9）成左弓步右直拳攻中段（见图 4—54（4））。

(1) (2) (3) (4)

图 4—54

（10）以左脚为轴右转 180°成左三七步，右手刀手中位格挡（见图 4—55（1））。

（11）成右弓步左直拳攻中段（见图 4—55（2））。

（12）左转 90°，左脚向前迈一步成左走（站立）步，右手中位内格挡（见图 4—55（3））。

（13）右脚向前迈一步成右走（站立）步，左手中位内格挡（见图 4—55（4））。

(1)　(2)　(3)　(4)

图 4—55

（14）以右脚为轴左转 270°，左脚向前迈一步成左走（站立）步，左手下格挡（见图 4—56（1））。

（15）原姿势不变右前踢攻中段，右脚落下成右弓步，右直拳、左直拳攻中段（见图 4—56（2）、（3）、（4））。

(1)　(2)　(3)　(4)

图 4—56

（16）以左脚为轴右转 180°，左脚向前迈一步成右走（站立）步，右手下格挡（见图 4—57（1））。

（17）原姿势不变，左前踢攻中段，左脚落下成左弓步，左直拳、右直拳攻中段（见图 4—57（2）、（3）、（4））。

(1)　(2)　(3)　(4)

图 4—57

（18）左转 90°，左脚向前迈一步成左走（站立）步，左手下格挡，右直拳攻中段（见

图 4—58（1）、（2））。

（19）右脚向前迈一步成右走（站立）步，右手下格挡，左直拳攻中段（见图 4—58（3）、（4））。

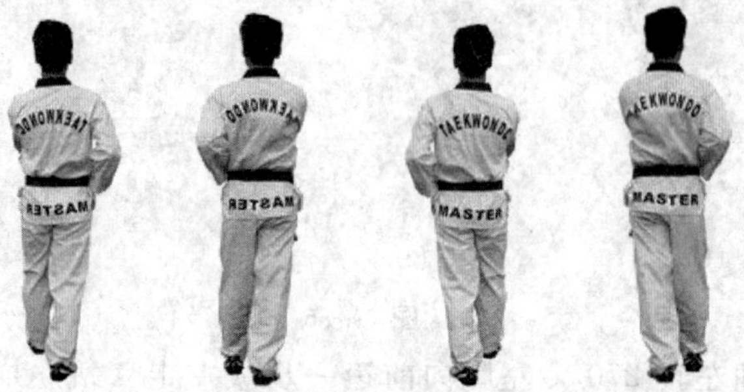

(1) (2) (3) (4)

图 4—58

（20）左前踢攻中段，左脚落下成左走（站立）步，左手下格挡，右直拳攻中段（见图 4—59（1）、（2））。

（21）右前踢攻中段，右脚落下成右走（站立）步，右手下格挡，左直拳攻中段（见图 4—59（3）、（4））。

（22）以右脚为轴左转 180°成准备式（见图 4—59（5））。

(1) (2) (3) (4) (5)

图 4—59

（四）太极四章

（1）准备姿势：同太极一章（见图 4—60（1））。

（2）由准备式开始，左转 90°，左脚向左迈一步成右三七步，中位双手刀（见图 4—60（2））。

（3）右脚向前迈一步成右弓步，左手掌格，右手贯手攻中段（见图 4—60（3））。

（4）右转 180°，右脚向前迈一步成左三七步，中位双手刀（见图 4—60（4））。

（5）左脚向前迈一步成左弓步，右手掌格，左手贯手攻中段（见图 4—60（5））。

（6）左转 90°，左脚向前迈一步成左弓步，右手刀手攻高段，左刀手高位格挡（以燕子状的刀手戳击颈部）（见图 4—61（1））。

(1)　(2)　(3)　(4)　(5)

图 4—60

（7）原姿势不变，右前踢攻中段，右脚落下成右弓步，左直拳攻中段（见图 4—61（2）、（3））。

（8）左脚侧踢攻中段（见图 4—61（4））。

（9）右脚侧踢攻中段，右脚落下成左三七步，中位双手刀（见图 4—61（5）、（6））。

(1)　(2)　(3)　(4)　(5)　(6)

图 4—61

（10）以右脚为轴转 270°，左脚向前迈一步成右三七步，左手中位外格挡（见图 4—62(1)）。

（11）右脚前踢攻中段，收回成右三七步，右手中位内格挡（见图 4—62（2）、（3））。

（12）以左脚为轴右转 180°，左脚向前迈一步成左三七步，右手中位外格挡（见图 4—62（4））。

（13）左脚前踢攻中段，收回成左三七步，左手中位内格挡（见图 4—62（5）、（6））。

(1)　(2)　(3)　(4)　(5)　(6)

图 4—62

（14）以右脚为轴左转 90°，左脚向前迈一步成左弓步，右手以燕子状的刀手戳击颈部，左手高位格挡（见图 4—63（1））。

(15) 右脚前踢攻中段落下成右弓步，右手右背拳攻击（见图 4—63（2）、（3））。

(16) 以右脚为轴左转 90°，左脚向前迈一步成左走（站立）步，左手中位内格挡（见图 4—63（4））。

(17) 原姿势不变，右直拳攻中段（见图 4—63（5））。

(1)　(2)　(3)　(4)　(5)

图 4—63

(18) 以左脚为轴右转 180°，右脚向前迈一步成右走（站立）步，右手中位内格挡（见图 4—64（1）），左直拳攻中段（见图 4—64（2））。

(19) 左转 90°，左脚向前迈一步成左弓步，左手中位内格挡，右、左直拳攻中段（见图 4—64（3）、（4）、（5））。

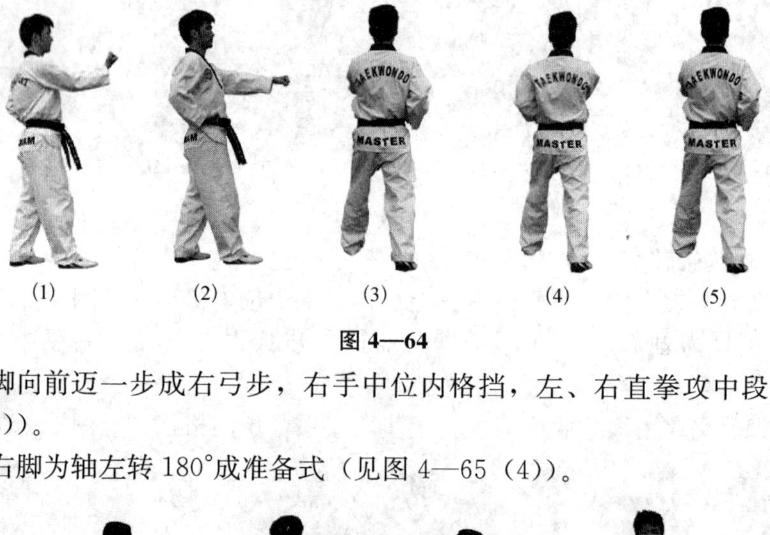

(1)　(2)　(3)　(4)　(5)

图 4—64

(20) 右脚向前迈一步成右弓步，右手中位内格挡，左、右直拳攻中段（见图 4—65（1）、（2）、（3））。

(21) 以右脚为轴左转 180°成准备式（见图 4—65（4））。

(1)　(2)　(3)　(4)

图 4—65

第三节 击剑

一、击剑运动的概述和特点

击剑运动是一项历史悠久的传统体育运动项目，1896 年于雅典举行的第一届现代奥运会上就被列为现代竞技运动项目。击剑运动属技能类一对一的格斗项目。它是双方运动员各手持特制的钢剑、头戴面罩、身着击剑服在专门的剑道上，按统一的规则，用刺（劈）的动作方法进行攻防格斗的竞技运动。击剑运动分为花剑、重剑、佩剑三个剑种，三种剑的构造不同，其有效部位和比赛规则各异。

击剑运动的特点：击剑运动是一项对抗性强、竞争激烈的格斗项目，其动作结构为多元变异组合。以对手身体规定的部位为攻击目标，按规则进行攻防格斗，获得“优先裁判权”（重剑除外）的一方击中对手才能得分，在很大程度上，参赛个人的动作受对方行为的制约，很难按预想的程式进行。在不断变化的形势下进行攻防格斗，运动员要根据场上千变万化的实际情况，随机应变地采取对应的解决办法。击剑与其他运动项目相比，除与体能类中的周期性、技能较重表现性项目截然不同外，与技能类格斗项目中的拳击、散打相比也有不同之处，任何一方击中后，这个回合就算结束，要重新开始进行交锋才可再击中。比赛要在剑道上进行，裁判员用电动裁判器进行评判。击剑运动与其他运动项目相比较，具有动作快速、行动敏捷、举止文雅，运用战术错综复杂，对抗激烈，善于随机应变的特点。因此，它享有“勇敢者的竞赛”和“速度与智慧的竞赛”的美称。

二、精彩实用的击剑格斗技艺

头戴礼帽，身着披风，手持钢剑；静如处子，动似脱免；攻如蛟龙出海，守似铜墙铁壁；攻守自如，进退有序，取敌性命于谈笑之间。许多人曾被电影《佐罗》中的这些潇洒精彩的击剑技艺所陶醉。中世纪，欧洲盛行决斗，人们在不能圆满地解决争端时，就用击剑决斗的方式来解决问题，决斗的失败者，轻则名誉扫地，重则要付出血的代价。因此，击剑格斗技艺的实用性就显得极为重要。现代击剑运动也是以刺（劈）中对方的有效部位为得分获胜的标准，这说明了现代击剑运动的技战术在可观瞻的前提下更加注重实用性。击剑技术的内容主要包括：实战姿势、步法、进攻技术、防守技术和反攻技术等。

在介绍这些动作之前，先来了解一下击剑运动各剑种有效部位的划分。为了便于训练，花剑将有效部位划分为四个部分。以实战姿势的持剑手位置的护手盘剑身根部为中心，通过中心划一条水平线和一条相交的垂直线，并以此在身体有效部的投影，将有效部位分 4 个部分，分别称为第 1 部位（或称第 7 部位）；第 2 部位（或第 8 部位）；第 3 部位（或称第 6 部位）；第 4 部位（或称第 5 部位）。同时与此 4 个部位相对应的是 8 个基本防守动作，既第 1 部位相对应的为第 1、第 7 防守；第 2 部位相对应的为第 2、第 8 防守；第 3 部位相对应的为第 3、第 6 防守；第 4 部位相对应的为第 4、第 5 防守。第 3、第 4 位置亦可称为上线；第 1、第 2 位置可称为下线；垂直线靠近持剑臂外侧的部分称为外线；垂直线胸腹一侧称为内线（见图 4—66）。

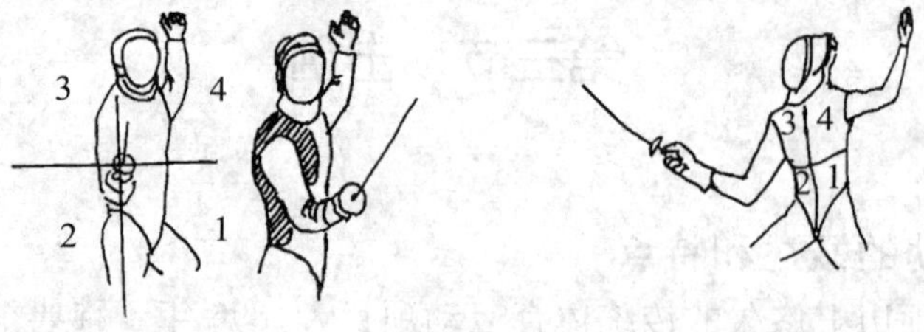

(1)　　　　　　　　　　(2)

图 4—66

重剑部位的划分除和花剑的 4 个部位相同外，还有头部、持剑手臂、前脚和前腿部位。佩剑可划分为：头部，指面罩上方；脸部，指面罩左右右两边；躯干，指腰以上的部分，分为肋部和胸腹部。

（一）蓄势待发的实战姿势

实战姿势是击剑运动所特有的姿势，是运动员开始准备进行战斗的基本姿势。击剑运动员的实战姿势可随时准备攻击对手，也可随时准备避开对手的攻击，就像准备向猎物袭击时的猎豹的姿势，随时随地蓄势待发，一触即动。它要求运动员以身体的侧面面向对方，双腿屈曲成一定角度，身体重心保持在适当的位置，一手臂持剑向对方，另一手臂在体侧抬起，自然放松，击剑的实战姿势能使运动员暴露最少的有效部位，使对手不易击中自己，而且使运动员更加自然灵活，能随时向任何方向移动，也能随时进行攻防的转换。

根据各剑种的战术特点和实战中的需要，实战姿势也各不相同。

花剑：两脚呈直角，间距约与肩同宽，前脚尖向前，后脚尖向侧。两腿膝盖位置都在前后脚脚尖的垂直线上，身体重心位于两脚之间。持剑手手心向内斜上方，剑身与前臂在同一直线上，剑尖与自己颈部同高，指向斜上方对手的第三位置。剑身、前臂、上臂与躯干保持在同一纵面上。非持剑臂于体侧自然抬起，保持平衡。头正直，面向对方，两眼平视（见图 4—67）。

重剑：重剑的实战姿势基本与花剑相同，但也有一定的区别。如两脚间的距离略小于花剑，身体重心也略高于花剑，持剑手臂比花剑略向前伸，持剑前臂与剑身和地面平行，剑尖位于中线，指向对方（见图 4—68）。

佩剑：佩剑实战姿势的站位基本与花剑相同，但也有一定的区别。如两脚间距离略短于花剑，持剑臂向前自然屈曲，上臂、肘部靠近体侧，前臂与地面水平。护手盘月牙向前偏外，保护手的外侧和下面。剑尖指向对手头部，呈第三姿势。不持剑手叉腰或在体侧自然放下（见图 4—69）。

（二）灵活多变的步法

灵活多变是击剑步法的一大特点。在比赛中可以看到，运动员忽前忽后，忽快忽慢，难以捉摸。从某种意义上来说，步法比手上技术还要重要。手上动作的完成，要靠步法的配合来提供合适的距离，同时时机的捕捉也靠步法的配合来完成。也就是说，灵活多变的

图 4—67

图 4—68

图 4—69

步法是击剑行动成功与否的前提和保证。因此，步法是合理有效地移动脚步的动作方法，它是击剑运动的基本技术之一。

1. 稳固推进的向前一步

向前一步，是击剑步法中向前移的最基本、最简单的步法之一，主要是用来接近对手，或连接其他步法。其特点是稳固地向前推进，一点一点逼退对手，逐步占领阵地。

完成动作时，前脚尖先伸起，贴近地面带动小腿向前迈出约一脚的距离，随着前脚的迈出，后脚前掌内侧蹬地前移与前脚相同的距离，躯干也随前脚的迈出而前移，身体重心仍保持在两脚之间（见图 4—70）。

2. 步步为营的后退一步

后退一步是击剑步法中向后移动的最基本、最简单的步法之一。主要用来拉开与对手的距离，或连接其他步法。其特点是后退时步步为营，不轻易放弃阵地。

完成动作时，后脚先稍提起脚跟，并贴地后移一步（约一脚距离）落地。前脚随后脚后退时，以全脚掌向前蹬地，后移至一脚距离落地，躯干随前脚的蹬地后移而后移，身体重心仍保持在两脚之间（见图 4—71）。

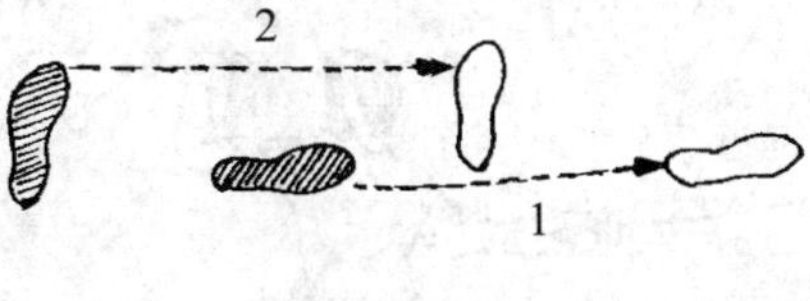

图 4—70

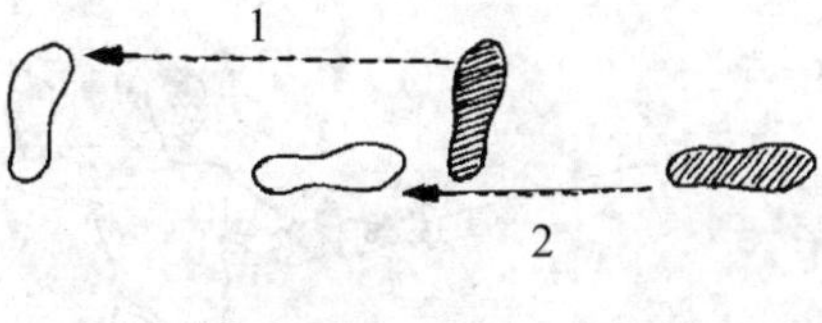

图 4—71

3. 迅速近敌的向前跃步

向前跃步在向前移动中一般不单独运用，主要用来连接弓步或冲刺等动作。它的作用是缩短步法间的连接时间，加快进攻的速度。与向前、后退一步相结合，可调节距离、变换节奏，增加步法灵活性。其特点是可快速地接近对手。

向前跃步时，后脚蹬地和前小腿前迈下摆要同时进行，前小腿下摆出后要积极回收，两脚要同时落地成实战姿势。

4．化险为夷的向后跃步

向后跃步的方向与向前跃步相反，可用来及时有效地躲避对方的攻击、脱离险境或有意识地进行距离防守，多与后退一步结合运用。

向后跃步时，前脚掌向前蹬离地面，身体重心迅速后移，后退随前腿蹬地的同时后摆，经短暂的腾空后两脚同时落地。前脚蹬离地面后要迅速回收，在腾空阶段中，要保持身体重心水平后移，落地后成实战姿势（见图 4—72）。

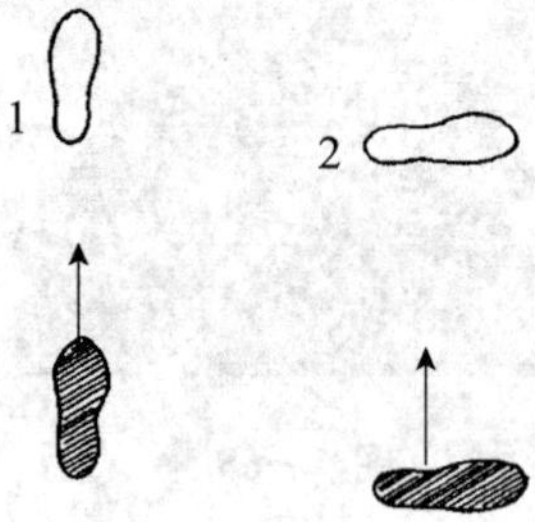

图 4—72

5．隐藏杀机的弹跳步

弹跳步是击剑运动员在实战中，两脚稍微离地，前后小幅跳跃的步法。弹跳步能使运动员处在连续跳跃过程中，减少了在前进或后退时由静到动的起动过程，减少了起动的时间，加快了起动的速度，并且将进攻意图隐藏起来，使对手无法觉察。

运用弹跳步时，两脚要同时用前脚掌微微蹬离地面，形成原地或小幅度的前后连续跳跃移动，并且重心随着跳跃上下微微起伏。跳跃时身体不宜往上跳起，前后移动也不宜过大。

6．进退自如的交叉步

交叉步是运动员后（前）腿向前（后）越过前（后）腿，交叉向前（后）移动的步法。其特点是步幅大，身体前后移动快，进退自如，大多在加速逼近对手或尽快后退拉开距离时采用。

在向前交叉步时，以后脚前脚掌内侧向后蹬离地面，后脚向前迈出的同时，身体重心前移。前脚随重心的前移，脚掌向后蹬地，在后脚落地时，前脚蹬离地面向前跨出一步，成实战姿势。该步法在佩剑中已禁止使用（见图 4—73）。

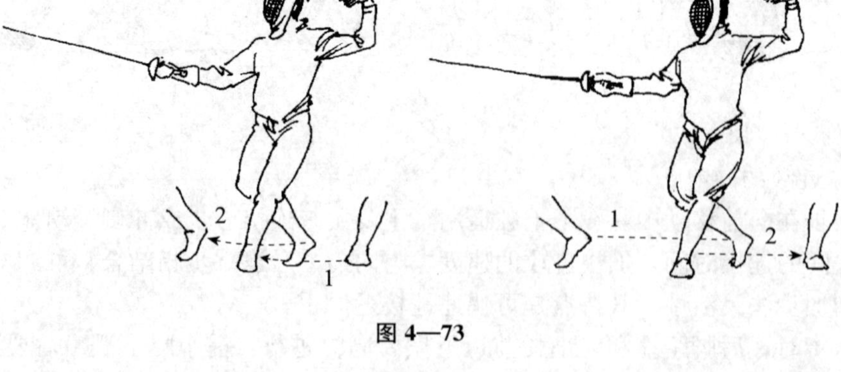

图 4—73

7. 试探虚实的垫步

垫步动作从外形来看，具有积极向前发动进攻的意思，但由于后脚没有离开地面，因而身体重心向前移动是有限的，通常作为战术性的试探行动在假行动在假进攻时运用。

做跃步动作时，前脚尖抬起，同时小腿前摆，前脚掌落地。前脚向前移动一脚距离，身体重心随着前移。后脚在前小腿前摆时，在原地不动并稍微蹬地。

8. 主动出击的弓步

弓步是击剑步法中主动攻击的动作，在步法中占有重要的位置。因为在多数的有效攻击中都有弓步的参与，运用得当的弓步，是运动员得分的主要手段之一。

在做弓步时，持剑手臂先伸出做刺的动作，前脚尖抬起，足跟紧擦地面小腿向前摆出。大腿在小腿前摆的带动下积极前伸，身体重心随之前移。后脚用脚掌蹬地送髋，在前脚跟着地前，后腿充分地伸展，加大后蹬的力量和获得加速度。前脚以脚后跟先着地并过渡到脚掌，并随身体重心的前移，小腿与地面垂直，大腿与小腿呈直角，同时有持剑臂向后下挥摆，以保持平衡，最后呈弓步姿势（见图 4—74）。

图 4—74

9. 致命一击的冲刺步

冲刺步是击剑的进攻步法之一，它具有快速、突然、隐蔽、不易被防守等特点，往往能给对手致命一击。但冲刺进攻是孤注一掷的行动，如不成功就只能被对方刺中。所以在使用时必须谨慎，隐蔽自己的意图，出其不意，才能奏效。冲刺常配合其他步法一起运用，现在佩剑中已禁止使用。

冲刺时先将剑刺出去，躯干前倾，身体重心前（倒）移，在几乎失去平衡时后脚蹬离地面，后大腿抬起前送。身体保持侧向前倾，充分的转体，在后大腿前送的同时，前脚蹬离地面，经一短暂腾空，两脚依次着地并向前跑动（见图 4—75）。

图 4—75

（三）先发制人的进攻

击剑的进攻技术是指合理有效的刺（劈）中对手有效部位的动作方法，其目的是为了更有效地击中对手而获胜。积极主动的进攻是得分获胜的最好办法，只有以我为主、积极主动、先发制人，才能掌握主动权，进而获得比赛的最后胜利，这也符合现代击剑运动发展的趋势。因此，熟练正确地掌握进攻技术，是赢得比赛胜利的关键所在。

1. 简单实用的直刺

直刺是击剑最基本、最常用的进攻方法。其他的进攻，不管通过什么形式和方法，都含有直刺的成分。直刺在实战中最简单、最实用，效果也最好。

（1）花剑。花剑直刺是从实战姿势开始，剑尖下落指向目标，以剑尖带动剑身和手臂，平稳地向前伸展。剑尖在接近目标时，手臂充分伸展。刺中目标时，剑尖与护手盘下沿同高，剑身弓形向上（见图 4—76）。

图 4—76

（2）重剑。重剑的直刺动作与花剑基本一样，但因剑身的柔韧性小，护手盘大，在刺的过程中，护手盘稍高于肩，并且在向前加速刺时，大拇指和食指要用力控制剑尖，使剑身前 1/3 向下成弓形，剑尖向下刺中目标（见图 4—77）。

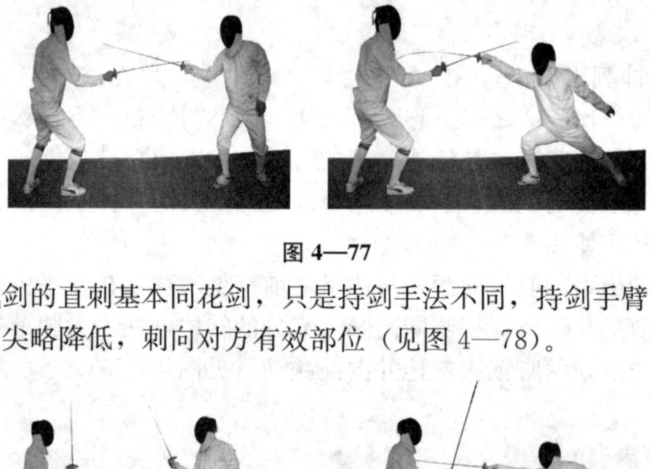

图 4—77

（3）佩剑。佩剑的直刺基本同花剑，只是持剑手法不同，持剑手臂向前伸直时向内旋转，手心向下，剑尖略降低，刺向对方有效部位（见图 4—78）。

图 4—78

直刺配合上步法又可演化成向前一步直刺、弓步直刺及向前一步弓步直刺。其共同点都是先伸手出剑，带动其他动作来完成。

2. 避实就虚的转移刺（劈）

转移刺主要用来摆脱对手武器的控制及破坏对手的防守，达到避实就虚，刺中对手的目的。

（1）花剑。花剑转移可以从内到外，从外到内；或从上到下，从下到上；也可按顺时针和逆时针方向；也可是一次两次的转移。转移剑尖经过的轨迹，可以是半圆的、圆周的和螺旋形的。转移时自己的剑应与对手的剑平行，近距离的转移动作要等手臂完全伸直后再做；中、近距离时要边转移边向前伸手。用手指、手腕的力量控制好剑尖，走最短的路线（见图4—79）。

图4—79

（2）重剑。重剑的转移刺与花剑的转移刺技术要求相似。

（3）佩剑刺（劈）。佩剑中的转移刺与花剑的转移刺技术要求基本相似，不同的是佩剑转移刺时，持剑手心向下，护手盘月牙转向外侧，以手指、手腕控制剑尖，从一侧绕过对手护手盘到另一侧。可作顺时针、逆时针的弧线转移。

佩剑的转移劈从实战姿势开始，向前伸手，转动护手盘月牙、剑刃，手指、手腕操纵剑柄，控制剑身前端，以前臂为轴，剑尖绕过对手护手盘或剑身，进行一两次转移劈。

3. 灵活多用的交叉刺

交叉刺是用剑身经对手剑尖绕过剑身的动作方法。其作用灵活多变，可用来进攻、防守或取得优先裁判权。

（1）花剑。花剑交叉刺可由内到外或由外到内地绕过对手剑尖，经过的路线轨迹成折线，剑尖的距离比转移刺要长。花剑交叉刺时离对手越近，剑交叉得越高，剑尖走的路线越短。要求屈曲前臂要合适，伸前臂和剑尖下落要快，刺时以剑尖带动剑身。中距离做交叉刺时，在完成交叉动作开始刺时，结合做向前一步或弓步刺（见图4—80）。

图4—80

（2）重剑。重剑交叉刺的要求与花剑相似，但动作幅度比花剑小，剑尖运行的路线比花剑短。做交叉刺时与对手的距离比花剑要远些，刺的目标多为持剑手和臂。

4. 真假莫测的击打刺（劈）

击打刺是用剑身的中强部，以一定的力量打击对方剑的中弱部以警告进攻主动权，或使对手暂时失去对剑控制，而刺中对手有效部位。击打刺可隐蔽意图，出其不意。也可是第二意图，用以击打试探对方，干扰对方。

（1）花剑。花剑击打时，以手指、手腕快速发力，击打的力量要使对方的剑离开原来的位置或短暂失去控制。击打的时间要短促，击打后要控制好剑尖使之能迅速刺对手有效部位。击打可以从不同或同一姿势向同一方向或不同方向；也可从上线至下线，下线至下线，下线至上线，上线至上线，外线至内线，内线至外线等。击打路线轨迹可分为直线、半圆、圆周等（见图 4—81）。

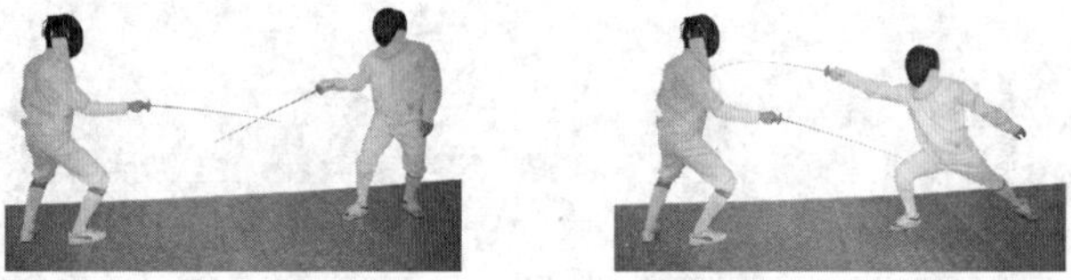

图 4—81

（2）重剑。重剑打刺的要求与花剑相似，重点在于击打动作的幅度要小，要有一定力量，足以使对手的剑尖离开自己的有效部位，击打后要以最快的速度刺出。

（3）佩剑。佩剑击打劈的要求与花剑相似，用剑身中部某一点，以一定的力量击打对方剑身前部，获得进攻主动权或使对手短暂失去对剑的控制，并劈中对手有效部位（见图 4—82）。

图 4—82

5. 咄咄逼人的压剑刺

压剑刺是用剑身强部或护手盘对对手剑身弱部施加压力并刺向对手有效部位，主要用来破坏和摆脱对手武器的控制，获得进攻的机会。

（1）花剑。花剑的压剑刺可采用两种方式：一种是压剑后不离开对手剑顺势推压刺出；另一种是离开对手的剑，以相对加大刺出角度刺中对手有效部位。压剑刺比击打刺接触剑的时间长些，力量小些。可正压、反压、划圆压、转移压等。其轨迹可是直线、斜线、半圆、圆周。压剑时动作要突然，压剑前要有假动作做掩护（见图 4—83）。

图 4—83

（2）重剑。重剑压剑刺，剑的运行路线、压剑要点、动作方法和要求基本与花剑相同。不同的是，由于重剑刺中全身有效，所以压剑时运动员与对手的距离和剑的运行幅度及力量都要大于花剑。重剑接触剑的部位侧重于利用护手盘与剑根处来控制对手的剑，压剑后顺势推压刺出较多。

6. 顺势而入的滑剑刺

滑剑刺是压剑的一种形式，是把格挡防守与不脱离对手剑的还击动作融为一体顺势而入的进攻动作。

（1）花剑。花剑在做滑剑刺的整个过程中，运动员的剑始终和对手的剑保持接触，以剑身的中部接触对手的剑向前压滑刺，并带有抖腕鞭打动作（见图 4—84）。

图 4—84

（2）重剑。重剑滑剑刺的技术动作要求与花剑相似。

7. 连绵不断的绕剑刺

绕剑刺是运用压剑与向前连续缠绕对方剑进行攻击的动作，用来连续控制对手的武器。

（1）花剑。做绕剑刺时，运动员以持剑手腕为轴，用剑身紧贴对手剑，以小角度交叉向前成螺旋状快速划圆控制对手的剑，剑尖对准对手有效部位刺出。绕剑刺时，带有一滑剑的过程。

（2）重剑。重剑绕剑刺技术动作要求与花剑相似。

8. 直截了当的对抗刺（劈）

对抗刺是双方运动员在各自的同一部位运用同一动作，在同一条线上直截了当地进行带有进攻性的动作。对抗刺是一种强攻行为，一经做出即无缓冲的余地，成则胜，不成则败，带有一定的风险性。

（1）花剑。花剑对抗刺时由剑尖开始，手臂要用力向前伸，以剑身的强部和护手盘抗击对手进攻剑的前部，并将对手的剑抗至自己的有效部位之外，从而使自己能击中对手。对抗刺的形式可以是直线、斜线、半圆、圆周等（见图 4—85）。

（2）重剑。重剑对抗刺技术动作要求与花剑相似。

（3）佩剑。佩剑的对抗劈应准确预测、判断对手来剑的方向在同一线上用剑身强部或护手盘抗开对手的剑，使其偏离有效部位，并进行劈击。主要采用第三、第四对抗劈。

9. 灵巧多变的甩剑刺

甩剑刺是利用剑尖的弹性和电动剑头的性能形成的一种特殊的刺法。甩剑刺在重剑交锋中具有相当的普遍性和重要性。灵巧多变的甩剑刺不仅能有效地对付对手直臂威胁自己的剑，也能在对手进攻时针锋相对地用甩剑刺应付。

重剑甩剑刺的目标主要是手的上、内、外侧三个部位，花剑有时也用来刺背。甩剑刺时，先向前伸臂，以手指手腕带动前臂，手指用力稍提起剑尖，手腕用鞭打式爆发力，利用剑身的弹性所产生弯曲，使剑尖向下甩刺目标（见图 4—86）。

图 4—85

图 4—86

10. 四面出击的角度刺

击剑交锋中，任何进攻动作的刺，都带有不同的角度，绝对直线的刺是不存在的。运用不同的角度达到刺中对手的方法，称直线的刺。角度刺可以使自己的剑从不同的位置击中对手。

（1）花剑。花剑在做角度刺时，要选择有利的方位、路线和角度，同时应以不同的体姿相配合。

（2）重剑。重剑的角度刺，主要以手和前臂为目标，同时刺出的角度要比花剑小一些。

11. 势不可挡的劈头

劈头是佩剑中的进攻动作，是直接劈技术中最基本的动作。其特点快速、直接、有力、势不可挡。

劈头动作由实战姿势开始，在向前伸劈的同时，调节好剑刃和护手盘月牙的方向，用正劈对准面罩顶部劈击（见图 4—87）。

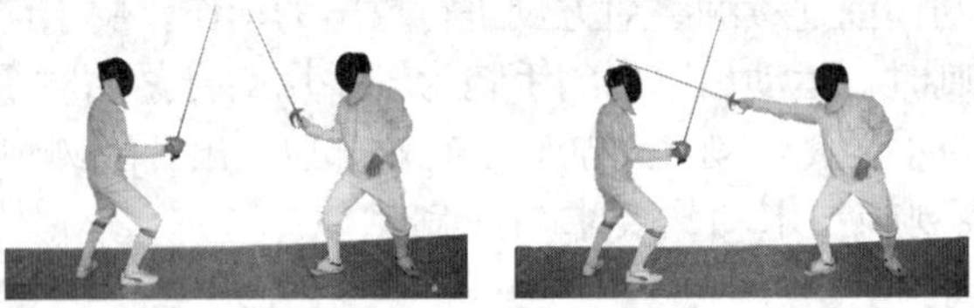

图 4—87

12. 横扫千军的正手劈

正手劈是以手心向斜上方做出劈的动作总称。正手劈劈的面广，威胁的范围大，其动作具有横扫千军之势。正手劈可分为两种：斜带正手劈和一般正手劈。

斜带正手劈动作过程：先伸臂使剑刃威胁对手第四部位，当剑尖接触对方目标时，手腕迅速作顺旋转斜劈，使剑尖划劈在对手有效部位，然后迅速恢复到第三姿势位置。此动作看来较大，但速度快，接触对方有效部位力量小。一般正手劈多在双方同时进攻时运用。伸臂使剑刃威胁对方有效部位，手心向斜上方，当劈中对手目标时，用手指、手腕稍带动前臂向对手有效部位劈一个很小的动作（见图 4—88）。

13. 隐蔽迅猛的反手劈

反手劈是以手心向下完成劈的动作总称。反手劈的动作隐蔽、直接、迅猛。

先伸手臂剑刃威胁对方头部，随后逆转手腕，使手心向下，剑尖接近目标时，手指、手腕带动前臂向对手有效部位劈去（见图 4—89）。

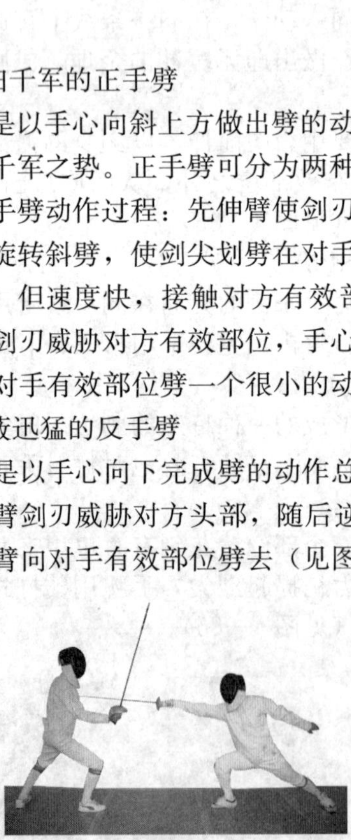

图 4—88

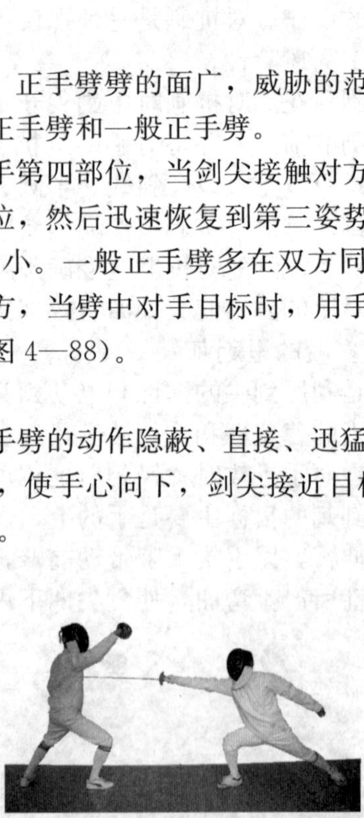

图 4—89

14. 防不胜防的刺手

刺手主要是重剑中的进攻动作。重剑比赛中，手是最近的进攻目标，但重剑护手盘较花剑大，易于用它来对手臂进行保护。如能合理地运用角度刺，就能破坏这种保护。角度大小，以剑尖能越过对方护手盘刺中为宜。重剑的刺手，不仅因为手是距自己最近的部位，同时又是作为众多进攻战术的前置性动作，使对手真假难辨、防不胜防，普遍被运动员采用。

（1）刺手上部。剑尖沿对手护手盘上沿前伸，同时略高于护手盘，手腕向下微收以刺手的上部（见图 4—90）。

（2）刺手下部。剑尖沿对方护手盘下沿前伸，同时护手盘与持剑臂内旋并略下移，腕关节向上微伸以刺手下部。

（3）刺手内侧。剑尖沿对手护手盘内沿前伸，同时护手盘与剑臂略内移，手腕微屈以刺手内侧（见图 4—91）。

（4）刺手外侧。剑尖沿对手护手盘外沿前伸，同时护手盘与持剑臂略外移，手腕微伸以刺手外侧（见图 4—92）。

图 4—90

图 4—91

图 4—92

15. 偷袭刺脚、膝

在重剑比赛中，脚、膝也是较近的进攻点。在对手上步过大或上步时未出手，或当对手注意力集中在手上时，脚、膝就成为突然偷袭的最好目标。刺脚、膝运用得当，可分散对手的注意力，抑制对手的进攻，个别选手也可以此作为特长技术。它也可以作为进攻时的前置性动作。

刺脚、膝时，应先伸手臂直刺，当剑尖伸至对方护手盘或略超过护手盘时，剑尖突然下落，同时降低体位，以弓步刺中目标（见图 4—93）。

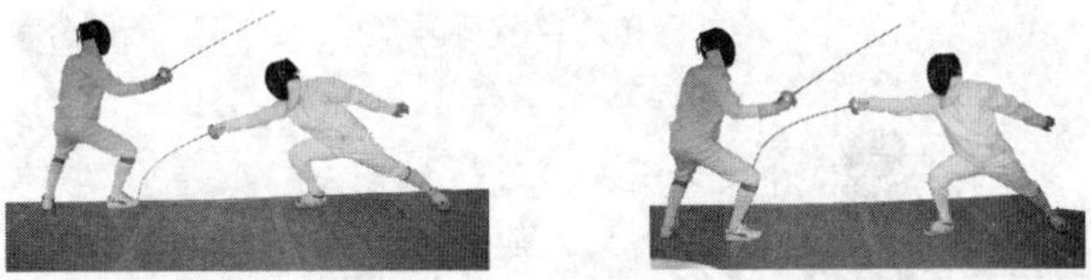

图 4—93

（四）伺机反击的防守

在击剑比赛中，进攻和防守是不断进行转换的。进攻是为了刺中对方，而防守是为了避免被对手刺中，并伺机反击。因此，良好的防守是成功的一半。

防守有三种形式：武器防守，距离防守，体位防守。还有一种特殊形式：击剑线。

1. 无懈可击的武器防守

武器防守是指用剑来格挡开对方攻击的防守方法，要用自己剑的护手盘和剑根部（即剑的强部）去防对手的剑。良好的武器防守配合上距离就能有效地防住对手的攻击。武器防守在花剑、佩剑、重剑中都被广泛的运用，是击剑的重要技术之一。

（1）第一姿势防守。

花剑：运动员呈实战姿势，剑在第1部位。持剑的上臂与前臂成直角，前臂与胸部平行，手心向下，腕向下微屈并内收，剑尖向下并与膝同高。防守时持剑臂内旋，手心向下，同时腕微屈，剑尖下落，并屈肘持剑手内移。剑尖划一小弧线至第1部位成第一姿势（见图4—94）。

图4—94

佩剑：从实战姿势开始，前臂内旋180°，护手盘向下，剑尖经由前下作弧线移动至第1部位。大拇指向下手心向外稍偏前，上臂与地面平行，前臂稍低，手腕微屈，剑尖指向下偏斜前方（见图4—95）。

图4—95

（2）第二姿势防守。

花剑：从实战姿势开始，剑在第2部位。持剑手与腰同高，手心向下，肘关节弯曲并距腰侧一拳，剑身与身体外侧平行，剑尖指向下方与膝关节同高。动作开始时，持剑前臂内旋，手心转向下方，下落成第二姿势，同时剑尖稍划一小弧线，手稍向外移（见图4—96）。

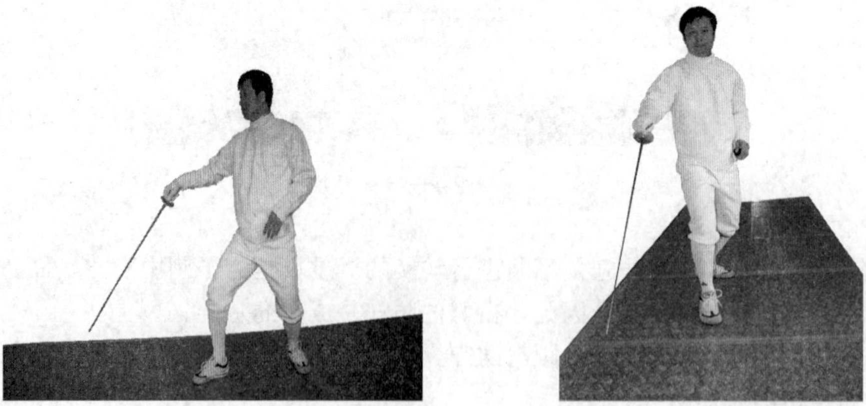

图4—96

佩剑：运动员呈实战姿势开始，护手盘向下，手臂内旋，大拇指向下稍前，手心向外下约与水平线成45°，上臂自然下垂，前臂前伸稍低，手向外稍屈，剑尖向下稍偏前，剑刃对准来剑方向，用强部和护手盘保护第2部位（见图4—97）。

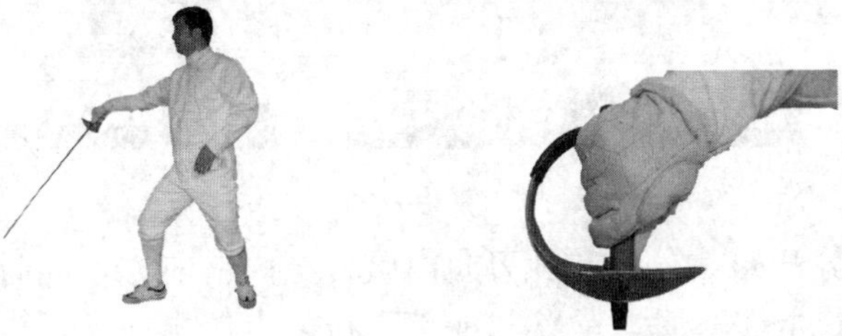

图 4—97

（3）第三姿势防守。

花剑：运动员呈实战姿势，剑在第3部位，持剑手心向前方。动作开始时，持剑前臂与手腕同时内旋，手心转向前方并稍向外侧移动，在内旋向外移动时，手腕微伸（见图4—98）。

图 4—98

佩剑：佩剑第三姿势防守即是实战姿势。剑在第3部位，手臂弯曲，肘关节离腰约一拳，上臂自然下垂，前臂与地面平行，大拇指向上，手腕稍向外，月牙稍偏外，剑尖斜向前内方（见图4—99）。

图 4—99

（4）第四姿势防守。

花剑：运动员呈实战姿势，剑在第4部位。肘关节弯曲，前臂与上臂大约成90°，腕关节微伸，肘距身体约一拳，手与腰部同高，手心向内。防守时，持剑臂内旋，使手心转向内方，同时以前臂带动剑身向内移至第4部位，剑尖与护手盘同时平行向内也移至第4部位（见图4—100）。

图 4—100

佩剑：从第三姿势开始，月牙和剑刃向内旋转至内斜前方，同时持剑手向内弧形移动至第 4 部位，手臂屈，上臂下垂，前臂与地面平行，大拇指向上，剑尖向上偏内稍前，剑刃对准来剑方向（见图 4—101）。

图 4—101

（5）第五姿势防守。

花剑：基本与第四姿势防守相同，区别在于持剑手心向前下方（见图 4—102）。

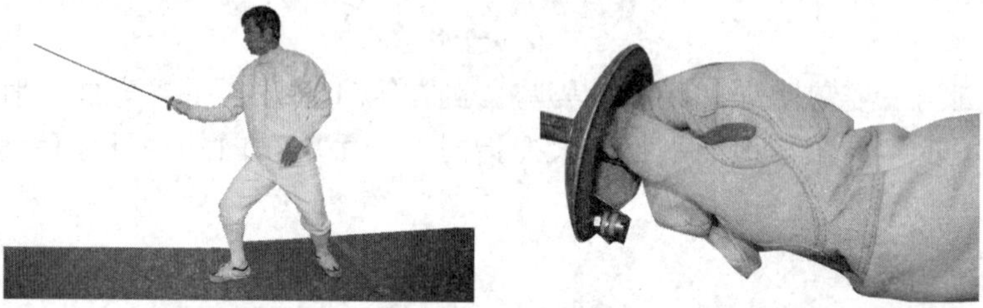

图 4—102

佩剑：运动员从实战姿势开始，手腕外展，同时前臂内旋，控制月牙向前至斜上方，剑直接向上移动至第五姿势防守部位，大拇指向内，剑尖向内稍前上，上臂与地面平行，前臂稍前举，剑身高于头（见图 4—103）。

图 4—103

(6) 第六姿势防守。

花剑：花剑的第六姿势防守即是花剑的实战姿势，参看花剑实战姿势即可。

佩剑：运动员由实战姿势开始，腕外展前臂向外旋转的同时，肘与剑身向内成斜线向上移动，并举臂使护手盘处在面罩内侧，高于面罩顶部至第 6 部位，大拇指向外斜，剑尖向上外斜，护手盘月牙向内、向上，前臂向内前上，上臂平行地面（见图 4—104）。

图 4—104

(7) 第七姿势防守。

花剑：运动员呈实战姿势，剑在第 1 部位。前臂内收，手腕略外展，手与腰同高，手心向前上方，前臂与地面平行，肘关节距腰一拳，剑身在身体内侧，剑尖与膝关节同高。动作开始时，手腕微内收，剑尖下落，同时外旋前臂略外展手腕，并向内移至第 1 部位。向内移动时，保持剑尖与护手盘同时平行运动（见图 4—105）。

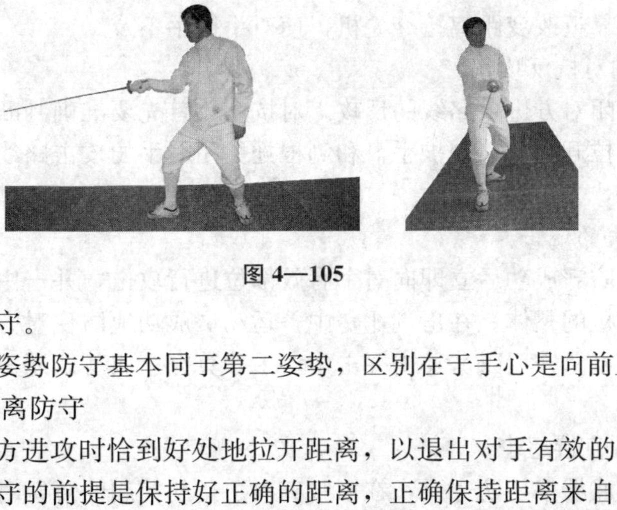

图 4—105

(8) 第八姿势防守。

花剑：花剑第八姿势防守基本同于第二姿势，区别在于手心是向前上方的。

2. 恰到好处的距离防守

距离防守是在对方进攻时恰到好处地拉开距离，以退出对手有效的进攻距离，暂时避开交锋。进行距离防守的前提是保持好正确的距离，正确保持距离来自于距离感。与对手保持好距离，增加了防守的可靠性，可免于自己被对手击中，是进行防御的重要手段。因此，武器防守与距离防守应有机地结合起来运用。在运用距离防守时，退开距离的时机要在对手实施进攻的最后一刻。

3. 灵巧敏捷的体位防守

体位防守是利用体位的变换，以向外、向下（下蹲），灵巧敏捷地闪躲开对手进攻的一种方法。避开对手攻击的距离与位置的躲闪，是凭借步法和身体出其不意变化位置结合而成的。如在比赛中下蹲或后仰上身，出其不意回收手臂等。利用身体位置变化避免被击中，体位防守时距离与时机的掌握要恰到好处，否则自己不但不能躲开对手的攻击，反而会被对手轻易击中。

4. 以逸待劳的击剑线

击剑线是花剑、佩剑中防守的特殊形式，它能以逸待劳地制约对手向前紧逼进攻。

击剑线是指剑的手臂伸直，肩、臂、剑三者成一线，剑尖威胁对方有效部位。花剑、佩剑中的击剑线具有优先裁判权，而且击剑线要在对手攻击前形成，否则将判击剑线无效。

（五）后发制人的反攻

反攻是指在对手进攻的时间内所做出的攻击动作或防御性的攻击动作。反攻动作一般是当对手攻击自己时才采用的，所以反攻也可以说是一种后发制人的得分方法。重剑的反攻要求及时，只要在0.04秒内刺中对手就可得分。而花剑、佩剑的反攻要在对手出手前先出手，否则失去优先裁判权，就算先击中对手，如果再被对手击中，也将判对方击中。

1. 应付自如的一般反攻

一般反攻通常被身材高大的运动员采用，当对手进攻时，一面后退，一面伸直手臂用剑尖威胁反攻对手；或者在对手刚刺时，采用收腹收腿后跃避开其攻击距离，而上体前倾来反攻对手肩部。佩剑中采用后退反攻手臂和后退点劈头部快速后退反攻方法较多。

2. 抢夺先机的及时反攻

及时反攻是在对手做复杂进攻最后出手前的反攻，及时反攻也称抢攻。在花剑、佩剑、重剑中都常使用，是一种积极的防御动作。及时反攻的关键是要先于对手攻击动作完成前完成反攻动作。及时反攻往往发生在当对手感到弓步进攻距离太远，而要向前一步时，自己突然向前靠近改变距离抢夺先机，使对手措手不及。

3. 单刀直入的对抗反攻

对抗反攻是关闭对方进攻路线的反攻。对抗反攻首先要准确判断对手的攻击点，当对手攻击自己时后退拉开距离，用护手盘和剑根处关闭对手的攻击路线，使对手剑偏离进攻点，同时单刀直入，击中对手。

（六）乘胜追击的还击

还击技术是在防守成功后立即向对手有效部位进行攻击，并击中得分的动作方法，防守与还击是一个有机的整体。在击剑比赛中，运动员成功地防住对方进攻的剑，可以说只成功了一半，只有在防守后乘势还击并击中对手才算完全成功。还击根据不同的情况可分为下面几种形式：

1. 干脆利落的直接还击

直接还击是在武器格挡防守后，在不脱离对手剑的控制的短暂时间里向前直接推进并击中对手。在还击的过程中，对手的剑始终要在还击者的控制下，并且还击时剑尖也要与有效部位形成有利的角度，这样才能直接有效地击中对手。

2. 声东击西的转移还击

在击剑比赛中，有时往往在格挡防守之后，对手会用力反抗，这时便可以凭借手上的感觉，进行转移还击。或在防守后，不利于直接还击的情况下，寻找有利的角度和部位进行转移还击。

3. 有隙可乘的时间差还击

时间差还击是防守后稍停顿或做晃剑连续转移来错开对手的进攻节奏，攻击其暴露的部位。防守后停顿的时机要恰当，捕捉对手暴露的部位和出手要及时。时间差还击在花剑、佩剑的比赛中运用较多。

4. 气势凶猛的对抗还击

对抗还击是在准确判断对手进攻点后，用护手盘和剑根处关闭对手剑的进攻路线，同时向前挤进并击中对手有效部位。为了便于判断对手的进攻常采用有意的压剑动作，诱使对手的剑在自己设计的路线上移动，为对抗还击创造了有利的条件，大大地提高了成功率。

三、击剑格斗技艺训练实例

击剑格斗技艺的训练，是将各种基本技术与比赛中所需的诸多因素结合起来进行的练习。在击剑各种的技术训练中，一方面由于专项感觉的相通使其具有共性，另一方面由于竞赛规则的区别又使其具有个性。从攻击的形式而言，花剑和重剑均以刺为唯一的攻击手段，因此两者攻防技术较为接近。而佩剑则以劈为主要的攻击手段，所以其攻防技术与花剑和重剑相比差异很大，这样各剑种技术训练的内容势必各有所重。但无论如何各剑种技术训练内容的安排和实施，都应严格遵循规范化和实效性的原则，既要求运动员正确地完成动作不变形，又要求运动员准确地完成动作不花哨。一名优秀运动员的技术只有具备这两点才算完善。

击剑格斗技艺千变万化，但万变不离其宗。通过长期持之以恒的训练，就能有效地使运动员正确熟练地掌握、提高和巩固这些最简单的基本技术和较常用的组合技术，并使其形成良好的动力定型。此外，还应将距离、时机、节奏等感觉有机地融汇到完成动作的整个过程中去，最终达到敏锐的观察、准确的判断、及时的行动、快速的应变这种击剑运动员最佳的格斗境界。根据各剑种的比赛所需，将一些交锋中最简单的进攻、防守还击、反攻等基本技术，以及一些较常用的进攻、防守还击、反攻之间的组合技术选择一些典型的训练实例，有选择地做一些简单介绍。

（一）简单快速的进攻

击剑格斗尽管交锋的过程千变万化，但在时机和距离合适的情况下，实施最后攻击的动作却是越简单越能收到实效。并且，各种战术意图的执行，也经常借助于各种简单快速反应的进攻行动展开。由于各剑种对刺（劈）的动作方法和部位的选择是不同的，重剑选择的部位比花剑要广泛和多样，它以离自己最近的部位为首选目标，而佩剑在做出最后进攻之前对劈的方向和部位的选择能力也很强，但无论如何各剑种的简单进攻以快速、果断、准确为准则。

例一：花剑训练中简单的击打进攻

教练员：远距离持实战姿势，当运动员向前紧逼时后退距离反攻。

运动员：主动向前紧逼，针对教练员的反攻快速大弓步做第四击打进攻。

例二：重剑训练中简单的近点进攻

教练员：中距离持实战姿势进行移动，突然拉开距离伸臂反攻。

运动员：与教练员保持距离移动，当教练员后退反攻时大弓步第四击打进攻手臂或下压刺腿、脚。

例三：佩剑训练中简单的转移劈头

教练员：中距离持实战姿势，当运动员向前跃步劈内侧时后退进行第三防守。

运动员：当教练员做第三防守时，迅速进行弓步转移劈头。

（二）进攻转进攻

在比赛中，由一种进攻方式转变到另一种进攻很常见，如在对手遭到极具威胁的进攻忙乱后退，或防开自己的剑但未及时还击时，可以趁热打铁，一鼓作气继续进行延续进攻。在完成进攻行动的相互转换过程中，步法间的组合是否合理、手法与步法的配合是否熟练、最后攻击行动是否果断，直接影响最终的效果。由于各剑种比赛规则的不同，从一种进攻转变到另一种进攻重剑较多采用，而花剑和佩剑则较少采用这种进攻形式。

例：重剑训练中的压剑进攻接延续进攻

教练员：中距离后退反攻，当运动员第四压剑进攻时后退防六。

运动员：第四压剑弓步进攻，当教练员后退防四时不回收臂直接延续进攻。

（三）防守转进攻

击剑比赛的过程就是攻防不断的快速转换过程。由防守转变为进攻在花剑、重剑和佩剑中经常出现。这种转换形式常见的有两种方式：一种是距离防守转变为快速跟进还击，另一种武器防守转变为跟进还击。上述这些攻防转换均是在稳固地完成防守，并准确地预测和掌握进攻距离的基础上进行的，并且防守与还击的衔接必须紧凑快速，若犹豫不决，则会失去还击的时机，甚至自投罗网。因此，对这一转换能力的训练应紧紧围绕着，及时和准确地展开。

例一：花剑训练中的反防守跟进进攻

教练员：远距离持实战姿势，当运动员发动进攻时进行第四防守还击，当运动员进行反防守时后退距离。

运动员：远距离直接进攻，当教练员第四防守还击时进行第四反防守，并在教练员后退时跟进还击。

例二：重剑训练中的防守后跟进进攻

教练员：中距离半弓步刺，当运动员第六防守时，后退反攻。

运动员：后退距离第六格挡防守，当教练员后退反攻时跟进圆二压剑还击。

例三：佩剑训练中的距离防守后跟进进攻

教练员：中距离发动进攻，当运动员距离防守时后退。

运动员：进行距离防守，当教练员后退时跃步弓步跟进劈头。

（四）反攻转进攻

这种转变的形式主要由后退距离反攻转变为向前跟进进攻。能否快速有效地完成这种转变取决于步法的熟练程度，以及变换方向时对身体姿势和身体重心的控制能力。这种转变在重剑交锋中比较常见，并具有特殊的作用。

例一：花剑训练中的后退点刺接跟进甩剑刺背

教练员：远距离向前晃剑逼进，当运动员点刺反攻时后退。

运动员：后退点刺，当教练员后退时跟进弓步甩剑刺背。

例二：重剑训练中的后退摆脱反攻接跟进压剑进攻

教练员：中距离向前压剑，当运动员摆脱反攻后，拉开距离反攻。

运动员：连续摆脱反攻手臂，当教练员后退反攻时跟进第六压剑进攻。

例三：佩剑训练中的后退反攻手臂接跟进劈头

教练员：中距离半弓步劈，当运动员后退反攻手臂时后退。

运动员：后退反攻手臂，当教练员后退时跟进弓步劈头。

（五）简单快速的还击

在实战中简单快速的还击和进攻同样重要。完成这种动作的前提是能准确观察来剑的方向、速度和深度，及时将其防住并毫不犹豫地立即还击。抑制对手进攻的最好方法是防守，花剑和佩剑的防守除破坏对手的进攻外，还有另一重要目的就是取得优先裁判权。所以，较多采用击打防守的形式。而重剑的防守不涉及这一点，仅以格挡开对手的剑为唯一目的。因此，各剑种在成功实施防守后的还击都不能停顿，否则，花剑和佩剑就会丧失优先裁判权，重剑也会错过还击的良机，使自己处于不利的地位。由此而言，准确、果断、连贯、快速是完成这一行动的准则。

例一：花剑训练中的简单击打防守还击

教练员：中距离弓步直刺进攻。

运动员：后退第四击打防守还击。

例二：重剑训练中的简单格挡防守还击

教练员：中距离弓步直刺进攻。

运动员：后退第六格挡防守还击手臂。

例三：佩剑训练中的简单防守还击

教练员：中距离弓步劈头。

运动员：后退第五防守还击外侧。

（六）连续防守还击

对击剑运动员而言，因最初的防守未成功而需要连续防守这种情况非常普遍。如在交锋中，不管运动员事先预计的或临时采用的最后防守是否成功，或者还击过程中做带有继续防守性质的动作，或者最初的防守获得成功却中断还击行动，或者由于防守时后退过大或连续后退无法击中，而对手仍在继续进攻，在这些情况下势必继续进行再次防守行动。连续防守反击对各剑种来说至关重要，若能有的放矢地加强这种能力的训练，则有助于获得更好的自我保护。

例一：花剑训练中的连续防守还击

教练员：中距离击打刺，当运动员第四防守时半弓步转移刺胸。

运动员：后退距离防四，当教练员转移刺时第六防守还击。

例二：重剑训练中的连续防守还击

教练员：中距离直刺，当运动员第四格挡防守时半弓步转移刺胸。

运动员：后退距离防四，当教练员转移刺时第六格挡防守还击臂。

例三：佩剑训练中的连续防守还击

教练员：中距离向前一步劈头，当运动员第五防守时半弓步转移劈内侧。

运动员：后退距离防五，当教练员转移劈内侧时后退一步第三防守还击。

（七）进攻转防守

由进攻转变到防守的原因经常是：进攻受阻转为防守；在同时进攻中转为防守；进攻深度不够转为防守；进攻遭到对手防守还击之后转为反防守；进攻过程中为了截住对手的反攻转为防守等。对各剑种来说，提高这种转变能力的基础都是准确熟练地掌握各种攻防动作。攻防动作掌握得好坏，主要取决于各动作间的衔接及与距离、节奏的密切配合。

例一：花剑训练中的击打进攻接防守还击

教练员：中距离后退第四防守还击。

运动员：第四击打进攻，当教练员第四防守还击时接第四防守还击。

例二：重剑训练中的转移进攻接防守还击

教练员：中距离后退第四防守，当运动员转移进攻结束后退时跟进刺。

运动员：弓步转移进攻，当教练员向前跟进刺时后退距离第六格挡防守还击。

例三：佩剑训练中的弓步劈头接防守还击

教练员：中距离后退第五防守还击内侧。

运动员：向前一步弓步劈头，当教练员第五防守还击时接第三防守还击。

（八）反攻转防守

这种行动的转变常见于各剑种的交锋中，尤其对重剑更具有实效。它能有效地抑制和破坏对手的连续进攻，保护自己免遭击中，并后发制人。从反攻转变到防守的一般形式有：对过于逼近行动反攻后，再对继续深入接近行动防守；对对手的第一次进攻反攻后，再用防守破坏对手的延续进攻；对过于深入的接近向前抢攻后，再用防守瓦解对手的跟进进攻。

例一：花剑训练中的后退点刺反攻接防守还击

教练员：中距离向前晃剑弓步直刺。

运动员：后退点刺，当教练员弓步直刺时接第四防守还击。

例二：重剑训练中的后退反攻接防守还击

教练员：中距离向前半弓步直刺，当运动员直接反攻时继续向前延续刺。

运动员：后退距离直接反攻手臂，当教练员向前延续刺时后退距离第八格挡防守还击。

例三：佩剑训练中的后退反攻头接防守还击

教练员：中距离向前紧逼弓步劈头。

运动员：后退距离反攻头，当教练员弓步劈头时接第五防守还击。

（九）简单快速的反攻

各种简单快速的反攻对重剑来说尤为重要。由于无优先裁判权的限制及全身均是有效部位，因此，当对手准确实施进攻或刚开始发动进攻或已经完成进攻时，运动员较多采用这种实效性很强的反攻手段。实施这些简单、快速的反攻都应以准确的判断距离为前提，利用后退拉开或向前破坏等距离变化，利用体位的变化和身体的躲闪果断采取行动，达到快速、有效刺中对手的目的。花剑和佩剑由于受优先裁判权这一规则的限制，在交锋中较少采用这种方法。

例：重剑训练中的快速抢攻

教练员：远距离向前紧逼。

运动员：后退距离中突然向前抢攻。

（十）连续反攻

花剑和佩剑较少采用这种再反攻的方法，但重剑却经常运用并具实效。在交锋中因反攻未果再反攻常见于：在对手第一次进攻时退开距离反攻，当对手继续进行其进攻行动时再次进行反攻；在对手准备或已接近距离时突然向前破坏距离进行抢攻，未成之后迅速后退反攻以抑制对手的跟进等。这些反攻行动的有效实施既要借助脚下步法的灵活多变，又要仰仗于手上技术的准确完成，及步法和手法之间的娴熟配合。

例：重剑训练中的连续反攻

教练员：远距离向前连续压剑。

运动员：后退距离连续摆脱反攻。

（十一）进攻转反攻

这种转变在各剑种中都常见。其形式主要有：进攻未果后快速后退距离反攻以抑制对手的跟进；进攻未果后还原时突然向前抢攻以破坏对手的跟进；进攻未果后针对对手的跟进迅速向下闪躲或侧身反攻等。上述行动能否顺利执行，主要取决于运动员位移时身体重心的调控能力。

例一：花剑训练中的紧逼进攻接侧身反攻

教练员：中距离后退距离防守接向前紧逼进攻。

运动员：向前紧逼进攻，当教练员距离防守后接跟进紧逼进攻时原地侧身反攻。

例二：重剑训练中的紧逼进攻接下蹲反攻

教练员：中距离后退距离防守接向前紧逼进攻。

运动员：向前紧逼进攻，当运动员距离防守后接跟进紧逼进攻时原地下蹲点反攻。

例三：佩剑训练中的紧逼进攻接向前反攻头部

教练员：远距离后退距离防守接向前紧逼进攻。

运动员：远距离向前紧逼进攻，当教练员距离防守后接跟进紧逼进攻时向前反攻头部。

（十二）防守转反攻

实战中当防守失效后，运动员较多采用继续防守的手段进行补救，而极少转变到反攻。但是由于交锋的过程千变万化，难以预测，运动员实战中的适应能力必须强，才能随心所欲地去应付自如各种情况。由于规则的区别和限制，重剑运用的可能远远超过花剑和佩剑。其形式主要是在防守未果后迅速拉开距离进行反攻。

例：重剑训练中的后退距离防守接反攻

教练员：中距离的后退距离防守接反攻。

运动员：后退距离第八防守，当教练员连续进攻时后退距离反攻。

（十三）实战中的各种感觉

1. 距离感

距离感是运动员对攻守距离的判断能力。能正确判断不同对手的进攻距离和自身后退距离，并根据具体情况及时调整，采取相应步伐，可避免被对手击中和利于击中对手。

距离感在击剑运动中有以下表现：(1) 能正确地判断自己进攻的最佳距离；(2) 能正确地判断对方进攻的距离及自己应后退的距离；(3) 能正确地判断不同距离，采用不同的进攻方法；(4) 能在距离上有效地控制对方的各种意图；(5) 能根据具体情况（对手身高、技术能力等）及时调整距离。

练习距离感的常用方法：(1) 加强步伐练习，尤其加强双人跟踪步伐练习；(2) 加强不同距离、不同步伐的刺靶练习；(3) 加强对抗性距离感练习，如紧逼中后退距离等；(4) 要让运动员与各种身材、各种打法的对手进行实战，以便在实战中总结经验自我调节距离。

2. 剑感

剑感是运动员对剑接触的知觉。它不是简单的对剑的重量、舒适的感觉，而是综合了思维、战术意识、实践经验、视觉判断本体运动感觉、触觉等综合性知觉。这种知觉使运动员在各种情况下具备良好的控制剑的能力。

剑感良好的表现：(1) 能用手指通过剑柄有效地控制剑尖，根据思维活动做随意动作，就像手指直接拿着剑尖一样自由；(2) 对各种不同的姿势和距离，都能很好地运用手腕、手指控制住剑尖，找到有利攻击的角度和方法，能根据击中的触觉来控制剑的弓形；(3) 在双方武器接触的情况下，通过视觉和手指感觉、肌肉感觉及经验等表象，知道自己的剑所处的位置是否有利，能迅速化不利为有利，使自己的剑始终便于控制刺击对方。

练习剑感的常用方法：(1) 一人做压剑，一人尽量快速摆脱；(2) 连续变换防守，要求在不脱离对方的剑的情况下，始终将对方剑控制在自己的护手盘中根处，并始终使对方剑尖处在自己身体以外；(3) 争夺剑的有利交叉；(4) 有条件的近战；(5) 各种不同距离刺靶练习；(6) 用剑尖来做随意想象的动作或写字。

（十四）击剑战术

1. 战术意识

战术意识实际上是战术思维能力，运动竞赛对抗激烈，战术思想能力是运动员在比赛中成功运用战术、取得胜利的重要因素。战术思维能力强的运动员，在紧张激烈瞬息万变的击剑战斗中，能迅速思考和决断所采用的战术。及时调整战术，对取得胜利起着很大作用。所谓击剑战术，就是进行击剑战斗的技巧。这种战斗的技巧，是在比赛（战斗）的情况下，合理、巧妙而灵活地运用击剑的各种动作来战胜自己对手的作战艺术。击剑运动员在比赛时，可以选择或创造任何动作和方法。这些动作和方法当然必须是合乎规则的、人可以选择或创造完成动作的时间和机会，并运用方法使对手遭到刺击。因而，战术是多方面和复杂的，是在一定身体条件和技术因素上根据比赛需要形成的。战术的发展对身体素质和技术不断提出新的、更高的要求，并在一定程度上影响运动素质和技术的发挥与运用。技术和战术相辅相成，良好的战术能使技术得到充分发挥，不良的战术对技术产生抑制作用，还会影响技术水平的发挥。在一定条件下，战术运用得当，可以弱胜强；战术不当，会使强负弱。击剑比赛每场比赛时间短，对抗性强，双方战斗行动又是针锋相对的，战术难度较高。武器轻巧，动作细致，速度快，因此技术作用十分重要。在击剑训练中，当运动员掌握一定程度的基本技术以后，就应该重视战术训练和加强其战术观念。

2. 战术分类

(1) 心理战术。心理是人脑对客观现实的反映。每个人对于面临的现实和各种可能产生的情况会产生不同倾向的反应，从思想倾向性上会表现出各种心理活动。所以心理战术是建立在有利于自己比赛，造成对手错误、注意力分散及造成心理负担上的，也可从对手意志、情绪的特点采用相应战术手段。击剑运动员的作战能力是否强，除了和他的技术好坏有关之外，同时，还和他在战斗时的心理状态有关。

（2）常用战术。这里简单地介绍一些实战比赛中的有效战术供参考。

1）破击打进攻：可用反击打防守还击，也可用在对方击打时，立即向前伸臂反攻，破坏对方进攻距离，又先击中对手，使对手击打后直刺难以完成，也可用摆脱和对抗刺。

2）破弓步抢攻：采用原地跃步或身体向前的假动作或向前急停的步法去引诱对方抢攻。用后退还击或下蹲反攻来破抢攻，或用远距离向前破坏反攻的进攻技术。

3）破反攻：采用先伸臂挑引对手反攻，立即紧接弓步进攻，要求动作不停顿，也可先伸臂对手反攻刺出时击打进攻来破反攻。

4）破击剑线：以假压剑接真击打，对摆脱能力强的对手要运用上、下击打。击打动作预兆要小，还要配合反变换，击打扑空要及时控制不做进攻。击打到剑立即做出进攻。

5）破转移进攻：采用快速的反变换的联合划圆防守，也可采用快速后退几步的距离防守。

6）破联合防守：先伸臂引起对方防守反应，立即紧接收臂的相对速度进攻。

7）破相对速度进攻：可以在对手收臂时，直臂反攻紧接后退防守还击，也可用快速后退中突然向前靠近反攻或下蹲反攻，对于弓步的相对速度进攻，用后跃反攻很有效果。

8）破延续进攻：延续进攻一般是刺小腹较多，而且进攻者正面难以还击，故最好办法是采用第1防守还击刺背，还击不要停顿，剑尖要控制好，速度可以适当掌握。

9）对防守还击强的对手：首先要掌握对手动作规律，能以观察进攻取胜最好，要是难以攻破，就应该采用第二意图战术，即以第一次进攻引出对手决定性防守还击，再用反还击治之。对于进攻能力差的对手，可用紧逼对手诱对手进入，采用的是避强攻弱的战术。

10）对善于进攻的对手：可以紧逼对手，不让其发挥进攻特长，紧逼中可采用弓步抢攻和紧逼中突然进攻，也可以用防守和反攻相配合战术来对付。以快速后退的防守，使对手运用远距离的复杂进攻时，突然采用向前下蹲反攻，也可用反攻假象，使对方进攻简单化时，用联合防守对付。

11）对善于下蹲反攻的对手：应以速度不快的冲刺刺背或弓步刺腰进攻，也可采用向前假进攻引出对手下蹲反攻用第一防守还击刺背，也可用向前假进攻接第二防守交叉还击刺背。

第五章 时尚休闲健身

第一节 体操

体操是我国体育教育的一个组成部分，也是重点开展的运动项目及体育院系的必修课程。根据我国体育运动总的方针和新时期的要求，体操的基本任务是：

（1）培养共产主义道德品质。共产主义道德品质是人类最美好社会的生活准则和规范。因此，应按党的教育方针和新时期建设的需要，把体操运动作为进行共产主义教育的手段。

（2）促进人体形态和机能的协调发展，全面提高身体能力。体操运动能加速人体各器官系统在形态和机能上的变化过程，并使之更加完善。体操对青少年儿童的身体发育有特别重要的作用，可促进青少年儿童的身体正常发育，提高身体全面发展水平，改善和增强我国人民的体质，同时也为提高体操运动的技术水平打下良好的基础。

（3）普及体操基本知识，学习体操的基本技术。进行体操知识教育，能使人们了解体操对身体的作用，并能根据自己身体的特点进行科学的锻炼。对一般人来说，了解和掌握一些基本的技术、竞赛知识，这对于开展体操活动有积极的作用。青少年儿童是社会主义建设的希望，正处在长身体时期。因此，要在大、中、小学广泛开展体操活动，使他们学习和掌握体操的基本技术和技能，促进身心全面发展。

（4）提高运动技术水平。随着我国社会主义现代化建设的迅速发展和国际威望的不断提高，需要建立和发展同各国人民之间的友谊，这就要求迅速提高我国体操运动技术水平，努力攀登世界体操高峰。现代世界体操发展趋势的一个显著特点是优秀运动员的“年轻化”，各国都十分重视对新生力量的培养。我国必须重视和抓好少年儿童的训练工作，进行系统的训练，不断地加强科学研究工作，使教学训练科学化。

“体操”一词来源于希腊语（gymnastike），即赤膊的意思，因古希腊人在锻炼身体时多赤膊。在公元前5世纪，希腊人把锻炼身体的一切活动，诸如跑、跳、投掷、攀登、摔跤、舞蹈、骑马、军事游戏等统称为体操，这种概念被沿用了很久。

19 世纪末、20 世纪初，由于体育运动的发展，生理学家、医学家和体育家对体育运动价值进行了深入研究和科学区分，体操才逐步形成独立的运动项目。

技巧运动是竞技性体操的一种，最早叫垫上运动。20 世纪 50 年代后，由于该项运动的内容已大大超出过去“垫上”的范围，逐渐被“技巧运动”这个概念所代替，成为独立的比赛项目。技巧比赛项目有男子单人、女子单人、男子双人、女子双人、男女混合双人、女子三人和男子四人七个项目。在大型比赛中只进行自选动作比赛。自选动作比赛根据难度、组织编排、完成情况、印象和完成动作的时间五个因素来评分。技巧比赛分团体比赛、全能比赛和单套比赛。

技巧运动的内容包括翻腾、平衡、抛接等类型动作。对发展力量、灵巧、柔韧、速度、空间定向、提高前庭分析器的功能以及培养顽强意志都有良好作用。翻腾动作在自由体操中占有重要地位，也是各项器械体操的基本练习和其他项目的辅助练习。

一、肩肘倒立

由直角坐撑开始，向后滚动，举腿、翻臀。当小腿超过头部时，向上伸髋，挺直身体，同时手撑腰部两侧，成肘、颈、肩支撑的倒立姿势（见图 5—1）。

图 5—1

技术要点：（1）向后滚动，同时举腿翻臀。（2）两臂伸直在体侧用力压地，同时向上伸腿、伸髋。（3）手撑腰部两侧，含胸、立腰、低头，眼视脚尖。

动作规格：身体挺直与支撑面保持垂直姿势。

教学提示：（1）在帮助下，向后屈体滚动向上伸髋成肩肘倒立，再还原。（2）由仰卧屈体姿势向上伸髋，经肩肘倒立。（3）保护者握其小腿上提，并用膝盖顶其背部。

二、一脚蹬地、一腿后摆成头手倒立（头顶）

由蹲立姿势开始，上体前倾，两手撑垫与头部成正三角形，随即蹬地摆腿成头手倒立（图 5—2）。

技术要点：（1）头手撑垫成正三角形，两肘内夹。（2）当腿摆到倒立部位时，蹬地腿应主动与摆动腿并拢。（3）身体重心始终保持在支点面范围内。

动作规格：身体伸直并与支撑面垂直。

教学提示：（1）靠墙做一腿蹬地、一腿后摆成头手倒立。（2）保护者扶其小腿帮助完成动作。

图 5—2

三、前滚翻（前猫）

由蹲立开始，两手撑垫，重心前移至两手上，同时提臀，低头，屈臂，同时用力蹬地，顺势经肩、背着地向前滚动，紧接起肩跟上体，手抱小腿成蹲立（见图 5—3）。

图 5—3

技术要点：(1) 提臀，同时低头屈臂。(2) 两腿蹬地后，两腿伸直，保持屈体姿势经背、腰、臀依次着地向前滚动。(3) 起肩跟上体时，迅速抱腿起立。

动作规格：蹬地后，腿要伸直，滚动圆滑。

教学提示：(1) 仰卧团身前后滚动。(2) 在斜坡上由高向低做滚翻。(3) 当滚翻至臀部着地时，顺势托背助其成蹲立。

四、头手倒立前滚翻

由头手倒立开始，重心前移，低头含胸，经肩、背着地向前滚动，两手抱小腿成蹲立。

技术要点：(1) 重心前移时，两手用力推地，低头前滚，紧腰，髋关节保护稍屈姿势。(2) 臀部着地时，迅速抱膝团身。

动作规格：滚动圆滑，方向正，节奏明快。

教学提示：(1) 学会前滚翻的向前滚动技术。(2) 掌握头手倒立动作技术。(3) 保护者位于侧前方，扶腿，助其低头前滚，托背帮其起立。

五、后滚翻（倒猫）

由蹲撑开始，含胸低头，快速后倒，团身经臀、腰、背、颈、后脑依次向后滚动。当滚动至后脑着地时，臀部上翻，两手同时用力推离成蹲撑（见图 5—4）。

技术要点：(1) 当背部着地时，积极翻臀。(2) 颈部着地时，尽量低头、夹肘，用力伸直两臂。

动作规格：团紧身，滚动圆滑。

教学提示：(1) 蹲立，两手翻掌至耳侧做团身向后滚动。(2) 在斜面上，由高处往低处做后滚翻。(3) 保护者位于侧面，一手托肩，一手托臀，助其完成。

图 5—4

六、屈体后滚翻成站立

由直立开始，上体前屈，直腿后坐，两手靠近大腿两侧撑地。接着臀部着地，上体后倒，同时举腿翻臀经屈体立撑成站立(见图 5—5)。

图 5—5

技术要点：(1) 举腿翻臀同时用力伸直两臂。(2) 髋角要小，脚落地时尽量靠近头部。

动作规格：滚动圆滑，腿直。

教学提示：(1) 直腿后坐屈体向后滚动。(2) 在斜坡上，由并腿坐开始做屈体向后滚翻，成分腿立撑式屈体立撑。(3) 保护者位于左侧，双手提腰，助其推手和翻转。

七、俯平衡（燕式平衡）

左腿站立（脚尖稍向外），右腿伸直后举，上体前倾，抬头、挺胸，两臂侧举成平衡（见图 5—6）。

图 5—6

技术要点：(1) 成平衡时，站立腿顶直，背肌及大腿伸肌保持高度紧张。(2) 随着上体前倒，重心逐渐后移，以维持平衡。

动作规格：两腿伸直，头部高于臀，脚高于头。

教学提示：(1) 双手或单手扶把杆练习。(2) 可在帮助下练习，帮助者站立于练习者侧面，一手扶肩，另一手托后腿。

八、俯撑并腿经侧向前摆越成坐撑

由俯撑姿势开始，稍提臀，前脚掌蹬地摆起，两腿经右侧向前摆越成直角坐撑（见图 5—7）。

图 5—7

技术要点：(1) 双腿侧摆前注意摊手和移重心。(2) 成坐撑前应有向前送髋动作。

动作规格：两腿并拢绷直，绕摆幅度大。

教学提示：(1) 俯撑并腿蹬地，屈髋、提臀，向侧摆越至屈体侧撑。(2) 保护者位于侧面，练习时，一手扶臂，另一手托拨大腿，助其向前摆越成坐撑。

第二节　健美操

一、健美操概述

（一）健美操的分类与特点

健美操在国外被称为“有氧体操”，是有氧运动的一种。健美操从兴起、发展到现在只有短短的几十年时间，已存在着多种练习形式和流派，如青年韵律操、中老年操、幼儿操、姿态操、节奏操以及各种专门器械的健美操等。人们对健美操的认识有一定的差异，对健美操概念的理解也不相同。

近年来，随着健美操的发展，以及对健美操理论研究的加强，人们对健美操的认识不断深入。我们认为“健美操是一项融体操、舞蹈、音乐为一体，以有氧练习为基础，以健、力、美为特征的体育运动项目”。

1. 健美操的分类

根据当今世界和我国健美操运动的发展状况和未来的发展趋势，按照不同的目的和任务，健美操运动可分为健身性健美操、表演性健美操和竞技性健美操三大类（见表 5—1）。

表 5—1　　健美操的分类

健身性健美操					表演性健美操	竞技性健美操
按年龄	按目的	按练习形式				
中老年健美操	有氧健美操	徒手	轻器械	特殊场地	有氧舞蹈	单人操（男子、女子）
青年健美操	形体健美操	一般健美操	踏板	水中健美操	有氧拉丁	混合双人操
少儿健美操	康复健美操	瑜伽	哑铃	功率自行车	有氧街舞	三人操（男三、女三、混合）
			扛铃	固定器械健美操	有氧搏击	六人操（混合搭配）
			健身球	高温瑜伽	啦啦操（男女混合、女子组、舞伴特技）	

（1）健身性健美操。健身性健美操是根据不同年龄、不同身体状况、不同的需求进行编排的，其练习目的是纠正一些不良体态、增强肌肉的力量、弹性、柔韧等。

健身性健美操动作简单，实用性强，音乐速度也较慢。为了保证一定的运动负荷和锻炼的全面性，动作多有重复，常以对称的形式出现。一般的练习时间为一个小时左右，在练习的要求上根据个体情况而变化，严格遵循“健康、安全”的原则，以达到锻炼身体的目的。

健身性健美操按练习形式可分为：徒手健美操、轻器械健美操和特殊场地健美操三大类。

（2）表演性健美操。表演性健美操主要以“表演”为目的，它是事先编排好的、专为表演而设计的成套健美操，通过动作和队形变化，加上适当的造型动作，表演时再配以色彩鲜明的服装和活泼可爱的表情，使得原本机械的动作显得极为优美流畅，令人赏心悦目。时间一般为3～5分钟。表演者可以利用轻器械，如花环、旗子、纱巾、球等，还可采用一些风格化的舞蹈动作。表演性健美操的动作较少重复，力求新颖独特，参与人数可多可少。

当今较为流行的健美操表现形式有：有氧舞蹈、有氧拉丁、有氧街舞、有氧搏击、啦啦操等。

（3）竞技性健美操。竞技性健美操主要是以“竞赛”争取优胜为目的。高速度和高强度以及动作的多变性，使其具有较高的观赏价值和挑战性。成套动作必须由连续的操化动作组合，并通过七种基本步伐的变化，结合高质量的难度动作，充分展示运动员的柔韧、力量与健美。因此，它对人体的体能、技能和意志等方面提出了更高的要求。

其比赛项目有男单、女单、混双、三人和混六。竞技性健美操在参赛人数、比赛场地、成套动作的时间、音乐等方面都有特定的比赛规则和要求，规则对成套的编排、动作的完成、难度动作的数量等也都有严格的规定。

啦啦操是一项集表演与竞赛为一体的健美操项目。最初为美式足球、橄榄球、篮球校队的加油表演，后逐渐蔚然成风，形成一种项目进行比赛。现代啦啦操是以团队的形式出现，并结合舞蹈、口号、托举的难度动作、技巧、抛接、叠罗汉、跳跃等动作技术，配合音乐、服装、队形变化及标示物品（如彩球、口号板、喇叭与旗帜）等要素，遵守比赛规则中对性别、人数、时间限制、安全规则等规定进行比赛的运动。

2. 健美操的特点

（1）高度的艺术性。健美操是融体操、舞蹈、音乐于一体的追求人体健与美的运动项目，艺术性主要体现在“健、力、美”的特征上，因此，健美操属于健美体育的范畴，具有高度的艺术性。

健美操动作协调、流畅、运动感强，使练习者不仅锻炼了身体、增强了体质，而且从中得到了“美”的陶冶，提高了艺术修养。而运动员在健美操表演或者是比赛时所表现出的健美的体魄、高超的技术、流畅的编排等，也能充分体现出健美操的艺术性。

（2）强烈的节奏性。健美操动作具有强烈的节奏性特点，并通过音乐充分地表现出来。因此，音乐是健美操运动不可缺少的组成部分。健美操音乐的特点是节奏强劲有力、旋律优美，具有烘托气氛、激发人们情绪的效应，使健美操比赛和表演更具有观赏性。

（3）广泛的适应性。健美操练习形式多样，运动量可大可小、容易控制，对场地器材的要求也不高。因此，对各个年龄层次、不同性别、不同身体素质、不同技术水平的人都适宜，各种人群都能从健美操练习中找到适合自己的方式，从中获得乐趣。

（二）健美操运动的功能

1. 增进健康美功能

现代健康已不仅仅是生理意义上的健康，而是指生理功能正常、无病理性改变和病态出现，且兼具健康的心理和行为。一个具有“健康美”的人应该具备的身体素质是良好的心肺耐力、肌肉力量、平衡性、灵敏性、柔韧性和协调性，使身体动作机敏、灵活、富有朝气。健美操不仅具有有氧运动的功效，而且具备发展身体柔韧性和灵敏性的作用。

2. 塑造形体美功能

“形体”分为姿态和体型。姿态，即从我们平时的一举一动表现出来的行为习惯。良好的身体姿态是形成一个人气质风度的重要因素，可以通过后天的训练获得。而体型则是我们身体的外形，虽然体育锻炼可适当改善体型外貌，但先天因素起决定性作用。通过健美操练习，尤其是力量练习，可使骨骼粗壮、肌肉围度增大，从而弥补先天的体型缺陷，使人变得匀称健美。健美操练习还可消除体内和体表多余的脂肪，维持人体吸收与消耗的平衡，降低体重，保持健美的体型。

3. 缓解精神压力、娱乐身心功能

长期的精神压力会引起各种心理疾患。体育运动可缓解精神压力，预防各种疾病的产生是科学研究已证实的事实。健美操作为一项体育运动，以其动作优美、协调、锻炼身体全面，同时有节奏强烈的音乐伴奏而著称，是缓解精神压力的灵丹妙药。

4. 医疗保健功能

健美操作为一项有氧运动，其特点是强度低、密度大，运动量可大可小，容易控制。因此，除对健康的人具有良好的健身效果外，对一些病人、残疾人和老年人也是一种医疗保健的理想手段。只要严格控制运动范围和运动量，健美操练习就能在预防损伤的基础上，达到医疗保健的目的。

二、健美操基本动作

大众有氧健身操的基本动作主要由基本步伐和上肢运动两部分组成。

（一）健美操基本步伐

1. 基本步伐的分类

健美操所有步伐按冲击力可以分为：无冲击力动作、低冲击力动作和高冲击力动作。而根据动作的完成形式不同，我们又可将基本步伐分为五类（见表5—2）。

（1）交替类：两脚始终做依次交替落地动作。

（2）迈步类：一条腿先迈出一步，重心移动到这条腿上，另一条腿用脚跟、脚尖点地或者吸腿、屈腿、踢腿等，然后向另一个方向迈步的动作。

（3）点地类：一腿屈膝站立，另一腿伸出，用脚尖或者脚后跟点地后还原到并腿位置的动作。

（4）抬腿类：一腿站立，另一腿抬起的动作。

（5）双腿类：双脚站立，身体重心在两腿之间的动作。

以上所介绍的动作均为最常用的基本动作，还可在此基础上发展，创造更多风格独特的动作。

表 5—2　　有氧气健身操常用基本体系

类别	原始动作形式	低冲击力形式	高冲击力形式	无冲击力形式
交替类	踏步 March	踏步 March 走步 Walk 一字步 Easy Walk V 字步 V Step 漫步 Mambo	跑步 Jog	
迈步类	侧并步 Step Touch	并步 Step Touch 迈步点地 Step Tap（heel） 迈步吸腿 Step Knee 迈步后屈腿 Step Curl 侧交叉步 Grapevine	并步跳 Step Jump 小马跳 Pony 迈步吸腿跳 Step Knee 迈步后屈腿跳 Step Curl 侧交叉步跳 Grapevine	
点地类	点地 Touch Step	脚尖点地 Touch/Tap 脚跟点地 Heel		
抬腿类	抬腿 Lift Step	吸腿 Knee Lift（Up） 摆腿 Leg Lift 踢腿 Kick	吸腿跳 Knee Lift 摆腿跳 Leg Lift 踢腿跳 Kick 弹踢腿跳 Flick 后屈腿跳 Leg Curl	
双腿类			并腿跳 Jump 分腿跳 Squat Jump 弓步跳 Jumping Lunge 开合跳 Jumping Jack	半蹲 Squat 弓步 Lunge 提踵 Calf Raise

2. 基本动作说明

(1) 交替类。

1) 踏步（原始动作）（见图 5—8）。

图 5—8

一般描述：两脚原地依次抬起，依次落地。

技术要点：在下落时，踝、膝、髋关节依次有弹性地缓冲。

2）走步（见图 5—9）。

图 5—9

一般描述：迈步向前走四步或向后退四步，然后反之。向前走时，脚跟先落地，过渡到全脚掌；向后走时则反之。

技术要点：在落地时，踝、膝、髋关节依次有弹性地缓冲。

3）一字步（见图 5—10）。

图 5—10

一般描述：一脚向前一步，另一脚并于前脚，然后再依次还原。

技术要点：向前迈步时，脚跟先着地，过渡到全脚掌；然后均要有并腿过程；每一拍动作膝关节始终有弹性地缓冲。

4）V 字步（见图 5—11）。

图 5—11

一般描述：一脚向前侧方迈一步，另一脚随之向另一方迈一步，成两脚开立，屈膝，然后再依次退回原位。

技术要点：两腿膝关节始终保持弹动状态，分开后成分腿半蹲，重心在两脚之间。

5）漫步（见图 5—12）。

图 5—12

一般描述：一脚向前迈出，屈膝，重心随之前移，另一脚稍抬起，然后原地落下；或者向后撤一步，重心后移，另一脚稍抬起，然后原地落下。

6）跑步（见图 5—13）。

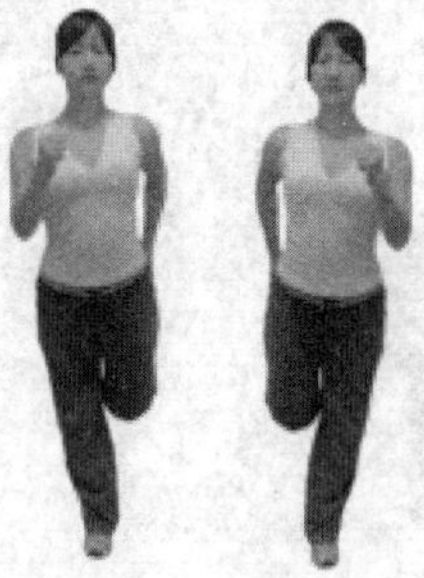

图 5—13

一般描述：两腿经过腾空，依次落地缓冲，两臂屈肘摆臂。

技术要点：落地屈膝缓冲，脚跟尽量落地。

（2）迈步类。

1）并步（侧并步为原始动作）（见图 5—14）。

图 5—14

一般描述：一脚迈出，另一脚随之并拢屈膝点地；再向反方向迈步。

技术要点：两膝始终保持弹动，动作幅度和力度可随风格而定。

2）迈步点地（见图 5—15）。

图 5—15

一般描述：一脚向侧迈一步，两腿经屈膝移动重心，另一腿再前、侧或后用脚尖或脚跟点地。

技术要点：两膝同时有弹性地屈伸，重心移动轨迹呈弧形；上体不要扭转。

3）迈步吸腿（见图 5—16）。

图 5—16

一般描述：一脚迈出一步，另一腿屈膝抬起，然后向反方向迈步。

技术要点：经过屈膝半蹲，抬膝时支撑腿稍屈膝。

4）迈步后屈腿（见图 5—17）。

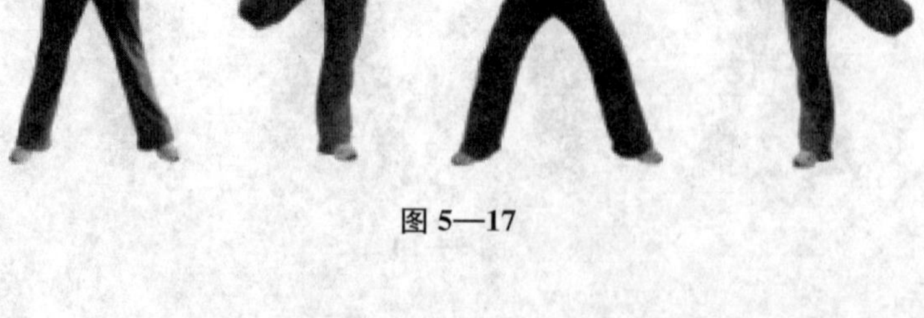

图 5—17

一般描述：一脚迈出一步，另一腿后屈，然后向反方向迈步。

技术要点：经过屈膝半蹲，支撑腿稍屈膝，后屈腿的脚跟靠近臀部。

5）侧交叉步（见图 5—18）。

图 5—18

一般描述：一脚向侧迈一步，另一脚在其后交叉，随之再向侧迈一步，另一脚并拢，屈膝点地。

技术要点：第一步脚跟先落地，身体重心快速随着脚步移动，保持膝、踝、关节的弹动。

（3）点地类

1）脚尖点地（见图 5—19）。

图 5—19

一般描述：一腿稍屈膝站立，另一腿伸出，脚尖点地，然后还原到并腿姿势。

2）脚跟点地（见图 5—20）。

图 5—20

一般描述：一腿稍屈膝站立，另一腿伸出，脚跟着地，然后还原到并腿姿势。只可做向前和向侧的脚跟点地。

技术要点：支撑腿始终保持屈膝站立，并且随动作有弹性地屈伸。

(4) 抬腿类。

1）吸腿（见图 5—21）。

图 5—21

一般描述：一腿屈膝抬起，落下还原。

技术要点：支撑腿保持屈膝弹动，大腿上抬超过水平；上体保持正直。

2）摆腿（见图 5—22）。

图 5—22

3）踢腿（见图 5—23）。

图 5—23

一般描述：一腿稍屈膝站立，另一腿抬起，然后还原。

技术要点：抬起腿不需要很高，但要有控制；保持上体正直。

4）弹踢腿跳（见图 5—24）。

图 5—24

一般描述：一腿站立（跳起），另一腿先向后屈，然后向前下方弹踢，还原。通常以高冲击力的形式出现。

技术要点：腿弹出时要有控制，保持上体正直。

5）后屈腿跳（见图 5—25）。

图 5—25

一般描述：一腿站立（跳起）另一腿向后屈膝，放下腿还原。通常以高冲击力的形式出现。

技术要点：支撑腿保持弹性，两膝并拢，脚跟靠近臀部。

(5) 双腿类。

1）并脚跳（见图 5—26）。

图 5—26

一般描述：两腿并拢跳起。

技术要点：落地缓冲有控制。

2）分腿跳（见图 5—27）。

图 5—27

一般描述：分腿站立屈膝半蹲，向上跳起，分腿落地屈膝缓冲。

技术要点：屈膝半蹲时，大小腿夹角不要小于 90°，空中注意身体的控制。

3）开合跳。

一般描述：由并腿跳起，分腿落地；然后，再由分腿跳起，并腿落地。

技术要点：分腿屈膝时，两脚自然外开，膝关节沿脚尖方向屈，膝关节夹角不小于 90°，脚跟落地。

4）半蹲（见图 5—28）。

图 5—28

一般描述：两腿有控制地屈和伸，可分为并腿半蹲和分腿半蹲。

技术要点：分腿半蹲时，两腿左右分开稍大于肩（或与肩同宽），脚尖稍外开，屈膝时关节角度不得小于 90°，膝关节对准脚尖方向，臀部向后 45°方向下蹲，上体保持直立。

5）弓步（见图 5—29）。

图 5—29

一般描述：两腿前后分开，两脚平行站立，蹲下起来。

技术要点：半蹲时后腿膝关节向下，大腿垂直于地面，重心始终在两脚之间。

6）提踵（见图 5—30）。

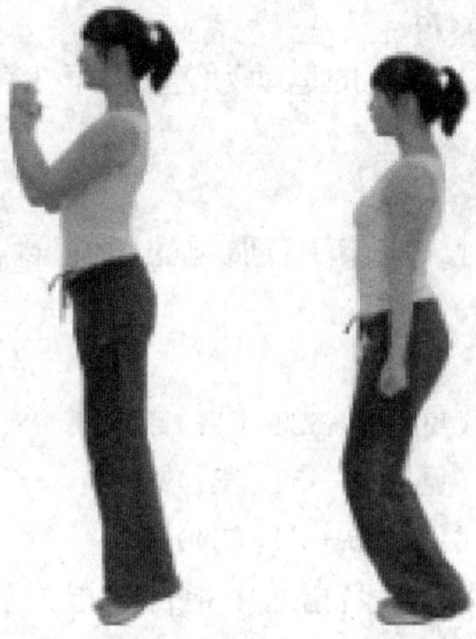

图 5—30

一般描述：两腿脚跟抬起，落下脚跟稍屈膝。

技术要点：两腿夹紧，重心上提时，收紧腹部，落下时屈膝缓冲。

（二）健美操上肢运动

1. 上肢运动

在完成基本动作时加入不同的手臂动作会使动作变得丰富多彩，或改变动作的强度和难度。这样做的目的是既美观，又使练习更加有效。

（1）举（Rise）。

手臂伸直向某个方向抬起。

（2）屈臂（Bicep Curl）。

前臂与上臂角度不断减小。

（3）伸臂（Tricep Extention/Kickback）。

前臂与上臂角度不断增大。

（4）屈臂摆动（Low Row）。

屈肘在体侧自然摆动。

（5）上提（Upright Row）。

伸直或屈臂由下至上提抬起。

（6）下拉（Put Down）。

臂由上举或者侧上举拉至身体两侧。

（7）胸前推（Chest Press）。

立掌，臂由肩部向前推。

（8）冲拳（Punch）。

屈臂握拳，由腰间猛力向前冲拳。

（9）肩上推（Shoulder Press）。

立掌，屈臂由肩部向前推。

（10）摆动（Swing）。

以肩关节为轴，手臂在180°以内运动称为摆动。

（11）绕和绕环（Scoop/Circle）。

以肩关节为轴，手臂在180°～360°的运动为绕；大于360°以上的圆周运动为绕环。

（12）交叉（Cross）。

两臂重叠成X形。

在进行上述上肢动作练习时，应该注意肌肉的用力阶段，使动作富有弹性，避免动作过分僵硬。

2. 常用手型

（1）拳：握拳，拇指在外（见图5—31（1））。

（2）并掌：五指伸直并拢（见图5—31（2））。

（3）开掌：五指伸直张开（见图5—31（3））。

（4）花掌：五指用力，小指、无名指、中指自掌指关节处依次屈，拇指稍内扣（见图5—31（4））。

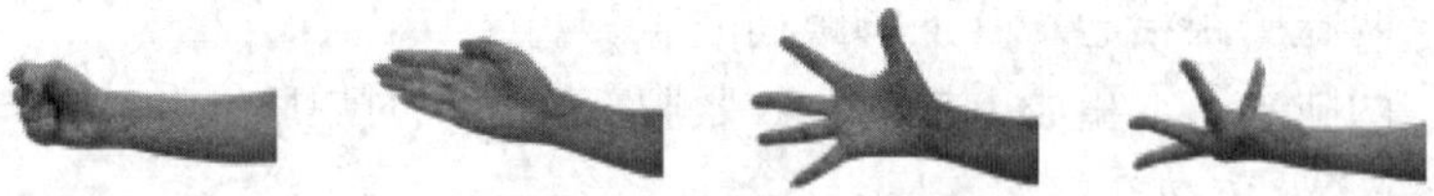

(1) (2) (3) (4)

图 5—31

三、健美操基本技术

（一）落地技术

落地时，由脚跟过渡到全脚掌或者由前脚掌过渡到全脚掌，然后迅速屈髋，所有动作瞬间依次完成。落地缓冲主要目的是使身体尽可能的保持稳定，同时减少地面对关节、肌肉的冲击力，以避免造成运动损伤。

（二）弹动技术

健美操的弹动主要依靠踝关节、膝关节、髋关节的屈伸缓冲而产生，它的主要作用是减少运动对关节的冲击力，从而减少运动对人体造成的损伤。它是健美操最重要的技术之一，是体现健美操的最基本特征，用以区别其他运动项目的重要因素之一。

（三）半蹲技术

半蹲时，身体重心下降，臀部向后下方45°用力，膝关节不能超过脚尖，腰部、腹部、臀部和大腿肌肉收缩，上体保持正直，重心保持在两脚之间，起落要有控制。分腿半蹲时，脚尖自然外开，应特别注意膝关节弯曲方向与脚尖方向保持一致，避免脚尖、膝关节内扣或过度外开，以及膝关节小于90°的“深蹲”。在健美操练习时每一个动作都有半蹲的出现，所以半蹲技术的掌握对健美操动作完成质量有重大影响。

（四）身体控制技术

在整个非特殊条件下的运动过程中，身体应保持自然挺拔，头部微向上抬，颈椎、胸椎、腰椎处于正常生理曲线位置。在进行运动时，无论肢体位置如何变化都应有所控制，避免“过伸”，无控制的“过伸”是造成运动损伤的重要原因。在练习过程中，身体的姿态处于肌肉用力的感觉和程度，动作应该是有控制但不僵硬、松弛而不松懈。

四、大众健美操成套动作范例展示

（一）健美操大众锻炼标准三级规定动作

三级为健美操大众锻炼标准的初级套路，练习目的是进行中等强度的有氧练习和低难度的腰腹及上肢力量练习。每一个组合均由4～5个基本步伐组成，所有的动作和变化都是有氧练习中的常见动作和典型动作，配合以对称性为主的上肢动作，并增加了90°～180°方向变化和简单的图形变化。

1. 组合一

1×8 四次侧并步L形（见图5—32）。

图5—32

2×8 向前/向后走三步吸腿（见图5—33）。

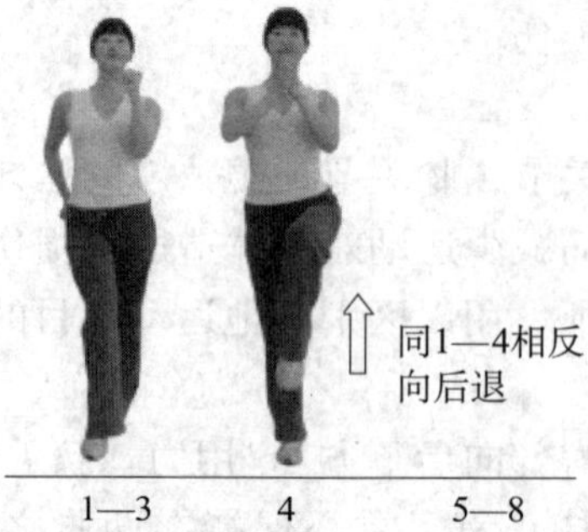

图 5—33

3×8 两次一字步（见图 5—34）。

图 5—34

4×8 1—4 向后一字步；5—8 迈步吸腿（见图 5—35）。

图 5—35

5×8—8×8 动作同 1×4—4×4，方向相反。

2. 组合二

1×8 四次侧交叉步 □ 形（见图 5—36）。

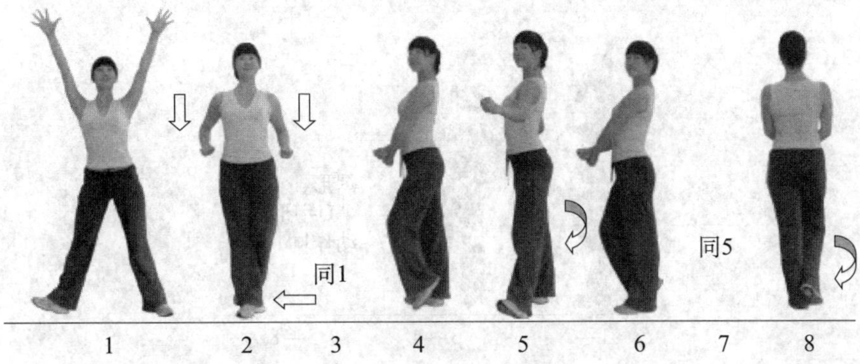

图 5—36

2×8 同 1×8。

3×8 两次迈步连续两次吸腿（见图 5—37）。

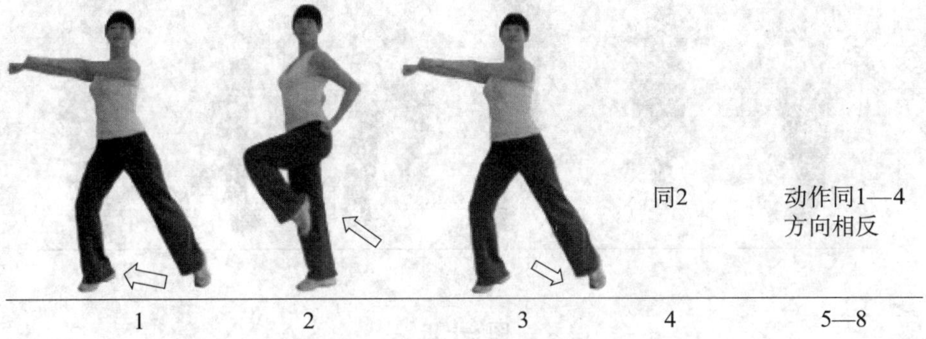

图 5—37

4×8 1—6 三次侧并步向斜后方后退；7—8 左脚侧点地接后屈腿（见图 5—38）。

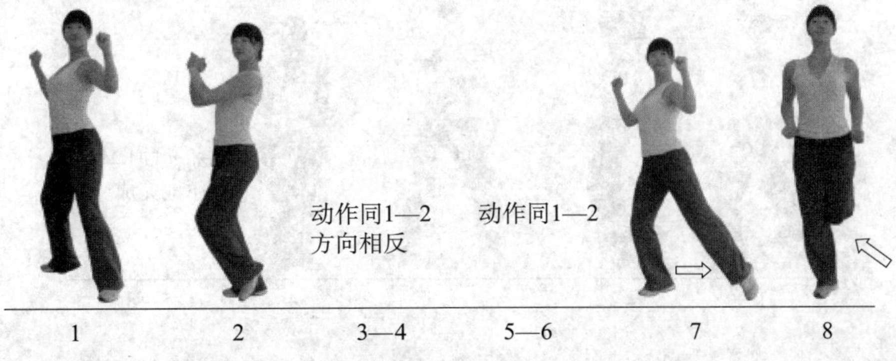

图 5—38

5×8—8×8 动作同 1×4—4×4，方向相反。

3. 组合三

1×8 两次漫步（见图 5—39）。

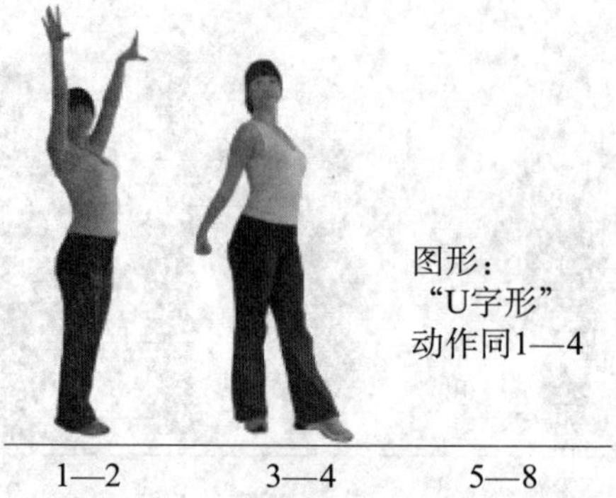

图 5—39

2×8 1—4 两次迈步吸腿跳；5—8 四次走步，向后绕环走回还原（见图 5—40）。

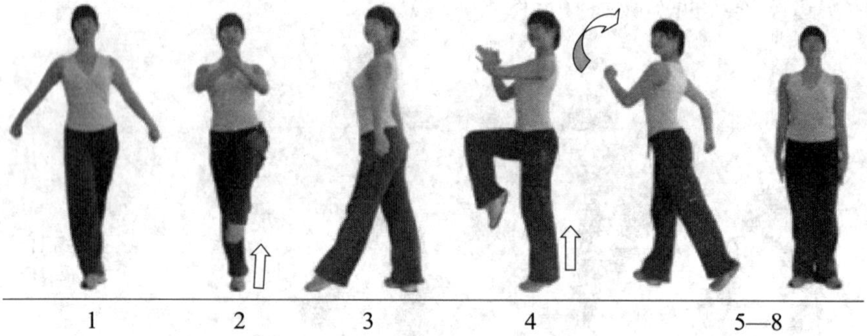

图 5—40

3×8 1—4V 字步右转 90°；5—8V 字步（见图 5—41）。

图 5—41

4×8 四次迈步后屈腿，第 7 拍左腿后交叉（见图 5—42）。

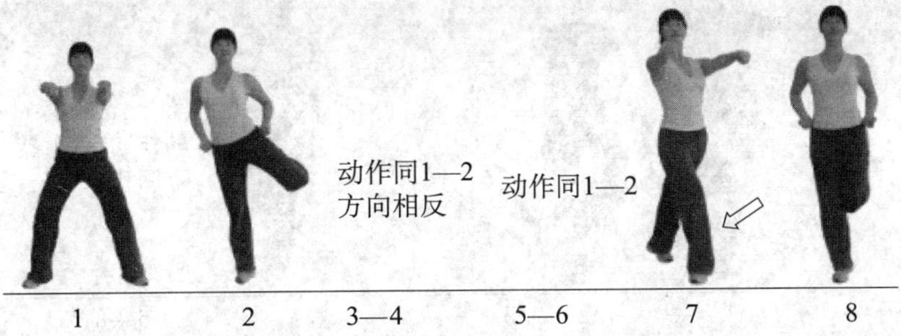

图 5—42

5×8—8×8 动作同 1×4—4×4，方向相反（见图 5—43）。

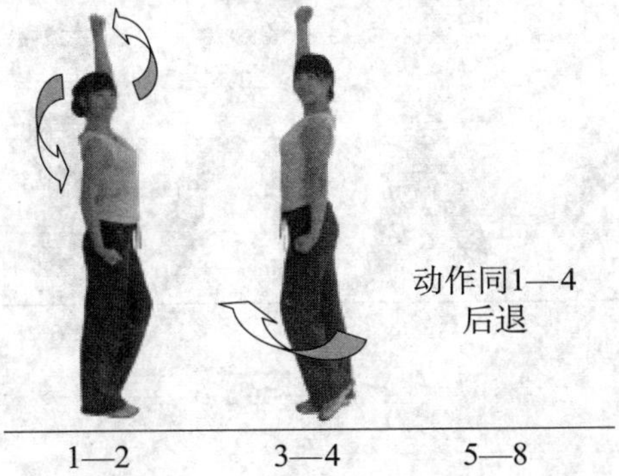

图 5—43

4. 组合四

2×8 两次侧并步跳，向前/向后漫步（见图 5—44）。

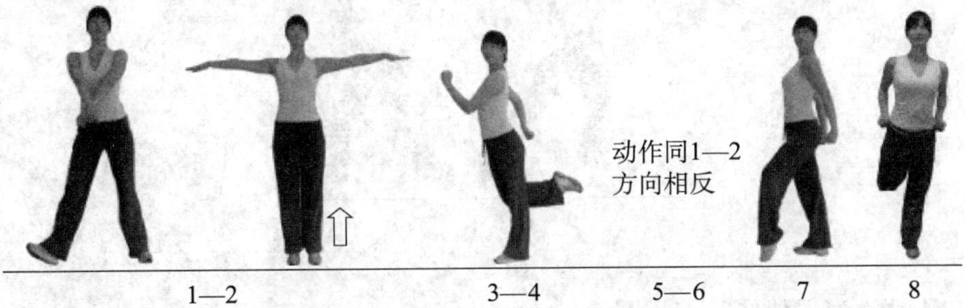

图 5—44

3×8 两次连续弹踢腿跳前交叉（见图 5—45）。

4×8 1—4 侧步摆腿跳接 1/2 漫步；5—8 两次侧并步（见图 5—46）。

5×8—8×8 动作同 1×4—4×4，方向相反。

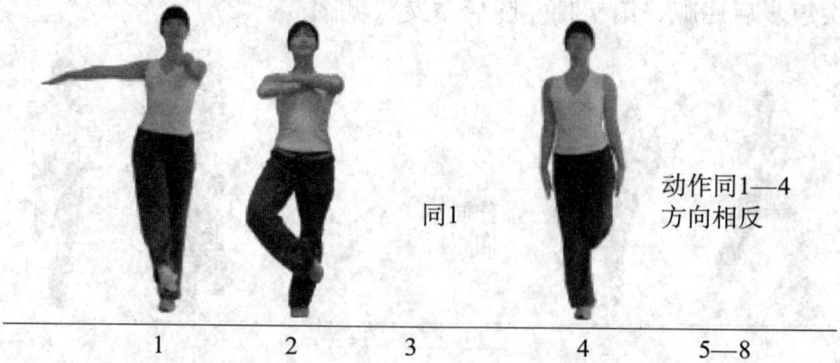

图 5—45

图 5—46

5. 力量练习

1—4 预备动作（见图 5—47）。

图 5—47

1—8 从站立到屈腿仰卧（见图 5—48）。

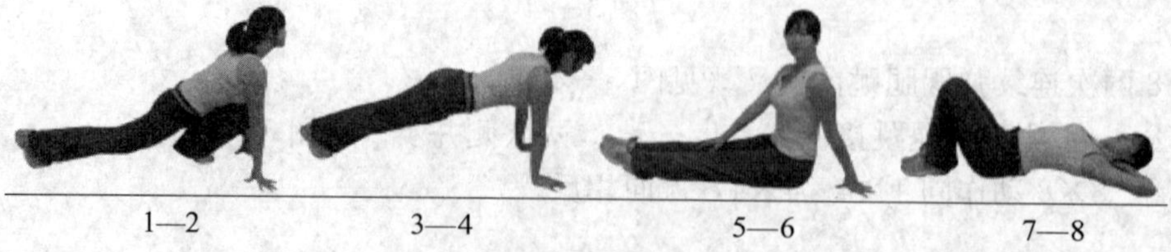

图 5—48

6. 腹肌练习

1×8—4×8 四次仰卧收腹（见图 5—49）。

1—2　3—4　5—6　7—8

图 5—49

5×8 过渡动作（见图 5—50）：

1—2 吸左腿，双手胸前交叉；

3—4 换吸右腿，两手上举；

5—8 向左转体 180°成俯卧。

1—2　3—4　5—8

图 5—50

7. 背肌练习

6×8—9×8 四次背肌两头起（见图 5—51）。

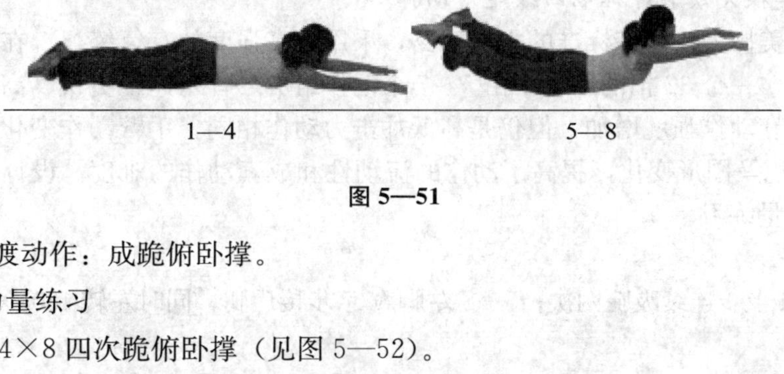

1—4　5—8

图 5—51

10×8 过渡动作：成跪俯卧撑。

8. 手臂力量练习

11×8—14×8 四次跪俯卧撑（见图 5—52）。

图 5—52

15×8 1—4 向右转体 180°成屈体坐；5—8 分腿 90°坐，右臂前伸（见图 5—53）。

图 5—53

16×8 1—4 左手撑地，臀部抬起；5—8 起立结束动作（见图 5—54）。

图 5—54

（二）健美操大众锻炼标准四级规定动作

四级为健美操大众锻炼标准的中级套路，采用中高强度的有氧练习。在三级的基础上复合动作更多，一个 32 拍的组合中由 5～7 个动作组成。音乐速度更快、高冲击力动作增多，从而使整套动作强度增加，但仍是高低冲击力动作相同。手臂动作变化增多，增加了 180°转体动作以及图形变化，提高了动作的流动性和成套动作的难度。设计有胸部、三头肌和腹部的力量练习。

1. 组合一

1×8 1—4 上步连续吸腿两次；5—8 左脚 V 字步接后腿，同时左转 180°（见图 5—55）。

图 5—55

2×8 1—4 向前走三步吸腿跳，同时右转 180°；5—8 后退 3 步接吸腿跳（见图 5—56）。

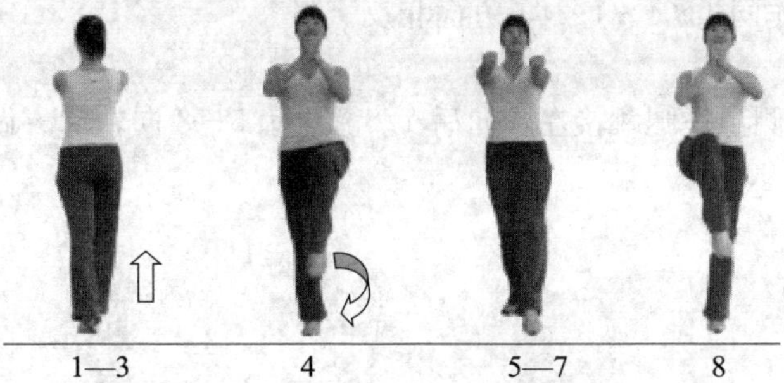

图 5—56

3×8 1—4 侧脚叉步（见图 5—57）；5—8 左脚一次点地，一次侧点地（见图 5—58）。

图 5—57

图 5—58

4×8 1—6 左脚三次并步跳；7—8 右脚向侧半蹲，左脚并于右腿（见图 5—59）。

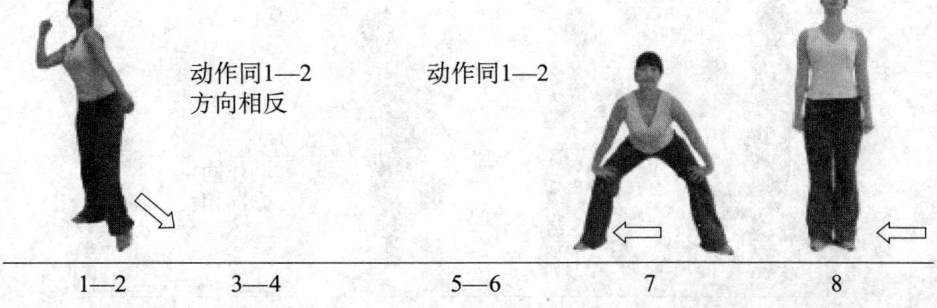

图 5—59

5×8—8×8 动作同 1×4—4×4，方向相反。

2. 组合二

1×8 1—4 右脚侧步举腿跳接左脚向后 1/2 漫步；5—8 向左后方做 2 次后屈腿，同时左转 180°（见图 5—60）。

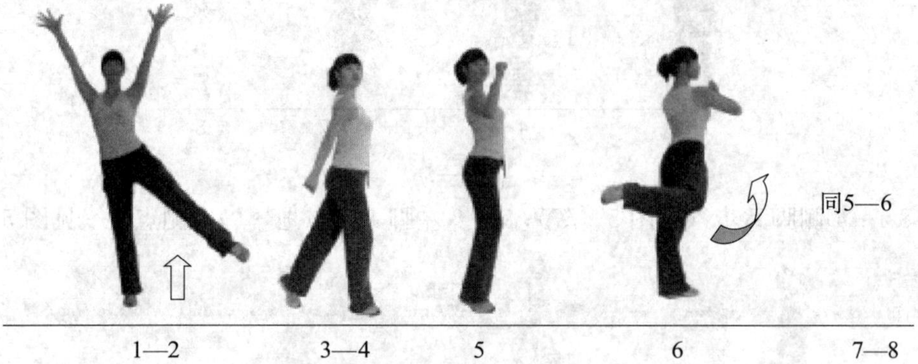

图 5—60

2×8 1—4 左脚向前走三步接吸腿跳，同时右转 90°；5—8 右脚向前走三步接吸腿跳（见图 5—61）。

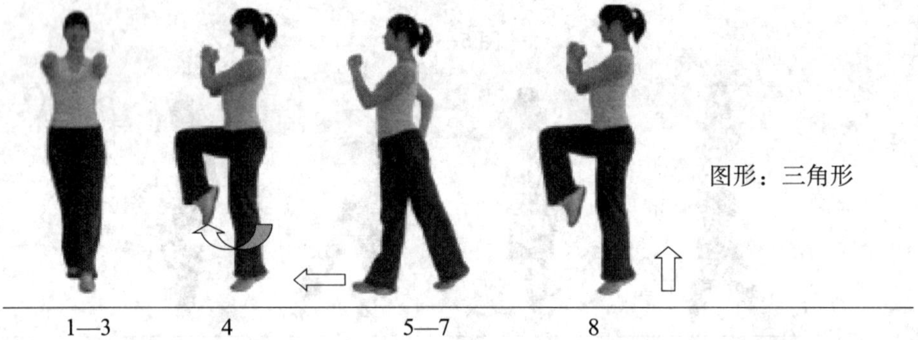

图 5—61

3×8 1—2 左脚向左前方做 1/2 漫步；3—4 左脚向左侧做迈步后屈腿；5—8 动作同 1—4，方向相反（见图 5—62）。

图 5—62

4×8 1—4 左脚分别向前、向后点地跳起；5—8 左脚连续 2 次点地跳，同时右转 270°（见图 5—63）。

图 5—63

5×8—8×8 动作同 1×4—4×4，方向相反。

3. 组合三

1×8 1—4 右前方交叉步接后屈腿；5—8 左前方交叉步接后腿（见图 5—64）。

图 5—64

2×8 1—4 向右后小蹉步接后屈腿；5—8 向左后小蹉步接后屈腿（见图 5—65）。

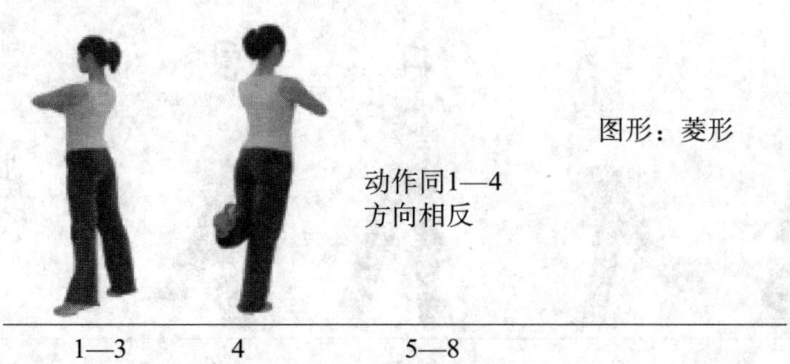

图 5—65

3×8 1—4 一字步，并转体 90°；5—8 一字步（见图 5—66）。

图 5—66

4×8 1—4 右腿向左前方做 1/2 漫步，右转 135°走两步；5—8 蹉步跳 3 次接左腿后屈膝跳（见图 5—67）。

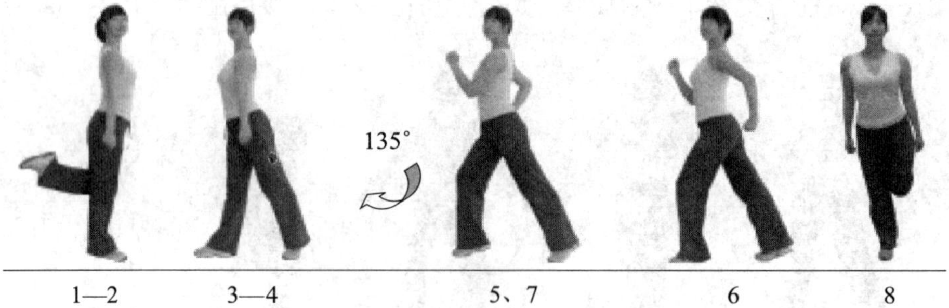

图 5—67

5×8—8×8 动作同 1×4—4×4，方向相反。

4. 组合四

1×8 1—4 右前方一次上步踢腿，还原；5—8 同 1—4 拍（见图 5—68）。

图 5—68

2×8 1—4 两次侧步后点地；5—8 右脚开始两次侧步举腿跳转 360°（见图 5—69）。

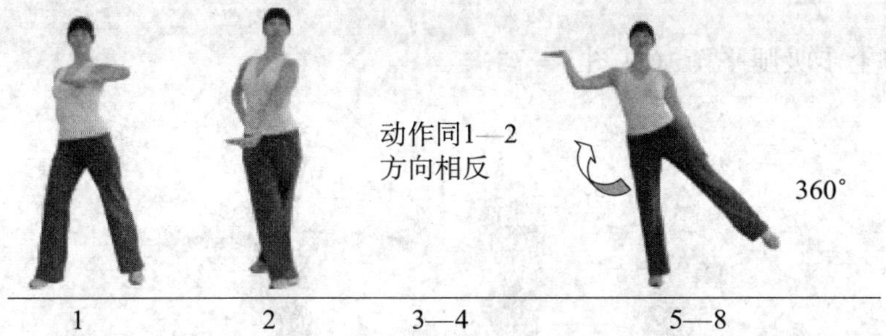

图 5—69

3×8 1—4 左脚开始两次侧点地；5—8 右转 90°做两次后撤步吸腿（见图 5—70）。

图 5—70

4×8 1—4 左脚开始向左前方、右前方做两次并步跳；5—8V 字步，同时左转 90°（见图 5—71）。

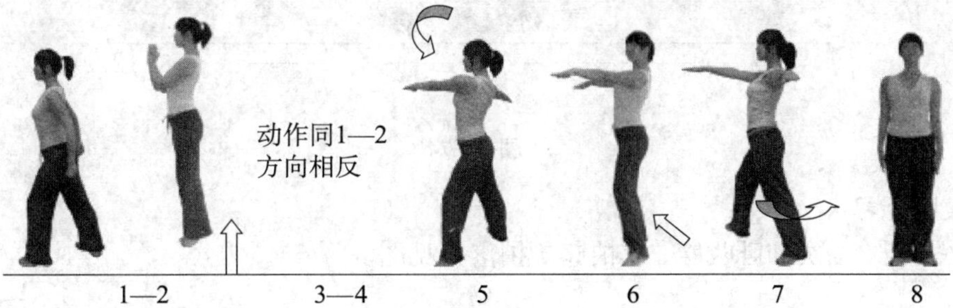

图 5—71

5×8—8×8 动作同 1×4—4×4，方向相反。

结束动作见图 5—72。

图 5—72

5. 力量练习

预备：

1×8 左脚上步吸腿平衡（见图 5—73）。

图 5—73

2×8 右脚向左后伸腿落地成举腿仰卧（见图 5—74）。

图 5—74

6. 腹肌练习

1×8—4×8 4 次仰卧收腹，4 拍起 4 拍落（见图 5—75）。

图 5—75

5×8 过渡动作（见图 5—76）。

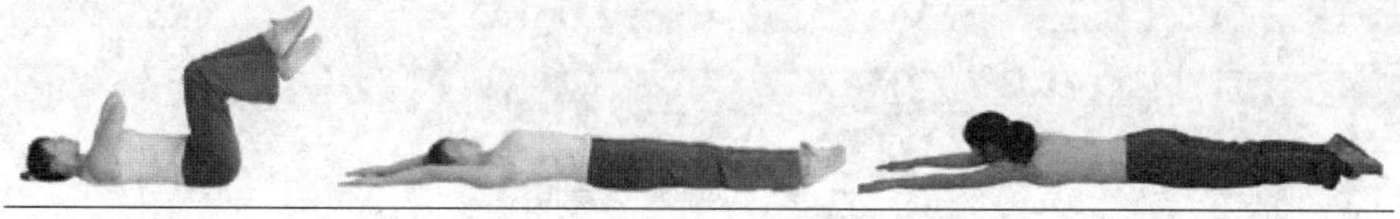

1—2 3—4 5—8

图 5—76

7. 背肌练习

6×8—9×8 4 次两头起（见图 5—77）。

1—2 3—4 5—6 7—8

图 5—77

10×8 过渡动作（见图 5—78）。

1—2 3—4 5—8

图 5—78

8. 胸肌练习

11×8—14×8 4 次跪撑俯卧撑（见图 5—79）。

1—4 5—8

图 5—79

15×8 过渡动作（见图 5—80）。

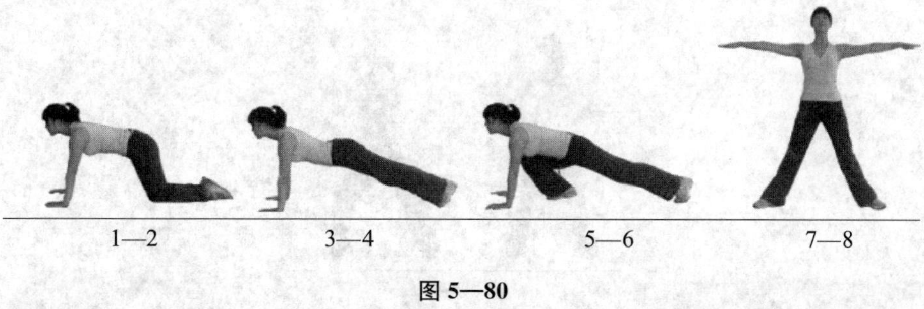

1—2 3—4 5—6 7—8

图 5—80

9. 伸展练习

16×8 伸展侧腰肌肉群和小腿（见图 5—81）。

图 5—81

17×8 伸展背部。

18×8—19×8 同 16—17×8 方向相反（见图 5—82）。

图 5—82

20×8 过渡动作（见图 5—83）。

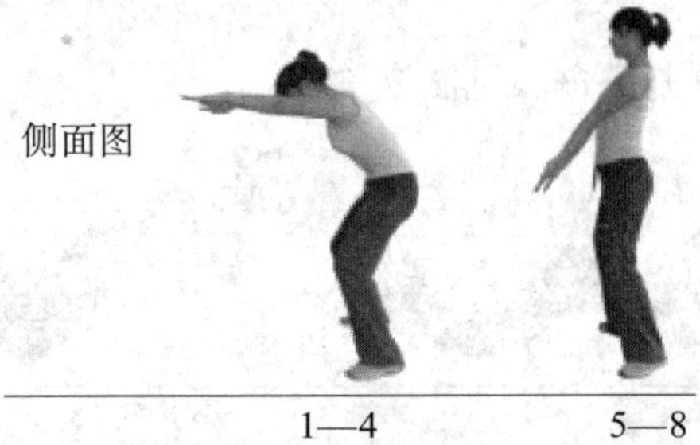

图 5—83

21×8 结束动作（见图 5—84）。

图 5—84

第三节　健美运动

健美运动是根据人体解剖学、运动生理学、运动医学结合美学发展起来的一项新兴体育运动，是一项通过徒手和各种器械，采用各种行之有效的动作方式和方法来锻炼身体，以增强体质、改善体形体态为目的促进人体体型健美的体育科学。

健美运动可以采用各种徒手练习，也可以采用各种各样轻重不同的举重器械、单杠、双杠等固定的体操器械，还有弹簧拉力器、橡皮条等，以及各种组合练习器。

早在 2 000 多年前，古希腊人就认为：健美的人体是呼吸宽畅的胸部，灵活而强壮的脖子，虎背熊腰的躯干和块块隆起的肌肉。近代健美运动是 19 世纪末在欧洲兴起的，由德国的体育家尤金·山道首创。1901 年 9 月 4 日，在英国举办了第一次世界健美比赛。20 世纪 30 年代中期，赵竹光从美国将健美运动引入我国。1944 年 6 月 10 日，上海举行了我国首次健美比赛。1949 年，加拿大人本·魏特发起创建国际健美协会，至今已有 169 个会员协会。20 世纪 80 年代以来，我国的健美运动迅速发展。2000 年，健美运动被国际奥委会承认，并首次出现在 2002 年的韩国釜山亚运会上。

一、健美运动的作用

（一）对运动系统起强化作用

健美运动能有效地发达全身肌肉，增长力量，强壮骨骼。

（二）增进健康，增强体质

长期进行健美锻炼，对心血管系统、呼吸系统和消化系统等各内脏器官的功能均能产生良好的作用。

（三）能改善中枢神经系统功能

中枢神经系统由脑和脊髓构成，而大脑皮层是最高指挥机关，担负着管理和调节人体内各器官系统的活动，维持人体与外界环境的平衡。经常参加健美锻炼，能使神经兴奋和抑制能力得到提高，从而改善中枢神经系统的功能，并提高中枢神经系统的机能水平。

（四）能调节心理活动

人的心理活动的本质是大脑对外界客观事物的反映。通过一段时间的锻炼，肌肉增大了，脂肪减少了，体形体态健美了，人在心理上就会产生一种自我满足感，使心情愉快。

（五）能培养顽强的意志品质

在健美训练中，肌肉经常要达到极限，而且要进行多次反复的机械运动，使肌肉产生酸疼和疲劳，及训练中会遇到各种困难，这就需要运动员具有克服困难的决心，刻苦训练，持之以恒，不断培养顽强的毅力，培养不怕苦、不怕累、不怕疼痛、不怕枯燥的顽强意志品质。

（六）能改善体形体态

经常参加健美锻炼，可以预防青少年时期脊柱侧屈，含胸驼背，可以促进骨骼的生长和肌肉的匀称、协调、均衡发展；可以促进中年人机体的新陈代谢，保持骨骼的弹性和韧性；老年人参加健美锻炼，可预防骨质疏松、细胞过早退化，使人延年益寿。

健美锻炼还可以矫正身体畸形，根据自身的缺陷，选择针对性强的练习内容进行锻炼。

二、健美运动的基本技术

健美运动是体育与艺术的高度结合，是运动员采用不断增加负重的练习，来发展肌肉、发展力量、使身体变得强壮和健美的一种运动，是一项通过徒手和各种器械，运用专门的动作方式和方法进行锻炼，以发达肌肉、增长体力、改善形体和陶冶情操为目的的运动项目。为了达到健美的目的，需要有专门的训练方法。例如，采用举重等器械做各种动作时，在器械的轻重、动作的做法、次数、组数、速度等方面都有特殊的要求和安排。健美运动作为一个运动项目，除了具有一般体育活动所共有的锻炼身体、增进健康、增强体质的作用外，还能发达全身各部位的肌肉、增长体力、改善体形体态、陶冶美好的情操。它不仅强调“健”，而且强调“美”，把体育和美育融为一体。

（一）胸部肌肉的锻炼

胸部肌肉锻炼主要是发达胸大肌、前锯肌等。胸部肌肉主要锻炼方法有卧推、哑铃飞鸟、蝴蝶机夹胸、俯卧撑等。

1. 卧推

动作要领：两腿分开，全脚掌着地，身体仰卧躺在卧推凳上，两手平衡抓握杠铃，两臂由自然伸直缓慢下降至胸大肌的中部（吸气），举起杠铃至两臂自然伸直（呼气）（见图5—85）。重复练习。

图 5—85

注意事项：两肩锁紧，保持杠铃平衡，靠胸大肌的收缩把杠铃推起，尽量少用臂力推起。

2. 哑铃飞鸟

动作要领：两腿分开，全脚掌着地，身体仰卧躺在卧推凳上，两手平衡抓握哑铃，两臂由自然伸直缓慢下降至肘关节与肩关节持平（吸气），举起哑铃至两臂自然伸直（呼气）（见图 5—86、图 5—87）。重复练习。

图 5—86

图 5—87

注意事项：两肘关节下降时注意不要过低，以免拉伤肩部肌肉。

3. 蝴蝶机夹胸

动作要领：两腿分开，全脚掌着地，挺胸收腹靠坐在蝴蝶机坐凳上，两臂屈肘紧握把手，胸大肌收缩发力至两把手接触（呼气），控制速度，缓慢还原（吸气）（见图 5—88、图 5—89）。重复练习。

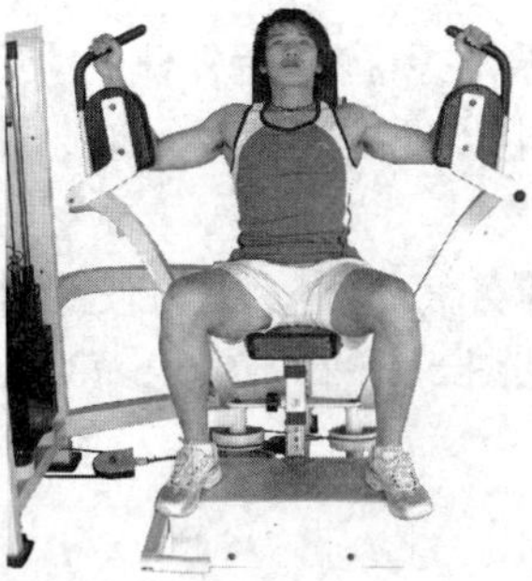

图 5—88

图 5—89

注意事项：注意保持身体的稳定，不要靠身体的摆动来获得力量。

4. 俯卧撑

动作要领：两脚微分开，两手掌分开约与肩同宽，屈臂下沉（吸气），推起至两臂自然伸直（呼气）（见图 5—90、图 5—91）。重复练习。

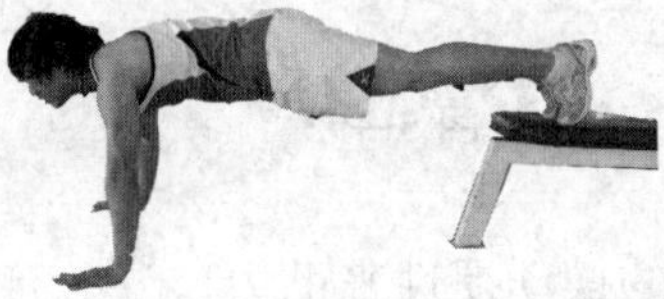

图 5—90

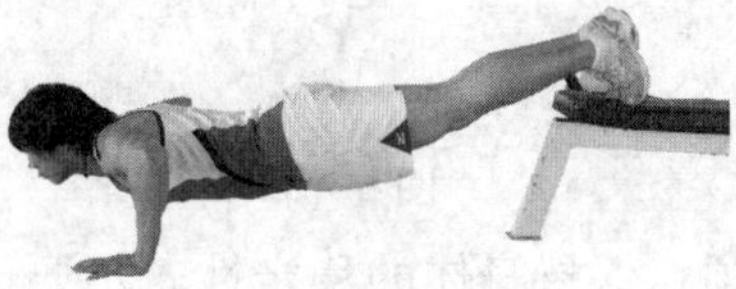

图 5—91

注意事项：注意身体保持直线，不要出现塌腰现象。

5. 阶段目标

（1）掌握动作的规范性，能用中小负荷完成 12 次以上的最大重复次数。

（2）目标肌肉感觉酸痛无力时，可以停止练习或者变换其他肌肉练习。

6. 健美锻炼的几个重要概念

（1）强度。强度即负重阻抗的大小，一般重量大则强度大，40％～70％为小强度，70％～85％为中等强度，85％～100％为大强度，100％及以上为极限强度。

（2）组数。组数一般根据不同的训练要求有所不同，一般以 8 组以上为多组数，4～6 组为中组数，2～4 组为少组数。

（3）最大重复次数。最大重复次数是指在某一负荷下，用标准动作所能完成的最多次数。一般 1～6 次的最大重复次数重点发展最大力量，6～12 次重点发展肌肉围度和肌肉力量，12 次以上重点发展肌肉耐力。

（4）呼吸方法。一般目标肌肉被拉伸的时候吸气，目标肌肉收缩发力的时候呼气或者闭气。闭气可以提高身体的稳定性，但是经常闭气容易对心血管系统产生不良的影响，所以在练习时要注意正确的呼吸方法，尽量少闭气。

（5）动作节奏。根据目标肌肉拉伸和收缩发力的时间比来划分，可以分为以下三种节奏：四四节拍、二一节拍、一一节拍。初学者若以增长肌肉围度为目的可以使用较慢的节奏，若以发展最大力量为主要目的则可以适当用较快的节奏。

(6) 组间歇时间。组间歇时间一般是练习时间的 3～5 倍。根据训练要求不同，可以适当增加或者缩短间歇时间。

(二) 背部肌肉的锻炼

背部是躯干的主要部分，位于人体正中线的脊柱和胸廓后外侧。背部肌肉主要包括背阔肌、斜方肌和骶脊肌等。锻炼方法主要有引体向上、硬拉、俯立划船、坐姿划船、下拉等。

1. 引体向上

动作要领：两手正握单杠约与肩同宽，身体自然下垂，用力使身体拉起至单杠处于锁骨处（呼气），慢慢下降身体至还原（吸气）（见图 5—92、图 5—93）。重复练习。

图 5—92

图 5—93

注意事项：保持身体的稳定性，不要借助身体的摆动惯性来助力。

2. 硬拉

动作要领：两脚开立，约与肩同宽，屈膝、挺胸、收腹、直背，两手直臂抓握杠铃，身体直立将杠铃拉起至腿前，肩关节稍缩回，挺胸，两臂自然伸直（呼气），缓慢还原（吸气）（见图 5—94、图 5—95）。重复练习。

图 5—94

图 5—95

注意事项：始终要保持正确的身体姿态，否则容易损伤脊柱。

3. 俯立划船

动作要领：两脚开立，约与肩同宽，微屈膝，挺胸、塌腰、收腹、直背微体前屈，两手反握杠铃置于腹前下部，两臂屈肘收回至杠铃贴近中上腹部（呼气），缓慢还原（吸气），练习中身体姿态始终保持不变（见图5—96、图5—97）。重复练习。

图5—96

图5—97

注意事项：始终要保持正确的身体姿态，否则容易损伤脊柱。

4. 坐姿划船

动作要领：两腿伸直蹬住挡板，两臂自然伸直抓住把手，两臂屈肘回拉至胸部（呼气），缓慢还原（吸气）（见图5—98、图5—99）。重复练习。

图5—98

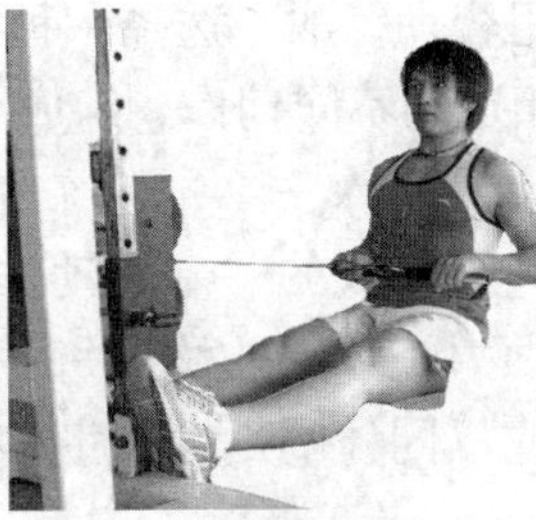

图5—99

注意事项：上体保持不动，不让抬高借劲。

5. 下拉

动作要领：正坐或背对，两脚自然分开着地支撑，两手握住横杆，两臂完全伸直。横杆垂直下拉至颈后肩上或胸前第3～4肋骨处（见图5—100、图5—101）。

图5—100

图5—101

注意事项：向后拉时，低头；向前拉时，上体稍后仰，尽量抬头挺胸，两肩胛骨向脊柱靠拢，然后慢慢伸直两臂，臀部不能随意抬起。

6. 阶段目标

（1）初学者主要掌握动作的规范性，能够正确运用多种方法来练习。

（2）中级训练者能过完成 6 组以上的大中强度的练习。

7. 健美锻炼的训练方法

（1）负荷固定训练法。在每次训练时，先选定一个固定的负荷，然后每个项目练习若干组，一项练完后再换另一项练习若干组，直至练完全部项目。

（2）动作优先训练法。练习时重点练习某些薄弱部位或不够匀称的部位。

（3）动作多变训练法。在训练周期中，务必经常变换动作、运动量和训练顺序，以使肌肉经常受到新的刺激，增加锻炼效果。

（4）退让训练法。其特点是肌肉做离心收缩，当肌肉收缩后，慢慢地还原，让肌肉始终处于紧张用力的状态，从而加深对肌肉群的刺激。

（5）金字塔练习法。练习时，逐渐增加每组的重量，相应减少每组的重复次数，直至重量增加到预先安排的最大重量，次数减少到预先安排的最低次数。

（6）动作组合训练法。选择一种或多种训练器械，并根据其特点，采用 2～3 个训练作用相近或方法相近的不同动作，组成一个循环练习，以训练相同部位或不同部位的肌肉群。

（7）预先疲劳训练法。先训练由某一局部肌肉群来完成的“孤立”动作，再接着做有多部肌肉群来共同完成的“基本动作”，最大限度地训练原动肌，最小限度地刺激协同肌。

（8）动作助力练习法。练习每一个动作至力竭时，借助身体其他部位的力量或动作姿势稍有改变，或靠同伴的助力帮助多完成 1～2 次重复动作，使肌肉收到最大程度的刺激。

（三）腹部肌肉的锻炼

腹部肌肉附着于胸廓下缘与骨盆之间。腹部肌肉的肌纤维呈不同方向排列，有中间的腹直肌、两外侧由表及里重叠在一起的腹外斜肌、腹内斜肌和腹横肌。锻炼腹部肌肉有助于挺拔身体上部、端正形体和维护腹腔脏器的正常位置。锻炼腹部肌肉主要有仰卧起坐、卷腹、仰卧收腹举腿、负重体侧屈等。

1. 仰卧起坐

动作要领：仰卧，两脚固定，两腿屈膝微分开，两手交叉抱于头后方，收腹抬上体至肘关节接触到膝关节（呼气），缓慢还原至肩关节触地（吸气）（见图 5—102、图 5—103）。重复练习。

图 5—102

图 5—103

注意事项：脚垫高的仰卧起坐尽量少做，容易损伤腰椎和腰肌。

2. 卷腹

动作要领：身体姿态同仰卧起坐，腹肌收缩，上体抬起至肩关节和上背部离开地面稍停2～3 秒钟（呼气），身体缓慢下降还原至肩关节触地（吸气）（见图 5—104、图 5—105）。重复练习。

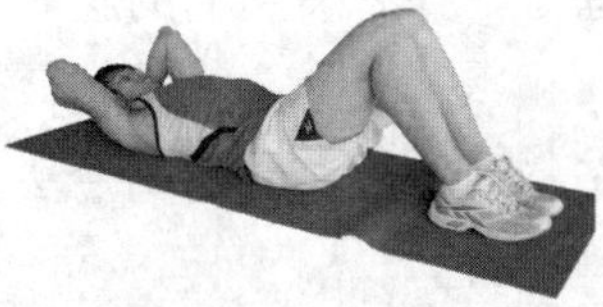

图 5—104

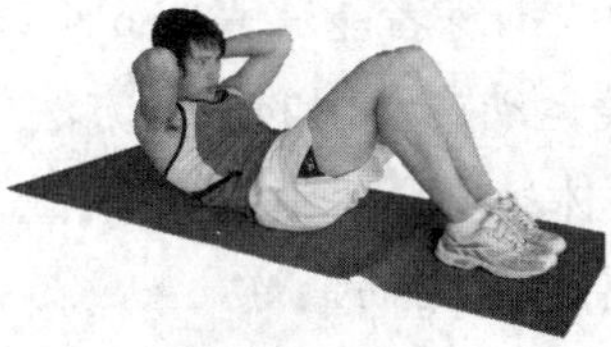

图 5—105

注意事项：向前卷缩时，腰要下沉贴床或地面，腹肌尽量收缩。

3. 仰卧收腹举腿

动作要领：仰卧，两手抓住平板一端，上体固定不动。两腿并拢伸直，慢慢向上举腿靠近胸部，稍停 2～3 秒钟（呼气）。两腿慢慢放下还原（呼气），当两腿下落快要接近板面时稍停。(见图 5—106、图 5—107）重复练习。

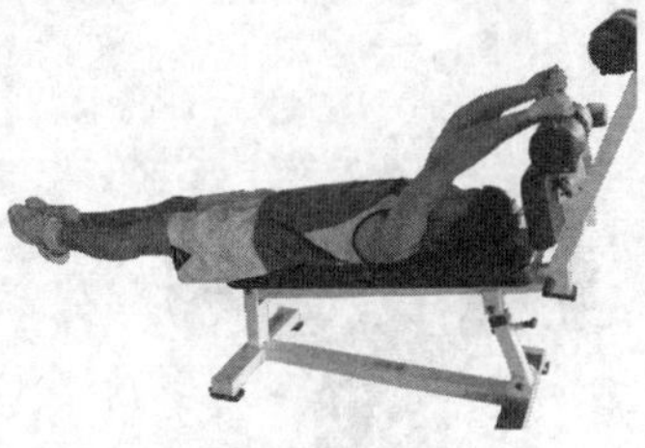

图 5—106

图 5—107

注意事项：下落两腿时，仍要控制腹肌，勿使下落过快。

4. 负重体侧屈

动作要领：肩负杠铃或手持哑铃，两脚开立略比肩宽，然后上体向左右两侧做同一平面上的弯曲，弯曲至最大限度（见图 5—108、图 5—109）。

图 5—108

图 5—109

注意事项：侧体时不要向前，也不要向后。

提示：肩负杠铃可做左右转体练习。

5. 阶段目标

(1) 初学者重点掌握动作的规范性，能够正确运用多种方法来练习。

(2) 中级训练者能够完成6组以上的大中强度的练习，并有较明显的腹肌。

6. 健美运动员常用的恢复方法

积极性休息、充足睡眠、按摩、水疗、营养品补充、气功法、心理调节法。

(四) 肩部肌肉的锻炼

肩部有很多小肌肉，最大的是三角肌，它的起点是锁骨和肩胛骨，止点在肱骨。一般主要练三角肌前、中、后三束，三角肌对保持肩关节的稳定性有重要作用，对身体形态也有至关重要的作用。三角肌的锻炼方法主要有前平举、侧平举、俯立侧平举、颈前推举等。

1. 前平举

动作要领：两脚开立与肩同宽，两手背向前持杠铃或哑铃，下垂于腿前，两手持铃与肩同宽。直臂持铃经体前举起，至与肩齐平时稍停（呼气），直臂慢慢放下还原（吸气）（见图5—110、图5—111）。重复练习。

图5—110

图5—111

注意事项：身体微前倾，完全用两臂上举之力，不得借助展体之力。

2. 侧平举

动作要领：两脚开立与肩同宽，两手拳眼向前持哑铃下垂于体侧。持铃向两侧举起至手臂与肩齐平时稍停（呼气），持铃慢慢放下还原（吸气）（见图5—112、图5—113）。重复练习。

图 5—112

图 5—113

注意事项：肘关节不可高于肩关节，以免损伤肩关节。

3. 俯立侧平举

动作要领：两腿微屈，上体前倾与地面平行，两手持铃于体前。持铃向侧上方提起，肘间角度 100°～120°，肘、肩、腕在同一垂面内上提至极位时，还原成预备姿势（见图 5—114、图 5—115）。

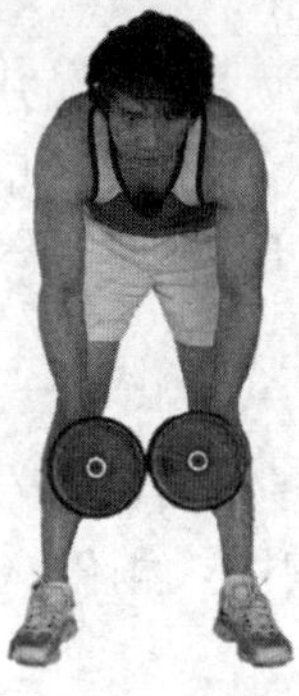

图 5—114

图 5—115

注意事项：肘关节不可高于肩关节，以免损伤肩关节。

4. 颈前推举

动作要领：坐姿，两手持杠铃置于胸前（锁骨窝处），上体保持挺胸收腹紧腰的姿态。垂直向上推起至头顶后上方，两臂自然伸直，稍停（呼气），慢慢放下还原（吸气）（见图 5—116、图 5—117）。重复练习。

图 5—116

图 5—117

注意事项：保持身体的正确姿态，并注意加强保护。

5. 阶段目标

（1）初学者重点掌握动作的规范性，能够正确运用多种方法来练习。

（2）中级训练者能够完成 6 组以上的大中强度的练习，肌肉力量有较大提高。

6. 超量恢复

超量恢复是指健美训练后人体出现能量物质代谢的适应过程的一种技能状态。在健美训练过程中，肌肉通过一定的训练负荷，机体内能量物质消耗或分解代谢加强，即异化作用占优势，使肌肉产生疲劳。而健美训练后，在恢复阶段，如加强营养和休息等，可使机体能量物质再生或合成代谢加强，即同化作用占优势，恢复再生过程加强。这时机体不仅恢复到原有水平，而且能超过原有水平，这就是“超量恢复”。

（五）上肢肌肉的锻炼

上肢分为上臂、前臂和手三部分。上臂的肌肉主要包括肱骨前面的肱二头肌以及深层的肱肌、肱骨后面的肱三头肌等。前臂的肌肉主要包括前臂前肌群、前臂后肌群以及肱桡肌等，粗壮的上肢是健、力、美的标志。上肢锻炼方法主要有持铃弯举、斜板弯举、站姿滑轮弯举、钢线下压、颈后臂屈伸、弓身臂屈伸等。

1. 持铃弯举

动作要领：两脚开立，与肩同宽，两臂下垂，双手反握杠铃或哑铃，握距约与肩同宽。上臂夹贴体侧不动，两臂同时屈肘，向上弯起杠铃至胸前，稍停（呼气），慢慢地持铃放下还原（呼气）（见图 5—118、图 5—119）。重复练习。

图 5—118

图 5—119

注意事项：手腕微屈，保持一定的肌紧张。

提示：可采用单、双手进行。

2. 斜板弯举

动作要领：骑坐在凳子上，上体稍前倾。两臂伸直搁在斜板上，使腋窝卡在斜板的上沿，两手反握杠，与肩同宽。两臂以肘关节为轴，用力弯举至杠靠近锁骨，稍停（呼气）。控制速度缓慢还原（吸气）（见图 5—120、图 5—121）。重复练习。

图 5—120

图 5—121

注意事项：肘关节固定不动，不要借助身体摆动的惯性来完成动作。

3. 站姿滑轮弯举

动作要领：两脚开立，与肩同宽，上体保持挺胸收腹紧腰的姿态。两臂斜上举握住阻力器把柄，屈肘使前臂慢慢弯起至肩上方，稍停（呼气），缓慢还原（吸气）（见图 5—122、图 5—123）。重复练习。

图 5—122

图 5—123

注意事项：肘关节固定不动，不要借助身体摆动的惯性来完成动作。

4. 钢线下压

动作要领：两脚开立，挺胸收腹紧腰，屈臂两手紧握阻力杠两端把柄，握距约与肩同宽。肘关节紧贴体侧保持不动，前臂用力下压，使臂伸直，稍停（呼气），缓慢还原（吸气）（见图 5—124、图 5—125）。重复练习。

图 5—124

图 5—125

注意事项：肘关节固定不动，不要分肘。

5. 颈后臂屈伸

动作要领：站立或坐姿，两手窄握（正握或反握）杠铃或哑铃，两臂伸直上举，上臂固定不动，慢慢屈肘，下落至颈后最低点，接着，肱三头用力伸肘上举（见图 5—126、图 5—127）。重复练习。

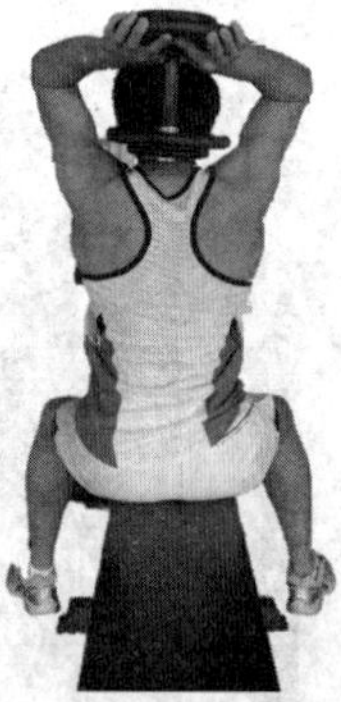

图 5—126

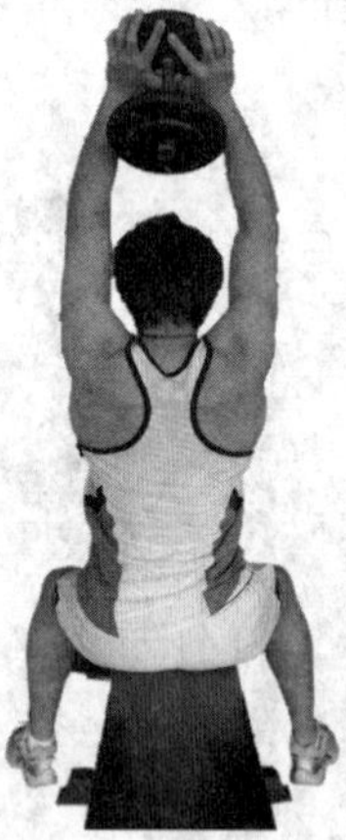

图 5—127

注意事项：伸肘时上臂固定不动，贴近耳侧，肘尖朝上。

提示：可采用哑铃或拉力器进行单双臂练习。

6. 弓身臂屈伸

动作要领：跪姿或站着，上体前倾与地面平行，一手握哑铃，另一手支撑，上臂紧贴体侧与背部平行。然后向后上方举起直至手臂完全伸直，再还原（见图5—128、图 5—129）。重复练习。

图 5—128

图 5—129

注意事项：肘关节固定不动。

提示：双手可同时进行。

7. 阶段目标

（1）初学者前几次课掌握动作的规范性，能够正确运用多种方法来练习。

（2）中级训练者能够完成 6 组以上的大中强度的练习。

8. 健美锻炼的训练法则

（1）渐进性超负荷法则。增强任何健康素质的基础是使肌肉去担负比它已习惯的更大的负荷，逐步提高重量与密度，但一定要有渐进性。

（2）多组练习法则。每个动作进行多组训练，使每一肌肉群都能彻底地得到锻炼。

（3）迷乱莫测法则，即动作多变法则。为了避免肌肉的适应性，应该常给肌肉新的刺激。

（4）孤立锻炼法则。对要发展的肌肉部位，要尽可能不借助其他部位，单独承受负荷来集中刺激肌肉。

（5）优先训练法则。对于身体的最弱的或重点要加强的部位，可安排在训练课的最前面，以精力和体力保证训练质量。

（6）分布练习法则。把身体分为上、下两部或三部，对每部可采用更多的锻炼动作和组数，分别在不同的锻炼日来练，以增加锻炼的全面性和强度。

（7）超级组法则。把起反作用的相对肌肉群连接在一起来练，当练其中之一时，有利于另一部分肌肉群疲劳的消除。

（六）大腿肌肉的锻炼

大腿前肌群的股四头肌包括股直肌、股中肌、股外侧肌、股内侧肌。大腿后肌群主要包括股二头肌、半腱肌、半膜肌。大腿内侧肌群主要有耻骨肌、长收肌、缝匠肌等。大腿肌肉的锻炼方法主要有负重深蹲、弓箭步走、坐姿腿屈伸、坐姿腿下压、站姿夹腿等。

1. 负重深蹲

动作要领：两脚开立约与肩宽，膝关节自然伸直，挺胸收腹紧腰，目视前方。两手抓握杠铃置于颈后肩部肌肉，屈膝下蹲至大腿略低于水平面或与水平面持平稍停（吸气），两腿蹬起至膝关节自然伸直（呼气）（见图 5—130、图 5—131）。全过程上体姿态保持不变，重复练习。

图 5—130

图 5—131

注意事项：练习当中挺胸、抬头用股四头肌的力量起来，臀部自始至终直上直下，切勿在起来时先抬高臀，要伴随股四头肌的用力提臀。身体运动路线直上直下，不然会增加颈部和腰背部的负担。

提示：可在两脚跟下垫一块 5 厘米左右厚的木板，以控制身体重心；可负人练习，手扶固定物，防止失去重心；可把杠铃放在胸前，做前蹲，两手固定在胸前锁骨上方，其他与身蹲类似。

2. 弓箭步走

动作要领：两脚开立约与肩宽，膝关节自然伸直，挺胸收腹紧腰，目视前方。两手抓握杠铃置于颈后肩上。一脚往前迈出大半步成弓箭步稍停（吸气），后脚蹬地跟上，还原稍停（呼气）（见图 5—132、图 5—133）。重复练习。

图 5—132

图 5—133

注意事项：注意身体姿势，以保护脊柱。

3. 坐姿腿屈伸

动作要领：挺胸收腹，目视前方，坐于伸腿机上，屈膝，两小腿置于挡板下，以膝关节为轴，股四头肌收缩，使双腿自然伸直（呼气），慢慢放下还原（吸气）（见图 5—134、图 5—135）。重复练习。

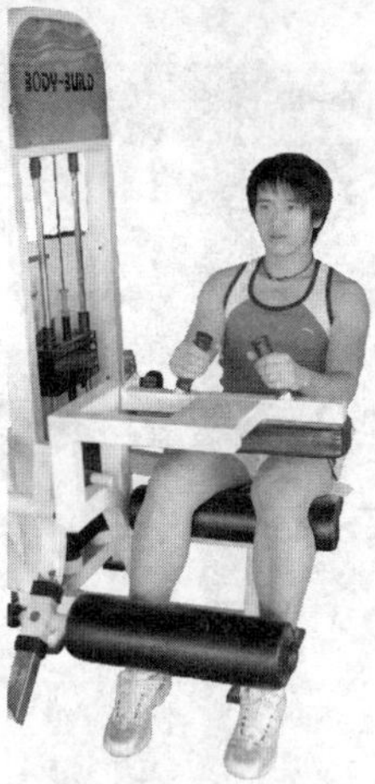

图 5—134

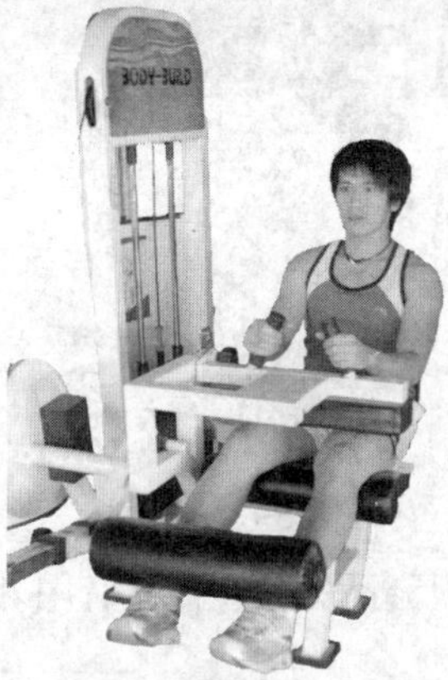

图 5—135

注意事项：伸膝要缓慢而充分，放下时也要缓慢。

4. 坐姿腿下压

动作要领：挺胸收腹，目视前方，坐于弯腿机上，两手抓握扳手，脚后跟置于挡板上，以膝关节为轴，大腿后肌群收缩，至大小腿成 90°角时稍停（呼气），慢慢放下还原（吸气）（见图 5—136、图 5—137）。重复练习。

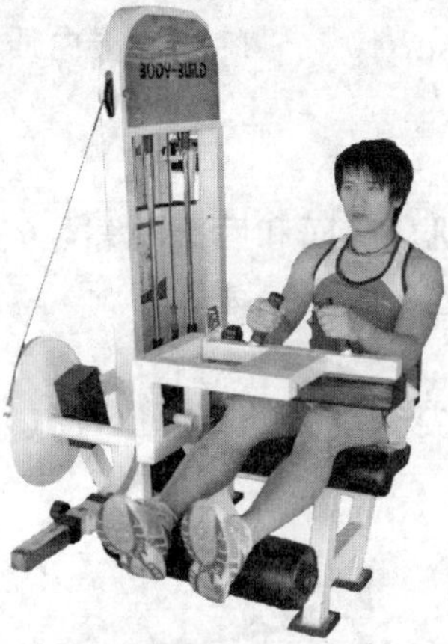

图 5—136

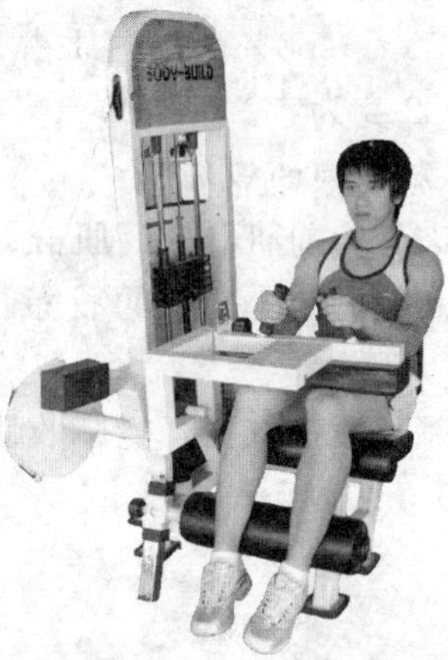

图 5—137

注意事项：上身固定，不得借用外力，集中用股二头肌的力量。

5. 站姿夹腿

动作要领：挺胸收腹站于夹腿机上，两手抓握把手，两腿分开，一腿置于挡板上，大腿内收肌群收缩至挡板与另一腿接触稍停（呼气），慢慢还原（吸气）（见图 5—138、图 5—139）。重复练习。

图 5—138

图 5—139

注意事项：上身固定，不得借用外力，还原要缓慢。

6. 专家提示

任何练习大腿肌肉的方法都要注意身体姿势，以保护脊柱。

7. 阶段目标

经过锻炼，大腿应该围度适中，肌肉发达有力，肌肉线条较明显。

8. 运动营养

糖、脂肪、蛋白质是人体的主要能量来源。除了这些还需要各种矿物质等微量元素，比如钙、钠、磷、钾、锌、铁等；各种维生素也必不可少，比如维生素 A、维生素 D、维生素 E、维生素 B 等；此外，正确合理地饮水也非常重要。健美运动员的饮食结构中，糖的摄入应占 55%～60%，蛋白质占 25%～30%，脂肪占 10%～15%，蛋白质按每千克体重摄入 1.5～2 克为宜。

（七）小腿肌肉的锻炼

小腿肌肉分为前肌群、后肌群、外侧肌群。小腿肌从前面和后面观察，应显示出丰满的肌肉线条和轮廓。小腿肌的锻炼方法主要有站姿提踵、坐姿提踵等。

1. 站姿提踵

动作要领：肩扛杠铃，挺胸收腹直背，直腿踮脚尖至最高处稍停（呼气），慢慢放下还原（吸气）（见图 5—140、图 5—141）。重复练习。

图 5—140

图 5—141

注意事项：下落至最大限度缓慢提踵，提踵至最大限度，停顿 5～6 秒（若练习爆发力，应迅速向上提踵，其他相似）。

2. 坐姿提踵

动作要领：坐姿，置重物于大腿上，踮脚尖至最高处稍停（呼气），慢慢放下还原（吸气）（见图 5—142、图 5—143）。重复练习。

图 5—142

图 5—143

注意事项：尽量向上提踵，停顿 5～6 秒，缓慢下放。

3. 专家提示

注意动作的规范性，锻炼时尽量不要借助惯性来完成动作。

4. 阶段目标

(1) 初学者能够掌握动作的规范性，能够正确运用多种方法来练习。

(2) 中级训练者能够完成 6 组以上的大中强度的练习，小腿肌肉初具轮廓。

5. 体重指标

(1) 体重指数公式。

BMI＝体重（千克）÷身高的平方（米^2）

(2) 体重指数标准。

BMI＜18.5：过轻；

BMI 介于 18.5～22.9：正常；

BMI 介于 23～24.9：超重；

BMI 介于 25～29.9：严重超重；

BMI＞30：痴肥。

(3) 体重指数不达标的原因及危害。

BMI＜18.5：营养不良，发育不健全，抵抗力差，容易生病。

BMI＞23：营养过多，脂肪堆积体内，易患高血压、糖尿病、血管硬化、胆结石、关节炎等。

第四节　健身交谊舞

一、交谊舞术语命名的方法

(一) 按动作结构与特点命名

1. 身体部位术语

交谊舞的动作形式多样，尤其是在运动过程中会有好几个身体部位参与运动。因此，交谊舞术语的命名应首先将身体部位做好规范说明。

（1）身体基本部位术语：依据人体解剖结构与交谊舞教学深度的一般需要，可从两个方面正确把握命名方法。第一：身体基本部位，分别指是头、颈、肩、胸、腰、臀、胯、腿、膝、脚踝、脚跟、脚掌等；第二：常讲的关节有，肩关节、肘关节、腕关节、髋关节、膝关节、踝关节等。按交谊舞常用的说法，身体部位还有如下的俗称：

头部：前额、面部与后脑。

胸部：前胸、后背。

腰腹部：前腹、后腰；左腹、右腹、左腰、右腰。

髋部：左髋、右髋。

腿部：左腿、右腿（大腿、小腿）。

脚部：左脚、右脚。

臂部：左臂、右臂（大臂、小臂）。

手部：左手、右手。

大部分动作是按照身体位置命名的。

（2）男女身体相对部位术语：

正——男女面对面、肩轴平行的姿势（见图5—144）。

同侧与异侧——同侧是指上、下肢动作开始的指向与做动作的上、下肢的方向相同，反之为异侧。

背——男女背对背、肩轴平行的姿势（见图5—145）。

侧——男女肩轴垂直的姿势。以男伴为参照物，女伴在男伴的右侧垂直站立位为右侧（见图5—146），左侧反之（见图5—147）。

前——以男伴为参照物，女士背对男士平行站立的姿势（见图5—148）。

后——以男伴为参照物，男士背对女士平行站立的姿势（见图5—149）。

图5—144

图5—145

图 5—146

图 5—147

图 5—148

图 5—149

左与右：以男伴为参照物，男女面对同一方向，女士位于男士左肩旁为左、位于右肩旁为右（见图 5—150、图 5—151）。

图 5—150

图 5—151

2. 动作方位术语

动作方位是相对的，通常是以男士为参照物来区分。为了便于舞蹈进行中正确地辨别方位和检查旋转的角度，根据记录各种舞蹈的惯例，在舞场上要规定一定的方位。一般情况下，多以乐队演奏台的一面为规定方位的基点，定为“1 点”（也可选场地上其他任何一点）。每向顺时针方向转动 45°，则变动一个方位，以此类推，共有 8 个点。因此，在场地中四个面为 1、3、5、7 点，四个角为 2、4、6、8 点（见图 5—152）。

在规范的国际体育舞蹈中，还规定了 8 条线，只要是沿着舞程线的圆周进行，无论行进到哪一点，上述的规律都适用。如图 5—152 所示：“1”为面向舞程线或背对舞程线；“2”为面向墙壁或背向中央；“3”为面向斜壁或背向逆中央；“4”为面向逆斜壁或背向斜中央；“5”为面向逆舞程线或背向舞程线；“6”为面向逆斜中央或背向斜壁；“7”为面向中央或背向墙壁；“8”为面向斜中央或背向逆斜壁。

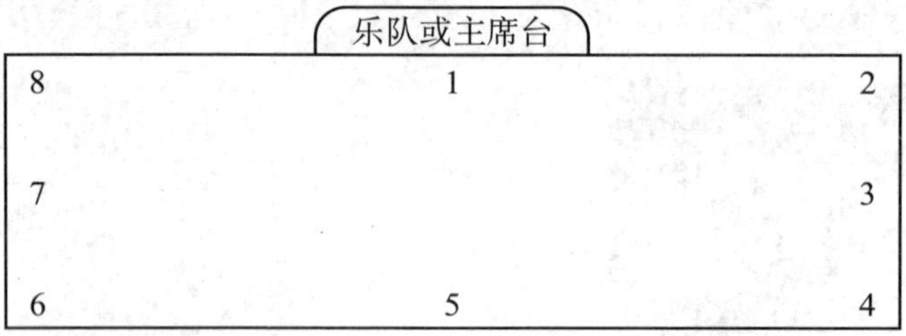

图 5—152 动作方位

3. 运动方向术语

正规的比赛场地要求为：地面平整光滑，面积为 15 米×23.2 米。赛场长的两条线叫 A 线，短的两条线叫 B 线。比赛选手所编的套路，应按两条线的长短不同，安排适当的动作，不断沿两条线按舞程线方向循序而进。

（1）舞程线的概念。舞程线（Line of Dancing，简称 L. O. D），是指舞者沿着舞池以逆时针方向行进的路线（见图 5—153）。这是一条沿着舞池四周运行并与墙壁平行的设想线，是指移动方向，并非是一条一成不变的单道线，因此也称舞程线。即使有几对舞伴相互交错地遵循着舞程线绕道运行，也算遵守跳舞场上的“交通规则”；如沿着顺时针方向去跳舞，就违背了基本法则，会接二连三地碰撞到其他的舞伴。

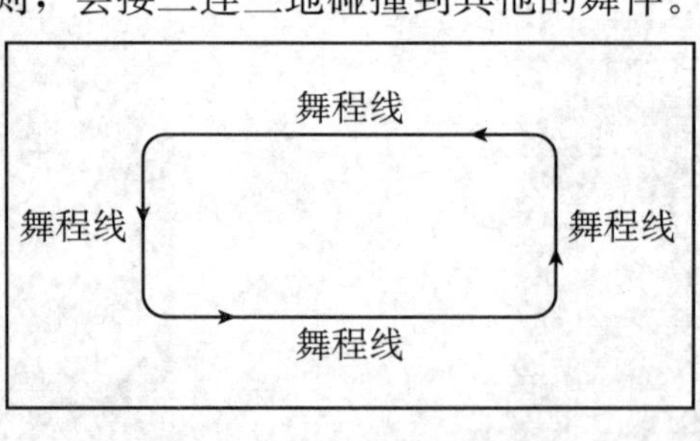

图 5—153 舞程线

具体舞程线：为了使舞者在学习和跳舞的过程中，能更容易理解和掌握各种舞步，规定在舞池的任何一个点都有 8 个方向 8 条线。以男伴面对舞程线方向为基准，对舞步的行进方向规定了八条线。只要舞者沿着舞程线行进，无论到哪个点上，都可以按八条线来区分方位和角度（见图 5—154）。

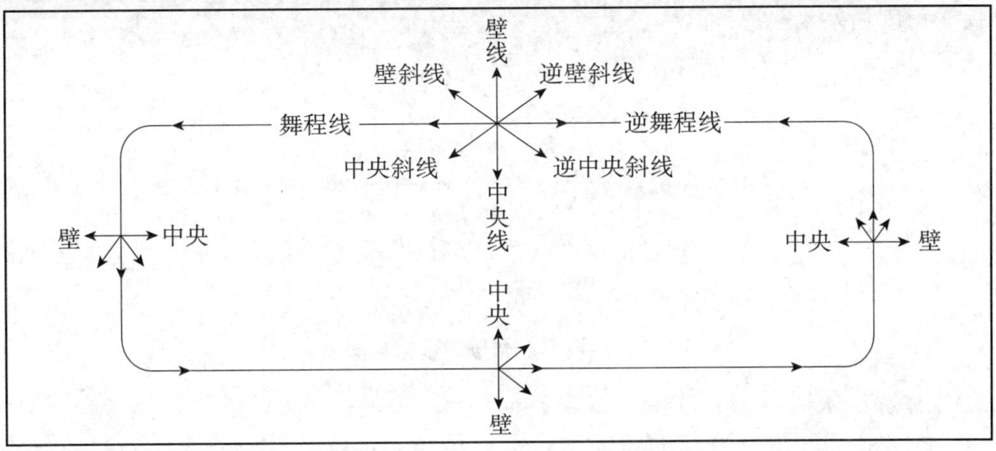

图 5—154　具体舞程线

其中：男伴面向的是舞程线；

男伴背向的是逆舞程线；

男伴右肩所向即右转 90°所向为四壁称为壁线；

男伴左肩所向即左转 90°所向为舞池中央称为中央线；

男伴右前方即右转 45°后的方向朝壁线倾斜称为壁斜线；

男伴左前方即左转 45°后的方向朝中央线倾斜称为中央斜线；

男伴右后方即右转 135°后的方向朝壁线逆向倾斜称为逆壁斜线；

男伴左后方即左转 135°后的方向朝中央逆向倾斜称为逆中央斜线。

（2）单个动作基本运动的方向。动作与人体基本平面平行或垂直的指向。分前、后、左、右、上、下六个基本方向。人体直立时胸面对的方向为前，其背部面对的方向为后；人体左侧所对的方向为左，右侧所对的方向为右；头顶所对的方向为上，脚面对的方向为下。根据交谊舞的运动特点，其动作方位分别还有以下派生方向名称。

直进——肩轴或髋部正对前方前进。

直退——肩轴或髋部正对前方后退。

以上两种运动方向的基本步伐可以演变出很多变型步伐。如：四步舞当中可以演变为进退直进步、进退直退步、退进直进步、退进直退步。

斜进——肩轴或髋部斜对前方前进。

斜退——肩轴或髋部斜对前方后退。

横移——肩轴或髋部正对前方向左或向右平行移动。

侧进——肩轴或髋部向左或向右转动朝侧向前进。

侧退——肩轴或髋部向左或向右转动朝侧向后退。

4. 角度与旋转角度术语

每个舞步开始、结束时所站立的方向，运步、旋转过程中的方位、角度都有一定的规定。旋转时以旋转 360°为一周；旋转 45°为 1/8 周；旋转 90°为 1/4 周；旋转 135°为 3/8

周；旋转 180°为 1/2 周；旋转 225°为 5/8 周；旋转 270°为 3/4 周；旋转 315°为 7/8 周（见图 5—155）。在记录旋转动作时，应先标明旋转的方向，即左转或右转，再标明角度。每条舞程线角度相差 45°。

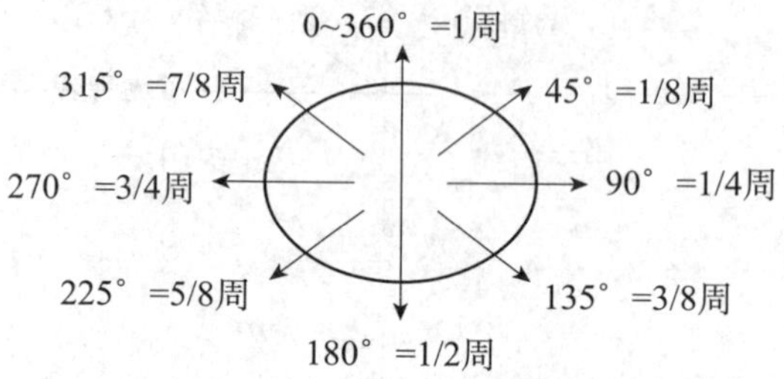

图 5—155 角度与旋转角度

5. 舞姿方法术语

（1）闭式位——男女舞伴面对面站立，形成“四点接触”架型方法的握抱姿势状态（见图 5—156、图 5—157、图 5—158）。

图 5—156

图 5—157

图 5—158

具体“四点接触”要求为：

1）男伴左手掌与女伴右手掌、大拇指交叉相握（见图 5—159、图 5—160）。相握后男伴左臂抬起，小臂内弯与上臂大约成 120°，左肘关节的高度稍低于肩，左腕部上抬，其高度齐女伴右耳峰。

图 5—159

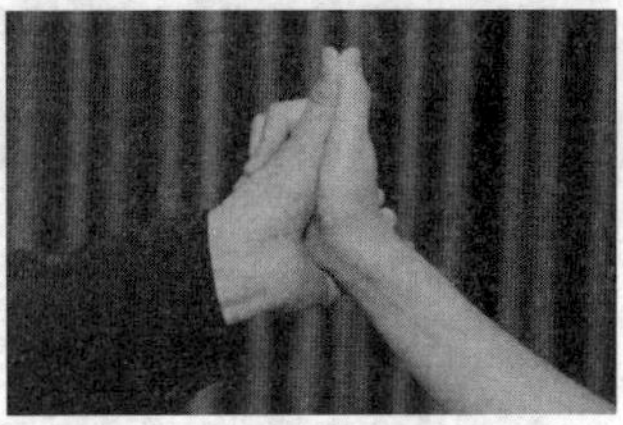
图 5—160

2）男伴右上臂抬起，右肘关节稍低于肩，小臂内弯，右手五指合拢贴在女伴左肩胛骨的下半部，并用掌部轻托女伴。握持方法如图 5—161 所示。

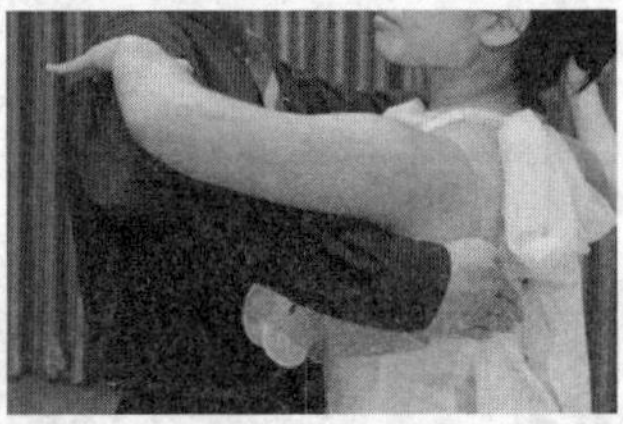
图 5—161

3）女伴左手虎口张开，轻放在男伴右上臂三角肌的下部。握持方法如图 5—162 所示。

4）女伴的左腕部与小臂轻轻平放在男伴右臂的上沿，不可使腕关节突起。握持方法如图 5—163 所示。

图 5—162

图 5—163

（2）左外侧位（左外侧交叉位）——在闭式位基础上，男伴左脚在女伴左脚外侧行步，女伴身体保持在男伴身体左侧的位置，可分左外侧前进位和左外侧后退位（见图 5—164、图 5—165）。

（3）右外侧位（右外侧交叉位）——在闭式位基础上，男伴右脚在女伴右脚外侧行步，女伴身体保持在男伴身体右侧的位置，分右外侧前进位和右外侧后退位（见图 5—166、图 5—167）。

图 5—164

图 5—165

图 5—166

图 5—167

（4）开式位（侧行位）——在闭式位基础上，男伴将头及躯干略向左转，女伴将头及躯干略向右转，男女舞伴同时前进或后退行步，女伴身体保持在男士身体右侧的位置（见图 5—168、图 5—169、图 5—170、图 5—171）。

图 5—168

图 5—169

图 5—170

图 5—171

（5）散式位（分式位）——男女舞伴离开“闭式舞姿”的基本架型，男伴用单手和双手牵引女舞伴跳舞。男女舞伴面朝同一方向站立，男女舞伴正、侧、前、后及左右站立，可形成单牵手、双牵手、不牵手或交叉牵手的姿势状态。

散式位置可分为以下几种：

1）左侧散式位。男女舞伴身体分别向左右侧打开，男伴左手握持女伴右手放置于腰并齐位置，男伴左手向左后斜方上举，女伴右手向右后斜上方上举。右侧散式位反之（见图 5—172、图 5—173）。

图 5—172

图 5—173

2）正散式位。男女舞伴正面站立，单手交叉或不交叉握持（见图 5—174、图 5—175、图 5—176）；双手交叉或不交叉握持（见图 5—177、图 5—178、图 5—179）。

图 5—174

图 5—175

图 5—176

图 5—177

图 5—178

图 5—179

3）左正散式位。以男伴为参照物，男伴在女伴的左侧并成右弓步站立，左手在左腰腹前，右手在斜上方侧举，女伴成左弓步站立，右手从右腰后方与男伴左手相握持，左手向斜上方侧举，男女舞伴成左右散式造型。右正散式位则反之（见图 5—180、图 5—181）。

图 5—180

图 5—181

4）影子位。男女舞伴面朝同一方向前后错位站立，形成影子状态。

第一，左后侧影子位。以男伴为参照物，男伴在女伴的右前侧，左手侧举与女伴右手相握持，男伴右手从腰后与女伴右手相握持。右后影子位反之（见图 5—182、图 5—183）。

图 5—182

图 5—183

第二，左右前影子位。以男伴为参照物，男伴在女伴的右后侧，左右手自然侧举 45°角与女伴左右手相握持，或将双臂上举与女伴双臂相握持，男伴手放置女伴双臂的小臂或手腕处。右后影子位反之（见图 5—184、图 5—185、图 5—186、图 5—187）。

图 5—184

图 5—185

图 5—186

图 5—187

第三，左环抱影子位。以男伴为参照物，女伴在男伴的左外侧，男伴左手从女伴腰后与女伴右手相握持，男伴右手与女伴左手在胸前相握持，上肢分别向后稍倾斜，四目相对，交流感情。右环抱影子位反之（见图 5—188、图 5—189）。

图 5—188

图 5—189

第四，扇形位。女士侧位站立男士左右旁，舞伴之间形成直角形的状态，相距一个手臂的距离，男伴动作挺拔，女伴动作舒展，握持手臂自然放置腰间，外侧手臂可自然侧平举或上举，四目相对，交流感情（见图 5—190、图 5—191、图 5—192、图 5—193）。

图 5—190

图 5—191

图 5—192

图 5—193

6. 动作相互关系术语

同时——把两个单独动作必须做成一个完整动作，如：臂下左转至外展同时换位。

依次——在单个动作中，身体某些部位有先后做动作时，用“依次”表示，如：错位正散式依次转圈、男女依次右转成弓步。

接——两个单个完整动作之间要求连续完成时用“接”字把它们连接起来，如：右转成左散式接左转成右散式、侧行右转接斜进步。

成——在做完动作之后的结束姿势，如：外侧左转成闭式位、直进成开式位；又如：女右旋转成闭式位。

经——在完成动作过程中经过某种姿势与位置时，用“经”表示，如：经臂下左转成相对位结束。

同侧——做动作的方向和做动作的上肢或下肢在一个方向，如：同侧直进步。

异侧——做动作的方向和做动作的上肢或下肢不在一个方向，如：异侧斜进步。

破折号——在记写成套动作时，每一个随后的单独动作和联合动作用“——”的符号使它和前一个动作隔开，如：停——走步。

（二）礼仪术语

1. 社交礼仪

社交礼仪含有4个过程，依次是：请舞、领舞、共舞和谢舞。

请舞——又称邀舞，是邀请对方跳舞。一般是男士邀请女士跳舞，男士走到女士面前侧身站立。当男士在女士的左侧请舞时，男士伸右手、虎口向上，手臂自然弯曲，身体直立。女士在得到男士的邀请后，应正面站立，左手自然抬起置于男士右手掌上，掌心向下与男士右掌心相贴，两人应保持恰当的距离。当男士站在女士右侧请舞时，则动作相反（见图5—194、图5—195）。

图 5—194

图 5—195

领舞——是将所邀请的对方领入舞池的过程。当男士领舞时，手臂斜前引导，身体自然站立在女士身旁，引导女士同时进入舞池。此时，男女双方尚在形成舞伴关系的先前阶段。

共舞——是男女双方在舞池中成对跳舞的过程。当男女双方步入舞池，一旦形成闭式或分式的握姿时，意味着男女舞伴关系已经确立。

谢舞——是表示舞蹈过程的结束。舞蹈一旦结束，男女舞伴在解除闭式或分式的握姿后，男女舞伴之间相互面对表示谢意，此时，舞伴关系亦结束（见图5—196、图5—197、图5—198）。

图 5—196

图 5—197

图 5—198

2. 竞赛、表演礼仪

竞赛、表演礼仪包含 5 个过程，依次是：请舞、领舞、起舞、共舞和谢舞。其中领舞、共舞与社交礼仪相同。

请舞——在本礼仪的“请舞”中，与社交礼仪的“请舞”所不同之处是：本礼仪的“请舞”表示男女舞伴关系的建立。

起舞——男女舞伴分开站立，男士正面站立、女士侧身站立，音乐开始后，男士先做起势状，女士接受，并配合正确的握姿共舞。

谢舞——在本礼仪的“谢舞”中，与社交礼仪的“谢舞”所不同之处是：男女舞伴不能相互面对，应该面对观众或面对评委，表示谢意。

二、慢三步舞蹈基本舞步

（一）综述（见表 5—3）

表 5—3

<table>
<tr><td>音乐节拍</td><td>3/4 拍</td><td rowspan="2">舞蹈特征与特点</td><td rowspan="2">1. 舞态雍容，高贵典雅
2. 舒展流畅，回旋起伏
3. 前进按“跟掌、掌、掌跟”
4. 后退按“掌跟、掌、掌跟”
5. 3 拍为 1 小节</td><td rowspan="2">典型舞曲</td><td rowspan="2">1. 友谊地久天长
2. 月亮河
3. 雪绒花
4. 在银色的月光下
5. 天鹅之死</td></tr>
<tr><td>分钟节数</td><td>28～32 小节/分钟</td></tr>
</table>

（二）分解（见表 5—4～表 5—13）

表 5—4

序号	动作名称	小节	节拍	动作做法	关键要领
1	直进步	1	123	闭式位开始，第 1 拍男左脚前进，第 2 拍男右脚前进，第 3 拍男左脚与右脚并步；女步反之。如图 5—199 所示。	（1）肩轴和髋部正对前方前进。 （2）两脚并步时脚尖平齐。

图 5—199

表 5—5

序号	动作名称	小节	节拍	动作做法	关键要领
2	直退步	1	123	闭式位开始，第 1 拍男左脚后退，第 2 拍男右脚后退，第 3 拍男左脚与右脚并步；女步反之。如图 5—200 所示。	（1）肩轴和髋部正对前方后退。 （2）两脚并步时脚尖平齐。

图 5—200

表 5—6

序号	动作名称	小节	节拍	动作做法	关键要领
3	1/4 左转	2	123 456	第 1 拍男左脚前进，第 2 拍男左脚右横移，且身体左转 1/4 周，第 3 拍男左脚与右脚并步，第 4 拍男右脚后退，第 5 拍男左脚横移，且身体左转 1/4 周，第 6 拍男右脚与左脚并步；女步反之。如图 5—201 所示。	（1）第 1 拍和第 4 拍男女双方均肩轴和髋部正对前方前进或后退。 （2）男女在做后退步时出步方向为右后方。 （3）两脚并步时脚尖平齐。

图 5—201

表 5—7

序号	动作名称	小节	节拍	动作做法	关键要领
4	1/4 右转	2	123 456	第 1 拍男右脚前进，第 2 拍男左脚左横移，且身体右转 1/4 周，第 3 拍男右脚与左脚并步，第 4 拍男左脚后退，第 5 拍男右脚横移，且身体右转 1/4 周，第 6 拍男左脚与右脚并步；女步反之。如图 5—202 所示。	(1) 第 1 拍和第 4 拍男女双方均肩轴和髋部正对前方前进或后退。 (2) 男女在做后退步时出步方向为左后方。 (3) 两脚并步时脚尖平齐。

图 5—202

表 5—8

序号	动作名称	小节	节拍	动作做法	关键要领
5	直进成开式位	1	123	闭式位开始，第 1 拍男左脚前进，第 2 拍男右脚前进，第 3 拍男左脚前进，同时身体向右转 1/4 周，结束时两脚分立，身体成开式位。如图 5—203 所示。	(1) 男步第 3 拍左脚须经右脚后打开成分立位。 (2) 女步第 2 拍左脚向左后方出脚，第 3 拍右脚须经左脚后打开成分位。

图 5—203

表 5—9

序号	动作名称	小节	节拍	动作做法	关键要领
6	直退成开式位	1	123	闭式位开始，第 1 拍男左脚后退，第 2 拍男右脚后退，第 3 拍男左脚前进，同时身体向右转 1/4 周，结束时两脚分立，身体成开式位。如图 5—204 所示。	(1) 男步第 3 拍左脚须经右脚后打开成分立位。 (2) 女步第 1 拍右脚前进走男士右外侧，第 3 拍右脚须经左脚后打开成分位。

图 5—204

表 5—10

序号	动作名称	小节	节拍	动作做法	关键要领
7	斜进步（交叉）	2	123 456	闭式位开始，第 1 拍男左脚向右前方前进，第 2 拍男右脚前进，第 3 拍男左脚经右脚后转体 1/4 周向前成两脚分立位，第 4 拍男右脚前进；第 5 拍男左脚前进，第 6 拍男右脚与左脚并步；女步反之。如图 5—205 所示。	(1) 男步第 1 拍左脚前进走女士左外侧，第 4 拍右脚前进走女士右外侧。 (2) 男女第 3 拍两脚经过与转体 1/4 周须同时完成，而后打开成分立位。

图 5—205

表 5—11

序号	动作名称	小节	节拍	动作做法	关键要领
8	斜退步（交叉）	2	123 456	闭式位开始，第 1 拍男左脚向右后方后退，第 2 拍男右脚后退，第 3 拍男左脚经右脚后转体 1/4 周后成两脚分立位，第 4 拍男右脚后退，第 5 拍男左脚后退，第 6 拍男右脚与左脚并步；女步反之。如图 5—206 所示。	(1) 女步第 1 拍右脚前进走男士右外侧，第 4 拍左脚前进走男士左外侧。 (2) 男女第 3 拍两脚经过与转体 1/4 周须同时完成，而后打开成分位。

图 5—206

表 5—12

序号	动作名称	小节	节拍	动作做法	关键要领
9	开式位追步行进	1	123	开式位开始，第 1 拍男右脚前进，女左脚前进，第 2 拍男左脚前进，女右脚前进，第 3 拍男左脚前进，女右脚前进，在第 2 拍和第 3 拍之间男女均加并步，即男右脚与左脚相并，女左脚与右脚相并。结束成开式位。如图 5—207 所示。	(1) 全部动作身体和姿态保持开式位置。 (2) 在第 2 拍和第 3 拍之间做并合步时男女头位后回望再打开成开式位置。

图 5—207

表 5—13

序号	动作名称	小节	节拍	动作做法	关键要领
10	右外侧追步后退	1	123	闭式位开始，第 1 拍男左脚后退；第 2 拍男右脚后退，第 3 拍男右脚后退，在第 2 拍和第 3 拍之间加并步；女步反之。如图 5—208 所示。	(1) 女步第 1 拍右脚前进走男士右外侧。 (2) 全部动作身体和姿态保持闭式位置。

图 5—208

三、探戈舞蹈基本舞步

（一）综述（见表 5—14）

表 5—14

序号	动作名称	小节	节奏	要领提示
1	斜退前进步	1	SSQQ	男左脚斜退后，重心移动向右脚，左脚前进，右脚前进；女生反之。
2	前进后退步	1	SSQQ	男左脚前进后，重心移动向右脚，左脚后退，右脚后退；女生反之。
3	1/4 左转步	1	SSQQ	男第 1 步左脚后退，第 2 步重心向右脚，第 3 步开始转向左，第 3～4 步之间完成 1/4 转，而第 3 步的脚位前进，第 4 步的脚位为旁后。
4	左外侧步	0.5	S	男左脚后退，女右脚外侧位前进。
5	开位	1	SSQQ	以右外侧位为前导步，第 2 步重心移向右脚，第 3～4 间男生身体转向右，而第 3 步脚位为前旁，第 4 步脚位为旁后。女生则在第 3～4 步间身体转向右成开位。
6	侧行弓步	1.5	SSQQ S	男生第 1 步在开式位上左脚后退，第 2 步保持在开式位上右脚前进，第 3 步继续左脚前进，第 4 步继续右脚前进。女生第 1 步在开式位上右脚后退，第 2 步保持在开式位上左脚前进，第 3 步继续右脚前进，第 4 步继续左脚前进。
7	弓步	0.5	S	在开式位上，男左女右脚向旁，支撑腿呈弯曲。
8	侧行后退	1	SSQQ	前导步为弓步，第 2 步右脚后退，第 3 步左脚后退，第 4 步右脚后退。 女生第 2 步动作与男生相同，但方向相反，身体保持在开位之中。

（二）分解（见表 5—15～表 5—22）

表 5—15

序号	动作名称	小节	节奏	要领提示
1	斜退前进步	1	SSQQ	男左脚斜退后，重心移动向右脚，左脚前进，右脚前进；女生反之。如图 5—209 所示。

图 5—209

表 5—16

序号	动作名称	小节	节奏	要领提示
2	前进后退步	1	SSQQ	男左脚前进后，重心移动向右脚，左脚后退，右脚后退；女生反之。如图 5—210 所示。

图 5—210

表 5—17

序号	动作名称	小节	节奏	要领提示
3	1/4 左转步	1	SSQQ	男第 1 步左脚后退，第 2 步重心向右脚，第 3 步开始转向左，第 3～4 步之间完成 1/4 转，而第 3 步的脚位前进，第 4 步的脚位为旁后。如图 5—211所示。

图 5—211

表 5—18

序号	动作名称	小节	节奏	要领提示
4	左外侧步	0.5	S	男左脚后退，女右脚外侧位前进。如图 5—212 所示。

图 5—212

表 5—19

序号	动作名称	小节	节奏	要领提示
5	开位	1	SSQQ	以右外侧位为前导步，第 2 步重心移向右脚，第 3～4 步间男生身体转向右，而第 3 步脚位为前旁，第 4 步脚位为旁后。女生则在第 3～4 步间身体转向右成开位。如图 5—213 所示。

图 5—213

表 5—20

序号	动作名称	小节	节奏	要领提示
6	侧行弓步	1.5	SSQQ S	男生第 1 步在开式位上左脚后退，第 2 步保持在开式位上右脚前进，第 3 步继续左脚前进，第 4 步继续右脚前进。女生第 1 步在开式位上右脚后退，第 2 步保持在开式位上左脚前进，第 3 步继续右脚前进，第 4 步继续左脚前进。如图 5—214 所示。

图 5—214

表 5—21

序号	动作名称	小节	节奏	要领提示
7	弓步	0.5	S	在开式位上，男左女右脚向旁，支撑腿呈弯曲。如图 5—215 所示。

图 5—215

表 5—22

序号	动作名称	小节	节奏	要领提示
8	侧行后退	1	SSQQ	前导步为弓步，第 2 步右脚后退，第 3 步左脚后退，第 4 步右脚后退。 女生第 2 步动作与男生相同，但方向相反，身体保持在开位之中。如图 5—216 所示。

图 5—216

第五节 瑜伽

一、瑜伽的起源

瑜伽起源于印度，“Yoga”音译而来，是印度哲学的六派中的一派，是有益于身心的一种古老修炼方式，至今已有五千多年的历史。按古印度语的诠释，瑜伽是指通过练习达到一种大脑活动和身体机能和谐统一的状态，亦即“平衡”的意思。

瑜伽还代表个体与某种高于一切的东西结合，它是一种系统，以帮助人们发挥他们最大的潜力，并达到最高精神状态为目的。这些技法能锻炼人类的各方面，无论生理的、情感的，还是智力的和精神的。

二、瑜伽的功能

（一）强身健体，减脂瘦身

经常练习瑜伽姿势能增强肌肉结实度，锻炼身体柔软度，防止运动损伤，提高心肺功能，促进血液循环及新陈代谢，帮助消化，提高身体免疫力。

（二）排毒养颜，抵抗衰老

瑜伽认为衰老的原因是自体中毒，即身体长年积存大量毒素，无法排出体外所致。多练习瑜伽姿势能有效的排除体内的毒素，体内不会积存过多胆固醇和脂肪，人自然更青春、更有活力。

（三）调节心情，缓解和预防压力

练习瑜伽有极大的放松及静心作用，给人一种既松弛又平和的感觉。可以有效调节神经系统及内分泌系统，进而改善个人整体健康。而它在心理及精神方面的影响力，更被用来改善囚犯的精神健康，帮助他们减轻精神压力、恐惧感、攻击性，以及提高他们重归社会的能力。

（四）治疗疾病

长期练习瑜伽姿势、调息法及放松法可预防百病，尤其是对长期失眠、偏头痛、腰背痛、颈椎病、肠胃疾病、糖尿病、高血压、饮食失衡、关节炎、动脉硬化、静脉曲张、哮喘等慢性疾病。有研究显示，长期练习瑜伽的人比普通人更懂得控制自身的体温、心跳率和血压水平。

瑜伽的益处不胜枚举。当我们明白生理、心理和精神三方面的健康并不能分割处理时，自然会对整体生命有更透彻的了解。瑜伽的最终目的，是拓宽个人意识，令我们更了解当下生命的意义和价值。

三、练习瑜伽应注意的问题

（1）时间：练习时最好是在饭后 2 、 3 小时后为宜，清晨是个不错的选择，傍晚的练习更有助于解除一天的疲劳，让人恢复精力。在练习瑜伽后至少 15 分钟再沐浴。

（2）地点：练习地点格外重要。尽可能选择安静、干净、舒适、通风的地方，对于调息练习很重要。不要在烈日下做瑜伽。

（3）垫子：选择一张由天然材料制成的薄厚、软硬适中的垫子。

（4）着装：由于瑜伽有大量的扭曲和伸展躯干和四肢的动作，因此最好光脚，身着宽松的服装进行练习。练习时除去手表、腰带或其他饰物。

（5）饮食：尽量避免进食一些过于油腻、辛辣和容易导致胃酸过多的食物；练习结束后30～40 分钟后再进食。

（6）警言：身体不适时不要勉强自己。在做瑜伽练习时，每个动作适时而止，做到自己的极限即可。

四、瑜伽入门知识

（一）正确的呼吸之道

身体吸收生命之气的其中一种方式就是呼吸，所以更充分和更有效地呼吸能增加体内的生命之气，滋养人体的组织、血脉和神经系统，并增加总体活力。不过，这并不代表越深的呼吸越好，因为有可能在太短的时间里呼吸空气太多而造成换气过度。这里所指的是学会尽量有意识地控制呼吸。

在瑜伽练习中，所有的呼吸都是通过鼻子来进行的（除非特别指定方式）。鼻子里的鼻毛能过滤空气中的尘埃，并使空气在进入肺之前变得更加温暖和湿润。如果空气通过嘴巴进入肺部，那么将把未经过滤的污染物直接带进肺里。

在大多数瑜伽练习里，呼吸是一个健康姿势的开始。为了让横膈膜得到最大的锻炼，必须紧缩下腹部（让肚皮尽量贴近脊椎骨），让空气进入胸部和上腹部，在肚脐和胸腔之间。

在吸气时，扩充上腹部和胸腔，让前后胸腔都充满空气；在呼气时，放松胸腔和下腹部，让废气流出去，运用腹部的肌肉帮助吐出废气，直到所有废气都吐出为止（腹部肌肉的收缩会导致横膈膜向上压迫，并压缩肺部，使肺部所有空气都被清除出去）。

（二）瑜伽的冥想

冥想一般是指沉思或反省自我的行为，也可以理解为对宇宙的感悟。它是一种让大脑安静下来，变得更加自觉和自制的古老修炼。冥想不是一种可以学会的东西，而是在精神或注意力集中时自然产生的一种状态。练习瑜伽的前提是必须具备一种健康的意识状态，即把注意力集中在某一个时刻的能力。冥想就是瑜伽练习中达到这种专注状态的方式。

1. 冥想的坐姿

坐在地上或一个椅垫上。坐下来以后把背尽量挺直，轻微地收腹，使脊椎骨一直轻松地伸展到头部下端。呼吸时，胸腔和上腹部尽量伸展，让空气流入丹田中。注意不要使用前后胸腔呼吸。

（1）简易坐：简易坐代表着舒适和稳固的坐姿，所以你只要坐下来，双腿交叉就可以了。你可以根据自己的情况稍微改动这个坐姿（见图 5—217）。

（2）至善坐：从简易坐开始，然后把一只脚放在另一只上面，最后让抬起来那只脚的脚背压住腹股沟。我们也可以简化这个坐姿，把一只脚的脚踝放在另一只大腿上，或者把一个脚踝或小腿放在另一个上面。这个坐姿是为莲花坐做准备。如果经常使用这个坐姿，要记住时不时交换两腿的姿势，这样可以让大腿和跨部的两边都具备相同的灵活性（见图 5—218）。

图 5—217

图 5—218

（3）莲花坐：从简易坐开始，逐渐转到至善坐后，抬起另一腿，把脚背放在相应的腹股沟里。握住脚，把它们慢慢的移动到腹股沟区域里，尽量保持一个平衡、对称的姿势（图 5—219）。

2. 手的姿势

手的姿势是专门为聚集体内能量而设计的，手的姿势是一个闭和的圆周形，这样能量就能在体内循环。

选择以下两种姿势中的一种：左手握住右手；双手放在大腿或膝盖上掌心向上大拇指和食指尖合到一起（见图 5—220、图 5—221）。

图 5—219

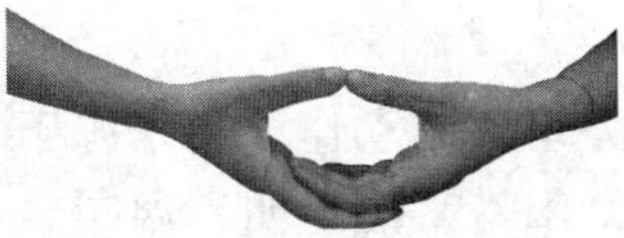
图 5—220

图 5—221

3. 冥想的技巧

把注意力放在呼吸上。只要不停地观察你的呼吸，就能把你的全部注意力放在呼吸上，而且完全不会改变它的方式。通过鼻子来呼吸，而且把注意力放在呼气上，而不是吸气。

在每一次呼吸时，感觉自己正在释放所有的压力、思绪和情绪，特别是在呼完气，准备再呼吸的那一刻。在练习这个技巧时，既可以把眼睛张开，也可以把眼睛闭上；如果眼睛是张开的，让目光停留在某个焦点上，例如离身体几英尺的地上，或者在眼睛水平位置的蜡烛火苗上；如果眼睛是闭上的，就把注意力全部放在呼吸上。这项技巧对安定情绪和保持大脑清醒非常有效，它能释放由焦虑和疑惑引起的精神压力。

把注意力放在一个物体上。这个练习可以使用任何一个物体，比如一朵花、一块石头等。点燃一支蜡烛，放在离你几英尺的地面上，这样当你的背挺直后，你的眼睛会稍微向下注视，注视的位置既不会离你的身体太近，也不会太远。在注视蜡烛时，眼睛一定要盯着火苗，如果大脑思绪游离不定，一旦发现走神要及时把注意力重新集中在火苗上。如果可以，盯着蜡烛几分钟后，闭上眼睛，想象那簇火苗就在你的眉心之间。在脑海里一直保持这幅画面，直到重新睁开眼睛盯着火苗。可以一会儿睁开眼睛，一会儿闭上眼睛，但每段时间应该保持在一分钟以上。盯蜡烛的技巧能延长注意力的时间跨度。

（三）瑜伽的放松

放松能给身体一段时间为下一项活动或第二天补充能量。因此，放松是一种在我们躺着或静坐时，完全放开身体的能力，它将帮助我们在生活过程中去除不必要的紧张情绪，并使我们能更加集中精神，全神贯注。在瑜伽中，放松练习能使身体吸收和整合不同姿势，释放能量。这样练习者就能从每个姿势或一系列姿势中受益。在一个专门锻炼身体某部分的瑜伽姿势完成后，放松还能让这部分身体中的血液有时间在身体中循环。常见的放松姿势如图 5—222 所示。

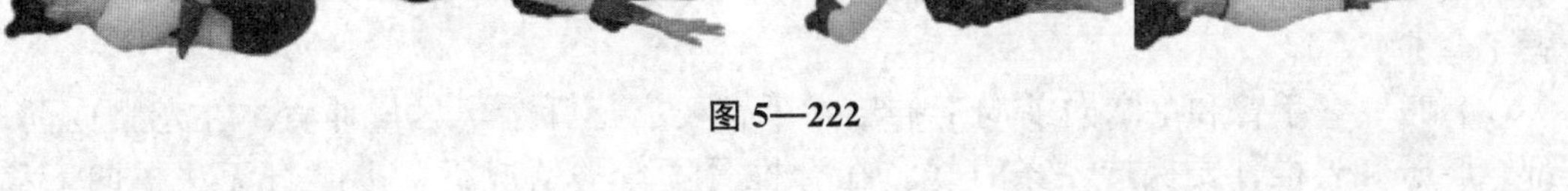
图 5—222

（四）瑜伽的体位练习

古印度人通过观察大自然中的林林总总，发现动植物具有的超强自愈与自治能力，是体现生命旺盛的根本性标志。于是在这样的前提下，按最初的模仿，创立了八万多个瑜伽姿势。但随着时间的推移，目前仅存留下来的几百个动作，都是经历演变后的精华，可供我们在锻炼中选择。以下是一些简易的瑜伽姿势，适合入门者练习。

1. 热身

向太阳致敬式是由一组瑜伽姿势组成的动作。它来源于一系列对初升的太阳进行膜拜的动作。对太阳的问候是为了感谢太阳带来的光明和温暖，带给大自然的活力，以及对我们的生活带来的影响。

向太阳致敬式是伸展脊椎的有效方式，它还能让身体和脊椎变得更加柔软。这一系列动作中的每个姿势都是经过精心安排，以至于任何一个伸展和打开胸部区域的姿势后面肯定紧接着一个收紧胸部的姿势，这会让呼吸系统更加自由地进行呼吸。向太阳致敬式还能促进身体各个部分的血液循环。当血液循环得到促进，深呼吸让氧气供应更加充足后，身体变得精力充沛，大脑的注意力也更加集中。这一系列动作应该一个接一个，流畅地完成。我们不仅能从每个姿势中获益，还能从姿势之间的转换动作中获益。呼吸和动作的协调对我们有极大的帮助，而且我们顺畅地完成所有动作时，会给人们平衡优雅的感觉。它是最好的热身运动，因为它能有效的在练习开始时，唤醒身体，使身体精力充沛，也可以在瑜伽练习的任何一个阶段完成，或者独立完成。如图 5—223 所示。

图 5—223

（1）站直、脊椎伸展、腿部伸直、双脚并拢。双手做祈祷的姿势：手肘向外，手掌合拢，放在肘骨的位置，体重均匀的分布在双腿上。

（2）吸气，把两只手臂举过头顶，手臂伸直，身体稍微向后弯，手臂也跟着向后。分开双手，掌心相对，两只手臂平行，靠近耳朵。头朝上，随着身体移动的方向移动，不要让脖子弯曲。

（3）呼气，手臂和手掌向前向下伸出，手臂要靠近耳朵，尽量伸直。在弯腰向前时，头部、脖子和脊椎骨要保持一条直线。在脊椎骨不弯的情况下，上半身无法再向下移动时，把手放在地上双脚旁，膝盖可以适当弯曲。把头部向内收，这样额头应该能对着膝盖或胫骨。

（4）吸气，右腿向后伸展，把右脚背和右膝盖放在地上，脚趾指向身后的方向。左腿弯曲，脚后跟正好在膝盖下方，形成一个直角。臀部右侧向下压，会感觉到臀部右侧前端拉紧的肌肉。抬头向上看，伸展脖子的前面部分，抬起下巴。

（5）屏住呼吸，让左腿摆出与右腿相同的姿势，这样体重就会全部散到四个点上，膝盖在臀部稍微后面一点的位置。脖子和头部与脊椎形成一条直线，眼睛看向地面，双手之间的位置。手臂伸直，注意不要让肩膀向上升，避免拉伤肩膀和脖子。

（6）呼气，胸部和头部贴地。手臂保持弯曲，手肘收放在身体两侧。

（7）吸气，伸直双腿，上半身沿地面向前滑动，直到胯部接触到地面为止。头部向前和向上伸展，让上半身抬离地面，腰向后弯。用手掌支撑地面来帮助保持这个姿势，让手肘稍微弯曲，并且尽量向身体两侧靠拢。臀部依然放在地面上。收紧臀部肌肉，以保持后背。肩膀下压伸长脖子，不要让上半身承受任何压力。

（8）呼气，一边放低胸部，一边让脚板踩地。用手臂支撑向上推，抬起臀部，直到身体成为一个倒置的“V”字形。体重均匀的分布在手和脚上，尽量让脚后跟挨地。膝盖应该伸直或稍微弯曲，头部在两臂之间。拱起背部，将尾骨尽量抬高。

（9）吸气，弯曲并收回右腿，放在两手之间并把左膝盖放到地面上。脚背贴地，与步骤（4）的一样，不过这次放在前面的是右腿。右脚后跟正好在膝盖下面，形成一个直角。

（10）呼气，收左腿，放回右腿旁，回到步骤（3）。

（11）呼气，将两条手臂举起，紧贴耳朵。反向执行步骤（2）的动作回到站直的姿势。手臂保持在耳朵旁，脖子和头部与脊椎形成一条直线，后背挺直。一旦站直以后，将膝盖伸直，再使身体向后弯，同步骤（2）。

（12）呼气，把手臂收回祈祷的姿势。

注意：从步骤（3）到步骤（10）手都应该保持在相同的位置。重复步骤（4）和步骤（9）使用左腿，步骤（5）和步骤（10）使用右腿。

2. 姿势

一个瑜伽姿势是指使用舒适、稳固和轻松的方式，让身体摆出一个形态。这些瑜伽姿势能给身体、大脑和精神带来很多好处。

在生理层面，瑜伽姿势能让身体感觉轻盈、健康、平衡、灵活和有力。

在情绪层面上，能让大脑达到一种平静和清楚的状态。

在精神层面上，能对内分泌系统和中枢神经系统起到平衡的作用。

采取姿势的方式非常重要。不要紧皱眉头一个劲地强迫自己的身体去达到一定的程度，而是要采取温和理智的方式，面带微笑（微笑能马上释放脸部肌肉的张力）。最重要的是，要在瑜伽姿势练习的过程中，体验到健康和快乐的感觉。

我们以下介绍的多种瑜伽姿势为：坐姿、站姿、平衡姿势、倒立姿势，它们对人体有各自不同的针对性功效。

（1）坐姿。坐姿大多为向前倾、后倾和转身的运动，能安抚整个神经系统，还能使大脑镇定下来。轻轻地挤压和按摩腹部器官，有利于消化和排泄。不对称的姿势能够帮助左右大脑更加平衡，同时使上体两侧都具备小腿的灵活性，也能加强整个上体的对称和平衡。特别是对初学者来说，坐姿要比站姿更容易完成。

1）蝴蝶式（见图 5—224）：增加胯部关节的灵活性；减轻荐骨和尾骨承受的压力；减轻大腿、膝盖和脚踝承受的压力；调理生殖系统和膀胱；滋养最底部的能源中心，脊根轮。

2）跨骑式（见图 5—225）：增加大腿内侧的灵活性；使背部得到很好的伸展，而且变得更有力；增加胯部关节的灵活性；使身体躯干得到很好的扩展。

图 5—224

图 5—225

注意事项：

如果是患有高血压和心脏病，那么既可以保持脊椎与双腿成 45°的姿势，也可以在身体前倾时用手肘支撑地面，这样头部就总会保持在心脏以上了。

3）单腿交换伸展式（见图 5—226）：增加大腿肌肉和小腿肌肉的灵活性；伸展背部，使背部更强壮，特别锻炼脊椎的荐骨区域；对肾和肾上腺有好处，并且能使神经系统平静下来；塑造胯部、膝盖和大腿。

图 5—226

4）脊柱扭转式（见图 5—227）：帮助减轻背部疼痛，使背部更加强壮，增加活力；使脊椎排列更整齐；温柔地挤压腹部器官，例如胃、肝脏、肾脏和胰腺，并促进肠蠕动；温柔地挤压迷走神经和自制神经系统的根部。

5）骆驼式（见图 5—228）：增加脊椎和肩膀的灵活性，滋养脊椎神经，向它们供应新鲜的血液，使它们重新充满活力；改善平常的坐姿和站姿；伸展腹部，帮助减肥；扩胸，帮助解决驼背含胸问题；打开咽喉区域，放松颈部，对哮喘、支气管炎和其他呼吸问题有帮助；在怀孕期间很有益处。

图 5—227

图 5—228

6）鱼式（见图 5—229）：扩胸，打开和伸展喉咙，为深呼吸创造了良好的条件；使甲状腺受益，它们是新陈代谢的调整器官；使呼吸系统受益，因此对哮喘和支气管炎也有帮助；释放背部上端的张力，使背部更强壮，并滋养脊椎神经；增加头部区域的血液循环，当把头部放在地上时，能滋养脑垂体和松果体；增加盆骨区域的灵活性，并调理这个区域的器官；缓解痔疮症状，促进消化和排泄。

图 5—229

7）眼镜蛇式（见图 5—230）：使背部肌肉变得更强壮，增加脊椎的弹性和灵活性，特别是背部上端和中间部分。中间脊椎和神经的血液循环；伸展脖子和肩膀的肌肉，让它们变得更强壮；扩胸，并放开喉咙的部位；调理腹部肌肉和器官，让它们变得更强壮；帮助消化，并缓解肠胃气胀；增强肾和肾上腺的功能，使它们得到新生；促进中间盆骨区域的血液流动，滋养这些器官。

图 5—230

(2) 站姿。当站立在地面完成姿势时，它相对于坐着完成加大了难度，让你的大腿和脊柱得到更多的放松和伸展，对动作和呼吸的顺畅也会有很大的帮助。

1) 狗伸展式（见图 5—231）：伸展和放松脊椎，增加脊椎、大腿和小腿肌肉以及肩膀的弹性；用更多血液供应来滋养大脑；增强注意力；对哮喘有帮助；扩胸，在反地心引力的姿势下，心脏和呼吸系统能够休息片刻；温柔地按摩腹部器官，对贫血症有帮助。

图 5—231

2) 新月式（见图 5—232）：伸展、塑造和调理双腿和胯部；放松内收肌；促进中间盆骨区域的血液供应；在一条腿放在前面时，温柔地挤压结肠的一侧，防止和缓解坐骨神经痛。

图 5—232

3) 弯腰伸展式（见图 5—233）：让整个脊椎得到伸展，对脊椎的盆骨部分特别有益；伸展大腿肌肉，让它更强壮；温柔地按摩腹部器官，例如肝脏和脾，并且帮助消化；调理肾脏，调理神经系统；对沮丧和消沉有帮助，能够使大脑精神饱满，增加体能，培养大脑的平和状态；增加头部和大脑的血液供应，通过向脸部肌肉提供新鲜血液，来减少皱纹。

4) 战士式（见图 5—234）：加固和调理腿部、胯部、腹部、背部和颈部的肌肉，让它们更加强壮；增强身体两侧的平衡感；塑造脚踝、膝盖、胯部和肩膀，使它们更强壮；扩胸，令人更加容易进行深呼吸。

图 5—233

图 5—234

5）侧三角伸展式（见图 5—235）：让脊椎得到侧面的伸展；增加胯部、肩膀和大腿的弹性；调理双腿的肌肉，使它们更强壮。帮助去除腰间的赘肉；当向左侧弯曲时，能温柔地按摩腹腔左侧的器官，例如脾；当向右侧弯曲时，可以温柔地按摩肝脏；通过举起一侧手臂，打开胸腔，并扩胸；通过伸展脊椎，调理脊椎周围的神经。

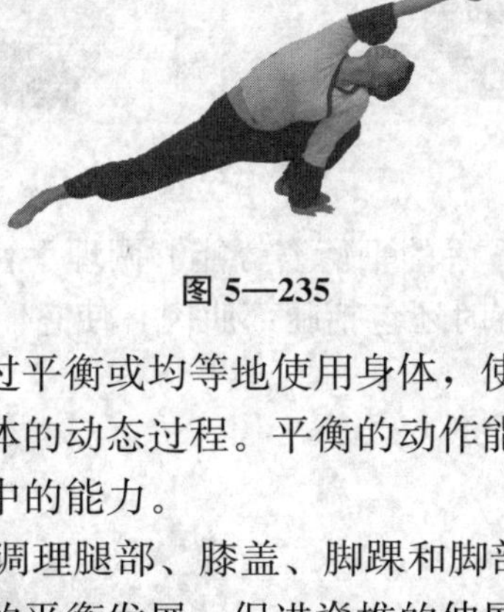

图 5—235

（3）平衡姿势。它是指通过平衡或均等地使用身体，使身体灵活地移动，看起来像个静态姿势，实际是一个悬置身体的动态过程。平衡的动作能够很好地训练我们身体的限度和毅力，并培养大脑注意力集中的能力。

1）树式（见图 5—236）：调理腿部、膝盖、脚踝和脚部肌肉，使它们更强壮；鼓励身体躯干肌肉、腹部和背部肌肉的平衡发展；促进脊椎的伸展。

图 5—236

2）舞王式（见图 5—237）：身体会逐渐具备舞蹈所需的力量和弹性，也会使身体获得完整姿势所需的力量和弹性。

图 5—237

3）船式（见图 5—238）：加固和调养腹部、腿部和背部的肌肉；增加平衡感滋养肠胃；塑造双腿和胯部。

图 5—238

4）支架式（见图 5—239）：手的平衡姿势能够调理手臂和肩膀的肌肉，使它们更加强壮；调理腹部和背部的肌肉，有时还包括腿部肌肉，使它们更加强壮。

图 5—239

5）乌鸦式（见图 5—240）：建立上半身和手臂力量；能帮助获得更复杂姿势所需的腰部、前臂、上臂和肩膀力量；手的平衡姿势还能调理腹部和背部肌肉，使它们更强壮。

6）孔雀式（见图 5—241）：加强腰部、前臂、上臂和肩膀的力量；调理腹部和背部肌肉；提高注意力集中的能力。

图 5—240

图 5—241

(4) 倒立姿势。倒立姿势能帮助身体抵消和减轻张力，身体中多余的张力有可能限制血液循环，当整个身体处于反地心引力的姿势时，可以轻易地进入放松的状态，使身体轻易地获得养分和能量。

1) 狗伸展式（见图 5—242）：伸展和放松脊柱，增加脊柱、大腿和小腿肌肉以及肩膀的弹性；用更多血液供应来滋养大脑，增强注意力；扩胸，对哮喘有帮助，在反地心引力的姿势下，心脏和呼吸系统能够休息片刻；温柔地按摩腹部器官，对贫血症有帮助。

2) 肩倒立式（见图 5—243）：这个姿势能让身体所有部分受益；这个姿势能够锻炼喉穴，并增强大脑的血液供应，从而使大脑获得养分。

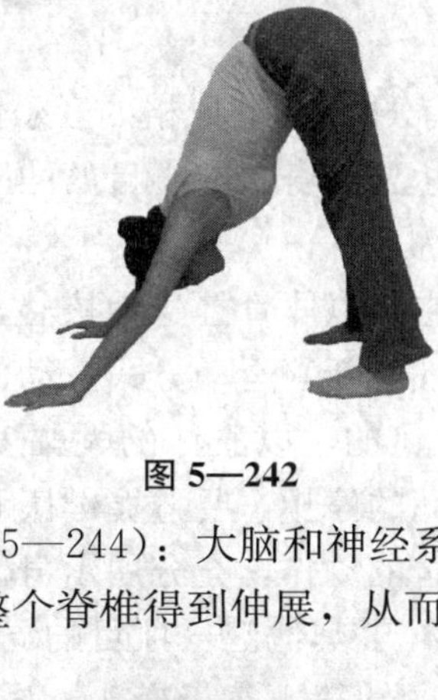

图 5—242

图 5—243

3) 犁式（见图 5—244）：大脑和神经系统都能够放松。增加大脑的血液供应，从而使大脑获得养分；使整个脊椎得到伸展，从而缓解脊椎的张力和疾病症状。

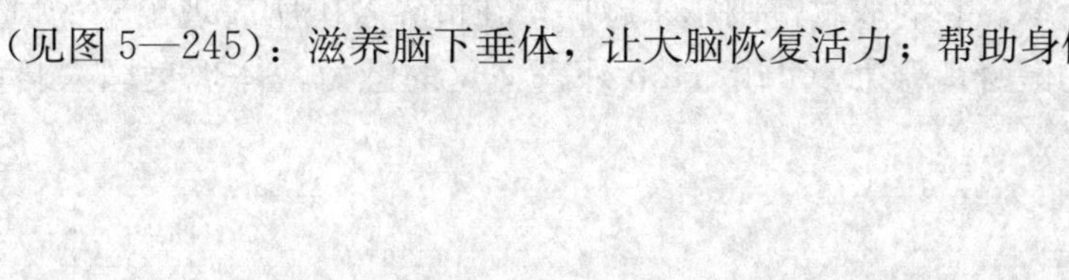

图 5—244

4) 蝎子式（见图 5—245）：滋养脑下垂体，让大脑恢复活力；帮助身体抵消和减轻张力，消除紧张情绪；脸部组织获得更多的血液供应，减少脸部的皱纹。

图 5—245

第六节　健身街舞

一、健身街舞的概念

健身街舞（Fitness Street Dance）是在具有 Hip-Hop 风格的音乐伴奏下，通过不同类型的肢体小关节动作和舞步的自由协调配合，达到健身、健心目的的一种新兴娱乐、观赏型的融健美操、音乐、舞蹈、美为一体的身体练习。

健身街舞并非一般意义上的纯体育项目。它是以体育健身为核心，以流行舞蹈动作为素材，体现时尚、活力，并带有欣赏性和娱乐性的新兴运动方式。动作设计要求包含有一种或多种类型的街舞舞蹈动作，以健身为主要目的，以肢体的大幅度动作和步伐移动为"语言"，要体现一定的运动强度，应避免长时间的停顿，要遵循健康和安全的原则。动作中不得出现技巧性难度动作和对身体易造成伤害的动作，充分展示身体的协调性和动作的均衡性，充分发挥小肌肉群的运动，恰当地弥补了其他健身项目的局限，使锻炼更全面，同时由于动作多出现在音乐的弱拍上，使动作的韵律更富于变化，强度更易于减肥健身，提高协调能力。

二、健身街舞的特点

（一）差异性与本土性

街舞运动作为一种文化现象，风行于欧美，劲爆于日韩，流行于中国香港、台湾和内地，几乎席卷全球。它的取材范围越来越广，在世界各国所表现出来的风格、形式也呈现差异性。中国的健身街舞秉承 Hip-Hop 外来文化的魅力，体现美国人自由的思想文化内涵；追逐服饰装扮的文化；感受震撼心灵节奏的 Hip-Hop 音乐的文化，缔造与其不尽相同的本土的健身街舞文化和基本技术体系；把它作为一种娱乐和健身方式来推广和普及。能够缓解压力，愉悦身心，陶冶自己的情操，扩大自己的视野，提高自己的审美修养。

（二）流行性与参与性

健身街舞又是“流行”文化，它表现动感十足，本身具有流行品质，而青年人往往是“流行”的始作俑者和最强有力的支持者，所以虽然从诞生到流行只有约 30 年的时间，但所到之处掀起一阵阵的流行风暴，引得许多青年人持续“发烧”。

健身街舞不像体操那样有严格的规定动作，而是让舞者尽情发挥，在再创作中拓宽表现空间。自由的舞动、宽松的服饰、无尽的创造都吸引着人们的参与。

健身街舞项目不受场地器材等客观因素的制约，练习者可以根据各自的兴趣、特点、身体状况和学习情况来妥善安排锻炼时间。以健身为目的，旨在增强人们体质，强度和难度都较低。近几年来，街舞运动已经走进了大城市的健身俱乐部，而且吸引了不同年龄阶段的群体，具有很强的参与性。

（三）趣味性和观赏性

健康街舞配合具有很强的节奏感染力的说唱音乐，带动肢体小关节的律动。不同风格的音乐展现不同的身体律动，伴以跳动中哼唱的共鸣，为参与者增加无限的乐趣；健身街舞取潇洒、舍颓废、多点儿帅气、少些病态为主要锻炼形式。其内容和练习方式在体育健身原则的指导下会有一些相应的改变，但流行舞蹈所特有的表演性与娱乐性，也一同随着基础素材的移植而保留了下来，街舞音乐风格所匹配的动作是随意、松弛的，并时常有小关节的运动，而且变化无常，再加上诸多创新且幽默的动作，增强了趣味性。另外，对动作的自由创作的空间也凸显了健康街舞的趣味所在。独特的音乐节奏，协调流畅的身体动作组合，夸张而又略带幽默的小感觉表现，变化多样的造型和方向，无不体现着人类身体所追求的最高境界——健康和美丽。在锻炼身体的同时还提高了审美意识和艺术修养，是一项综合艺术和体育的有趣味的项目。

近年来，在世界范围内相继出现了各类大、中、小型街舞表演和比赛。许多著名流行歌星的音乐电视，耐克、李宁、第五季等品牌的商业广告中，街舞的舞姿、街舞的造型随处可见。舞者在展示技巧、难度、表现力、团队配合等环节的基础上，把街舞运动强烈的创新意识渗透其中，在运动中表现得各淋漓尽致，大大增加了街舞运动的观赏性，这都体现了街舞运动文化对其他社会活动的积极作用，表现了独特的观赏性。

（四）节奏的自由性

健身街舞音乐动感强烈，节奏变化莫测，在音乐特征上，除了较强的低音效果，还大量使用了切分音，即强调音乐的切分音节奏，大多数动作在音乐的弱拍上完成，极具特色。在 Hip-Hop 音乐中，每节音乐有 8 个乐点，就是说有 8 拍，每拍 1～2 个动作，一个 8 拍可以做 8～18 个动作，甚至更多。动作流畅中有停顿，在连接流畅的同时做少量空拍停顿，视觉效果上形成强烈对比反差效果，动作因此更具有层次感而增加了街舞的随意、自然的舞蹈感觉，充分体现了个人感觉的“自由性”。健身街舞项目音乐节奏的特有形式和内容，受到不同年龄层次人的喜爱，特别能体现现代年轻人对时尚的追求，对个性的宣泄，使其具有青春的活力，在欢快的气氛中进行锻炼，没有一丝刻意的坚持，只有欢快和尽兴，使人完全融入音乐中，让人和音乐融成一个整体，把生活的压力宣泄出来，在这种使人身心放松的运动中，个性得到了充分的展示，精神面貌和气质都会有所改善和提高。

（五）随意性和协调性

健身街舞的肢体表现是相对随意的，具有自我创造的空间，在节奏一致、步伐一致的同时身体随意地添加和减少手臂或身体的小关节的动作，更加追求的是在音乐中身体自由的感觉和体现个人的动作风格特色，充分展示了自己的个性。在身体姿态方面，动作表现形式的不同、动作不要求“横平竖直”，想跳好健身街舞就必须做到全身尽量放松，还可以在头部、手臂等部位做一些自己喜欢的简单变化，更强调动作的韵律感与爆发。进行再创造，尽情体现自己的个人风格。满足了人们不愿受过多约束的心理，心理的压力也可以适当的释放。

健身街舞是挑战身体协调性健身运动，小关节非对称性的动作，一拍两动、一拍多动的动作节奏，快拍节内变换方向和路线，都是对身体协调能力的挑战和培养。

（六）安全性和科学性

健身街舞课程的内容设计避免了流行街舞中触及身体正常生理结构的技巧难度和复杂的身体动作，以健康安全为宗旨，融入了健美操、舞蹈的相关元素，达到一定的运动强度和负荷，使之在科学的有氧锻炼范围之内安全有效地进行。健身街舞以健身为目的，旨在增强人们体质，强度和难度都较低。一般来说，健身街舞锻炼者的心率在人体最大心率的60%～80%，而竞技街舞则在人体最大心率的80%以上。因此，健身街舞锻炼是符合各年龄层次、不同锻炼对象锻炼水平的。

健身街舞在很大程度上弥补了其他健身项目的不足。比如器械和健美操是通过循环练习来刺激肌肉，以局部为主，而健身街舞对肌肉的刺激是全面的，动作兼顾头、颈、胸、腿、髋等部位。健身街舞对小关节、小肌肉的运动较多，经常练习能增加全身的协调性和灵活性，它的趣味性容易让人集中注意力，忽略运动疲劳，快乐、科学地舞蹈。

（七）蕴含的挑战性

街舞运动看似随意、简单，属即兴舞蹈，但其头、臂、胸、腰、髋、膝、踝各部分的协调运动，特别是胸腰的躯干运动，小肌肉群的协调力，若不经长期训练处理对抗与协同肌的关系，是无法完成那些夸张的动作和富有激情的表演，是无法感染到观众的。街舞运动也就是向自我挑战的过程，是不断完成挑战自我、超越自我、展示个性的过程。

三、健身街舞功能与价值

（一）健身价值

1. 提高运动能力

经常进行健身街舞锻炼可以提高人体各关节的灵活性，特别是提高小关节的灵活性；提高各肌肉群之间的协调工作能力，使肌肉力量增大，弹性增强，使韧带、肌腱等结缔组织更富有弹性，可有效地避免运动损伤。

2. 增强心血管系统的机能

参加健身街舞锻炼者心率一般在120～160T/min，按大众有氧健身标准来看，心率在(220－锻炼者年龄)×[0.6，0.8]区间内是符合大众健身运动规律的。长期参加健身街舞锻炼可以使心肌收缩力增强，心输出量增大，供血能力提高，有助于向脑细胞供氧，增强大脑的思维创造能力。由于循环系统能力的加强，向全身细胞提供更多的氧和养料，可加速体内新陈代谢的过程，减少脂肪的沉积，延缓血管硬化，益于生命健康。

3. 改善消化系统的机能能力

健身街舞运动髋部动作和小关节运动较多。髋部的运动使腰腹肌和骨骼肌得到了锻炼，进而加强了肠胃的蠕动，增强了消化机能，有助于营养的吸收和利用。

4. 减脂的效果

每天坚持40～60分钟的健身街舞运动，不仅可以达到健身的目的，而且能消耗体内多余脂肪，起到控制体重、健美形体的作用，特别对小关节周围肌群的减脂起到了良好的效果，这是其他运动项目无法达到的。

（二）健心价值

随着时代的发展和社会的进步，人们在享受科学技术所带来的舒适生活和各种便利的同时，受到来自方方面面的精神压力。研究证明，长期的精神压力不仅会引起各种心理疾患，还会引起许多躯体疾病，如高血压、心脏病、癌症等。科学研究表明：体育运动可缓解精神压力，预防各种疾病。健身街舞作为一项体育运动，因其动作优美、协调、全面锻炼身体，同时有音乐伴奏，是缓解精神压力的一剂良方。另外，健身街舞锻炼加强了人们的社会交往能力。目前，无论国内外，人们参加健身街舞锻炼的主要方式是去健身房，在健身街舞指导员的带领和指导下集体练习，而参与健身街舞锻炼的人来自社会的各阶层。因此，这种形式扩展了人们的社会交往面，把人们从工作和家庭的单一环境中解脱出来，大家一起跳，一起锻炼，共同欢乐，互相鼓励，有些人因此成为终身的朋友。

（三）经济价值

健身街舞运动受到人们的欢迎和喜爱，切实起到了增强体质、健身的效果，其经济价值是通过健身价值转化而来的。国际运动医学联合会主席普罗科普说："不锻炼的人，30岁起身体机能就开始下降，到55岁身体机能只相当于他最健康时的2/3，而经常锻炼的人到40～50岁，身体机能还相当稳定，当他60岁时心血管系统的功能可能相当于20～30岁不锻炼的人。"由此可见，经常参加锻炼的人可以有效地延缓衰老，从而使人们有更充沛的精力进行工作和学习，创造更丰富的经济价值，更好地完成事业。其次，健身街舞运动的经济价值还可直接从物质收益上体现出来。流行往往伴随着巨大的商业利润，在这个原则下，各路商家成为街舞文化最积极的推动者。根据世界唱片协会统计，全球唱片销量约一半是街舞风格音乐创造的。世界著名服装品牌Nike、Adidas、Joker、Globe、Tribal、Nautica、Sens等均生产街舞风格的服饰，而且所设计的产品很是畅销。从目前的情况来看，世界范围内的街舞经济圈正在逐步形成，已呈现出产业化的雏形。

（四）推进流行街舞发展价值

健身街舞的发展为流行街舞做好铺垫和支持，流行街舞是以竞技为目的，对人的身体素质、技术水平、艺术表现等方面有更高的要求。这可以有效的培养人们吃苦耐劳和持之以恒的精神。我国近年来已举办数次全国性的街舞大赛，举办省、市级的街舞比赛不计其数，而随着世界街舞运动的广泛开展，成立国际街舞组织将不再是梦，组织和参加全球性街舞赛事指日可待。

四、健身街舞的基本技术

（一）Up-down 技术

Up-down：律动。Up-down 是街舞基本动作技术形式，身体随着音乐起伏和摇摆，胸腔有重拍的连续不断的双向运动，配合气息的运用上下起伏，一般分为重拍向上和重拍向下两种。

up 是“上”的意思。up 律动就是整个身体向上拉。这个动作的姿态主要靠颈、胸、腰、腿和手臂的同时配合完成。颈部向上提，下巴向内收；胸部尽量向斜上方挺出；收腹；双腿拉直；手臂半握拳下垂。

down 是“下”的意思。down 律动就是整个身体向下压。动作姿态同样是需要颈、胸、腰、腿和手臂的同时配合完成。down 律动其实就是在 up 的基础上把以上身体部位向相反方向做运动。具体为颈向下放、下巴上抬；胸部尽量向斜下方收回；腰向前挺出；双腿弯曲；手臂半握拳提起。

Up-down 律动连接：掌握了 up 和 down 的身体姿态后，就可以把 up 和 down 按照匀速连接起来做。注意每一组 Up-down 是用一拍完成，即 up 半拍，down 半拍，整个躯干在做 Up-down 的时候始终呈“S”状。掌握了 Up-down 律动后，就可以学习舞步了。

（二）弹动技术

身体弹动有节奏。身体的弹动主要体现在各个关节（踝、膝、髋、肩、肘、胸等），包括膝关节的弹动、踝关节的缓冲、髋关节的屈伸。动作技术可以让舞者把握住健身街舞的动作特点，尤其是肢体放松，双膝始终处于微屈或弹动的状态，整个身体动作的感觉是结合胸腔的“up and down”一起的律动，身体其他部位的弹动也要靠相关肌肉的控制及交替收缩来实现，使动作律动感很强且收弛自然，它特别强调舞者的肢体自控能力和极度夸张的表现力，对身体关节起保护作用，避免运动损伤。在教健身街舞动作时，按着教练的分解动作程序进行，比如先学好下肢的动作，再逐渐加上上肢、头部动作，先慢后快不急于求成。例如，在最基本的点地和提膝动作中踝关节的缓冲和髋关节的屈伸动作往往与之协调配合，使动作律动感很强且松弛自然，对关节也起到了保护作用。

（三）控制技术

健身街舞的控制技术主要表现在肌肉的用力方式和用力顺序两方面，健身街舞的多数动作有很强的动感和力度美，为了表现这一特色，需要频繁地使用肌肉的爆发力，因此肌肉的紧张协调与松弛必须协调控制，才可以达到应有的动作效果。另外，健身街舞的音乐大量使用了切分音，即强调音乐的切分音节奏，大多数动作在音乐的弱拍上完成，极具特色。在 Hip-Hop 音乐中，每节音乐有 8 个乐点，就是说有 8 拍，每拍 1～2 个动作，一个 8 拍可以做 8～18 个动作，甚至更多，在动作连接流畅的同时做少量空拍停顿，这就要求肢体的控制技术，在视觉效果上形成强烈对比反差效果，动作因此更具有层次感而增加了健身街舞随意、自然的舞蹈感觉。

（四）重心的移动和转换技术

健身街舞的重心移动技术主要表现在动作的方向变化上，前、后、左、右的移动，使身体运动的路线发生丰富的变化。健身街舞的重心移动技术主要靠左、右脚支撑的变化过渡来实现的，除了上肢和躯干的动作之外，这一技术动作占据了很大的比例，它使健身街舞动作具有律动感和技巧性，从而展现健身街舞的基本特色。

五、健身街舞组合范例

（一）第一八拍（见图 5—246）

（1）步伐：1—2 拍右脚前点地，沉、提、沉右肩，3 拍右弓步滑步，4 拍并腿站立收。5—8 拍与 1—4 拍动作相同方向相反。

（2）手臂：1—2 拍身体两侧随肩自然屈直，3 拍侧平举弯曲，4 拍两臂屈于胸前相握。

（3）手型：1—2 拍半握拳，3 拍五指并拢，4 拍击掌。

（4）面向：3 拍 2 点；7 拍 6 点；其他拍 1 点。

图 5—246

（二）第二八拍（见图 5—247）

（1）步伐：1—4 拍前走四步，5—8 拍左右脚依次展胸前点地，然后含胸收腿。

（2）手臂：1—4 拍随走步自然摆动两臂，5/7 拍体侧斜下举，6/8 拍两臂屈于胸前，小臂与地面平行。

（3）手型：半握拳。

（4）面向：1 点。

图 5—247

（三）第三八拍（见图 5—248）

（1）步伐：1—4 拍右脚前点地展胸左右顶髋，5—7 拍上体随右脚前点地、后点地、前点地前后倾斜，8 拍收腿振胸。

（2）手臂：1—4 拍双臂屈在头上和髋前摆臂，5—8 拍与点地步伐相对前后摆臂。

（3）手型：半握拳。

（4）面向：1 点。

图 5—248

（四）第四八拍（见图 5—249）

（1）步伐：1—2 拍含胸半蹲到展胸并收腿，3—4 拍右脚前点地展胸顶髋 2 次，5—7 拍上体随右脚前点地、后点地、前点地前后倾斜，8 拍收腿振胸。

（2）手臂：1 拍自然伸直扶膝，2 拍直臂臂向上相握。3—4 拍双臂屈在头上和髋前摆臂，5—8 拍与点地步伐相对前后摆臂。

（3）手型：半握拳。

（4）面向：1 点。

图 5—249

（五）第五八拍（见图 5—250）

（1）步伐：1—2 拍右脚前点地，沉、提、沉右肩，3—4 拍右脚上步恰恰步，5—8 拍与 1—4 拍动作相同，方向相反。

（2）手臂：1—2 拍身体两侧随肩自然屈直，3—4 拍右臂伸直经前向侧平举到身体两侧自然下落。5—8 拍与 1—4 拍动作相同，方向相反。

（3）手型：3/A/7/A 拍一指型，其他半握拳。

（4）面向：3/8 拍 7 点；4/7 拍 3 点；其他拍 1 点。

图 5—250

（六）第六八拍（见图 5—251）

（1）步伐：1—6 拍双腿依次上步点地，7 拍右脚上步，8 拍左膝步。

（2）手臂：1—3 拍双臂随上步自然摆臂，侧点时同侧手臂侧平举微屈，4 拍右臂伸直前指，5—7 拍双臂微屈体侧向右、左、右方向摆动，8 拍右臂伸直前指。

（3）手型：1—4 五指并拢，5—8 拍半握拳。

（4）面向：1 点。

图 5—251

（七）第七八拍（见图 5—252）

（1）步伐：1—4 拍上左脚左并步，5—8 拍撤右脚右侧并步。

（2）手臂：1—4 拍右臂斜前自然伸直，5—7 拍双臂自然伸直于身体两侧，8 拍屈臂于胸前击掌。

（3）手型：8 拍击掌，其他半握拳。

（4）面向：1 点。

1/2　3　4　5/6　7　A　8

图 5—252

（八）第八八拍（见图 5—253）

（1）步伐：1—2 拍右脚前点地，沉、提、沉右肩，3—4 拍右脚上步转身并腿站立，5—8 拍两脚依次前点地转膝转髋。

（2）手臂：1—2 拍身体两侧随肩自然屈直，3—4 拍两臂上举微屈到击掌，5—8 拍两臂向上微屈随髋膝扭转而相对上上下下摆动。

（3）手型：半握拳。

（4）面向：3 拍 5 点；其他拍 1 点。

1/2　A　3　4　5　6　7　8

图 5—253

（九）第九八拍（见图 5—254）

（1）步伐：1—8 拍左右腿弓步滑步收 4 次。

（2）手臂：1—8 拍侧平举微屈接胸前屈臂击掌。

（3）手型：五指微张开。

（4）面向：1/5 拍 8 点；3/7 拍 2 点；其他拍 1 点。

1/5　2/6　3/7　4/8

图 5—254

（十）第十八拍（见图 5—255）

（1）步伐：1—2 拍左小腿内踢外踢，3—4 拍左脚前点后点，5—8 拍左脚上步轴转一周成并腿站立。

（2）手臂：1—4 拍随步伐双臂相对自然摆动，5—8 拍随轴转手臂带动成两臂自然体侧收。

（3）手型：五指伸直微张。

（4）面向：1点。

1 2 3 4 5/6 7 8

图5—255

第七节 形体与健身

人的美丽直观的表现首先在于形体美。健康是形体美的基础，正如西塞罗所说“优雅与美不可能与健康分开”。身体匀称、协调，拥有饱满而富有弹性的肌肉，红润而有光泽的皮肤、精神焕发、体力充沛、动作敏捷，才会给人以健而美的感受。人体形体美是以自然的形式出现的，它的形成受各种因素的影响，尽管遗传在其中起重要作用，但它主要是后天锻炼而成的，通过健身是可以影响到人体形态美的。

一、形体健美综述

形体健身是塑造优美身形与健康体魄的一门课程。在20世纪末期，全球兴起了健身热，人们在吃饱穿暖之外，开始注重自己的健康。形体是受多种因素影响的，主要有遗传、营养、不良的肢体习惯和生活习惯等。虽然现在人们在形体上不断改善，向美靠近，但存在的问题仍然不少，具体表现在：耸肩、扣胸、驼背、双肩不平、头颈歪斜、X形腿、O形腿等。不少人们已开始认识到，形体美的重要性，所以我们需要采取措施，力求有所改善和改变，积极从事体育锻炼，进行专门性训练。合理的形体健身锻炼是塑造形体美的重要环节。

（一）形体健身的概念和方式、手段

形体健身是通过徒手或器械等专门手段和综合性的锻炼方法达到增强体质、完善体型、端正姿态、培养风度的一种体育锻炼形式。它不像健美运动那样强调发达的肌肉，而是在先天体型的基础上，通过形体练习使体型匀称发展，使仪表姿态更加健美端庄。因此，它是适应现代人追求形体美的需要，借鉴和综合健美、有氧操、瑜伽、舞蹈、运动等形体练习内容，而提出的一项具有较新内涵的体育锻炼形式。

（二）形体健身的目的

形体健身的目的是塑造优美的形体和仪态，并具有鉴赏美、表现美的能力。培养学生良好的举止、仪表修养，进一步加强学生的素质、素养和美的教育，为今后从事职业工作、商务活动及日常生活等方面奠定良好的形体基础和知识基础。

（三）形体、体型、体格三个概念的区别

形体指人身体的形态、体态，由体格、体型、姿态三个方面构成。

体型是指身体各部分的比例，如躯干上下之间的比例，身高与肩宽的比例、腰围与臀围之间的比例。

体格是一个指标概念，包括人的身高、体重、胸围等。

（四）男女形体健美应具备的条件

男生：应显示肌肉发达健美、体格魁梧、比例匀称、体态端正、身手矫健有力。

女生：应突出体态丰满圆润、肌肉柔和协调、曲线优美、体态灵活轻盈。

形体指标的测量方法：

男性标准体重（千克）＝［身高（厘米）－100］×0.9

女性标准体重（千克）＝［身高（厘米）－105］×0.95

肥胖度（%）＝（实际体重－标准体重）/标准体重×100%

肥胖度在正负10%范围内为正常，在10.1%～20%为过重，超过20.1%则为中度肥胖。

二、训练项目

一般采用低强度、时间长、不中断、有节奏、方便易行、容易坚持的活动，如慢跑、有氧健身操、舞蹈、把杆练习、器械练习等。

（一）基本姿态训练

形体健美锻炼就应从最基本姿势开始，基本姿态包括坐、立、行（见图5—256）。

图5—256

（二）柔韧性训练

柔韧性训练能使附着在骨骼上的肌肉、韧带得到拉伸而变得纤长并富有弹性，减少和防止肌纤维中脂肪的堆积，从而使肌肉线条清晰。它包括正、侧压腿，横、纵叉，体前躯、压肩等柔韧性练习（见图5—257）。

图 5—257

（三）基础芭蕾形体训练

1. 地面部分（见图 5—258）

地面训练是针对学生形体、体态的初步规范训练。在身体有依托的情况下体会与锻炼各种动作的规范性，培养人体垂直与稳定的意识，锻炼身体各个部分的柔韧性、灵活性与协调性，为以后的练习打下良好基础。

预备 1—1234 1—5678 2—234

2—5678 3—234 3—5678 4—234

图 5—258

2. 扶把部分（见图 5—259）

主要训练腿部的肌肉能力，包括开度、柔韧度、智力，以及身体、头部、手与脚的协调配合的能力。通过训练找到身体直立的感觉，锻炼身体的稳定性。

预备
1—12
1—34
1—56
1—78
2—234
2—5678
3—234
3—5678
4—2
4—34
4—56
4—78
5—2
5—34
5—56
5—78
6—234
6—5678
7—234
7—5678
8—234
8—56
8—78

图 5—259

3. 中间部分（见图 5—260）

中间练习是以头、肩、手臂、躯干、腿、脚的姿势基本练习组成不同的组合，是把杆训练进一步提高的一种延续和发展，提高人体的稳定性，加强后背及整体舞姿的动作能力。

图 5—260

（四）有氧训练

由各种不同动作组成的综合练习，采用循环练习方法都属于有氧训练。一般有氧训练持续 30 分钟，能使心率加快到一个新的水平（130～170 次/分钟），心率的加快促进血液循环，供给人体充足氧气，起到“燃烧脂肪的作用”。训练方式有：慢跑、有氧健身操、器械有氧健身操、有氧舞蹈等。

（五）局部肌肉训练

局部肌肉训练主要是指通过徒手或器械练习达到减少皮下脂肪，增加肌纤维数量和增粗肌纤维横断面的目的。

1. 肩、背、手臂训练（见图 5—261）

后屈臂上举式

俯身式划船上拉

行礼式举哑铃

划独木舟式

图 5—261

2. 腿部、臀部训练（见图 5—262）

剪刀式跳跃

超人式

交替式侧弓步

深蹲腿外展与侧平举

图 5—262

3. 腰腹肌训练（见图 5—263）

平板支撑

双腿伸展式

平衡球折刀式

方向平板支撑举腿式

图 5—263

第六章　户外运动拓展训练

第一节　拓展训练概述

拓展训练起源于第二次世界大战时期，许多英国军舰在遭到德国潜艇袭击后沉没，大批船员落水，由于海水冰冷，又远离大陆，绝大多数的船员不幸牺牲了，但仍有极少数的人在经历了长时间的磨难后终于得以生还。当人们在了解了那些幸存者的情况后，发现了一个令人非常惊奇的事实，这就是这些生还下来的人并不是人们想象的那样，都是年轻力壮的海员，而是那些富有经验、心理素质极强的年长者。来自德国的柯汉博士（Dr. Kurt Hahn），1941 年在英国伯爵劳伦斯的资助下，创建了海上训练学校。以年轻海员为训练对象，利用一些自然条件和人工设施，通过一些具有心理挑战的活动和项目，以训练和提高他们的心理素质，效果斐然。柯汉博士也被称为"拓展培训之父"。战争结束后，人们发现在许多领域，特别是在商界，也和海上求生一样需要良好心理素质、个人精神品质。因此，这种训练方式开始被企业培训领域吸收，并得到推广。拓展培训从英国、德国逐步流行开来，20 世纪 70 年代在美国相当流行，90 年代传入中国。目前，国内外这个领域，有许多品牌和提法：Outward Bound、Adventure Education、Project Adventure、Team Adventure 、素质拓展、潜能拓展、心理拓展等。

拓展训练已经成为中国户外体验式培训的代表性标志，成为现代人和现代组织所追求的全新的学习方法。

目前，拓展培训采用世界上最先进的体验式教学方法，利用崇山峻岭、瀚海大川等自然环境，通过各种精心设计的个人、团队活动，让学员在高度参与和群体互动中完成各项任务；在应对各种困难、挑战，解决各种问题的过程中，磨炼个人意志，增进人与人之间的情感，增强团队的凝聚力；在实战情景中提高团队组织、协调、沟通、决策和执行能力，帮助企业和组织整合内部关系，提升文化向心力和整体竞争力，推动个人、团队和企业一起成长。

第二节　拓展训练特色

一、现代感

拓展培训作为户外体验式培训专家，采用现代管理培训和成人体验式行动学习的最新理念和方法，完全不同于传统的培训，是目前最受推崇的培训品牌之一。在中国，已成为一种时尚。

二、国际性

拓展培训引进国际知名跨国公司和工商管理学院普遍采用的最先进的体验式培训项目，推行户外、自然、参与、互动、体验、分享、整合的培训模式，追求挑战自我、融炼团队、整合组织竞争力的培训目标，能够享受到最具国际性的培训。

三、实效性

拓展培训强调以学员为中心，以客户需求为导向，在行动中学习、在学习中改变的培训原则，把培训现场的感悟同实际工作的改变结合起来，学以致用，联系实际，促进培训效果的最大化。

四、人性化

拓展培训是人心的历练，追求人们心灵的感动和感悟，激扬人性善良的力量，培养积极向上的人生态度和不怕困难、敢于挑战、承担责任、创新进取的工作态度，实现人与人、人与环境的有效互动。

五、个性化

拓展培训针对各企业、组织的特点，从个性化的培训需求出发，量身定做，精心设计解决方案，在最大程度上满足企业培训需求，实现培训目标。

第三节　拓展训练项目案例

一、热身

（一）问好、欢迎、自我介绍

大家晚上好！欢迎大家来到我们拓展培训基地！（可以介绍拓展的问好方式：大家齐声回答——好！）首先做一个自我介绍：我叫——（板书），是××××的培训师。

（二）导入拓展概念

从设问开始：什么是拓展？以前是否听说过？

（板书学员回答：……讲一到两个小故事）

简单介绍一到两个拓展项目。

（板书拓展名称：Outward Bound）

（三）讲述拓展培训的历史

第二次世界大战—船队—受袭—海员落水—生存的人—必须训练。

创始人：库尔特·汉恩（德国人），1943年在英国创立。

全球40多所，亚洲有5所，中国香港在20世纪70年代就有（外展）。

（四）介绍拓展培训的项目和特点

拓展培训的项目包括水上项目、野外项目、场地项目、室内项目。

拓展项目不是传统的培训，不是体育运动项目，不是魔鬼训练，不是游戏娱乐活动。

二、团队组建

组建团队，以队为单位选正、副小队长，创建队名、队训、队歌及制作队旗、制定团队规则。

要点：团队组建的基础要素；团队文化氛围是如何形成的；感受组织的凝聚力及荣誉感；体会“团队合作”活动主题。

团队组建任务书：为了更好地发挥团队的作用，在接下来的培训中创造佳绩，需要快速地在30分钟时间内完成以下任务：

（一）富有特点的自我介绍

（1）尽可能让大家一下子记住你自己；

（2）尽可能多的记住团队队友的名字和个性特点。

（二）选出团队的正、副队长

（1）愿意为大家服务，并有高度责任感；

（2）能够被大家所接受，在大家心里有一定的权威感；

（3）现实工作中职位高的朋友就不再担当队长之职（友情提示）。

（三）创建队名：“××××”队

（1）队名前一定要有字号；

（2）队名尽量不用动物名称。

（四）创建队歌、队训

（1）队歌尽可能选一些大家都比较熟悉的流行曲调，歌词尽可能改成和大家有关的内容；

（2）队歌不宜太长，4～8句即可；

（3）队训要选用一些朗朗上口的词语，要喊出气势。

（五）制作队旗

（1）利用好资源，设计和队名有关联的队旗；

（2）简练、大方、有寓意是设计原则；

（3）注意不要和别人的相似或雷同。

还要提示大家的是：所有的团队将在一起来展示每个团队的成果，并且每个队只有3

分钟时间，如何把队名、队旗、队员、队歌、队训精神抖擞地展示在所有的同学面前，大家准备好了吗?!

三、案例

案例一 电网

（一）项目简介

我们这个团队进入敌后侦察，返回时必须通过一个电网才能回到安全地带。后面的追兵将在40分钟后赶到，所以我们必须在40分钟内通过电网。而由于我们每个人所掌握的情报都不同，所以必须全体通过，才能成功完成任务。

（二）时间

40分钟。

（三）场地和器材

网洞须在18个以上，网上的孔洞比人数多一个，两头大洞，中间有各式各样的洞。记号绳：过一个洞挂一个。

（四）项目指导

（1）网线有电，任何人或物，包括身体任何方式（头发、手、脚、衣、裤、项链、耳环、发卡……）严禁触碰网线，一经触网即刻原路退回，网洞封住，不能再用；

（2）由于电网的特殊设计，每一个开口只能一人次使用（或只能使用一次），通过后将立即封闭；

（3）严禁试穿网，已过网的队员不准再回网的这边；

（4）有效的孔洞在两条粗绳以内，严禁窜越、跳跃网洞，危险动作在培训师制止下必须停止；

（5）学员身上的手机、手表、眼镜、钥匙等硬物必须除去，以免磕伤自己和别人。

（五）项目控制

（1）触网把握原则：大洞严、小洞宽；

（2）清除场地上树枝、石头等硬物；

（3）平抬人时提醒其应正面向上，通过后先放脚再慢慢把人扶起来；

（4）关注学员的安全问题，记录学员的言行，为回顾做准备；

（5）学员缺少创新时，可提醒每个洞只用一次；

（6）这是拓展项目中最简单的项目，一般放在前面做（严格控制时间，最好让其失败）放在后面时则尽量让其成功。

（六）回顾

大家认为这个项目成功（失败）的主要原因是什么。

（1）计划的重要性——项目成功的前提。有没有做计划，计划做得好不好？

（2）资源的认识和优化配置——项目成功的关键。我一共给了大家多少个洞？

（3）分工的重要性——项目成功的手段。

（4）团队人员整合——项目成功的基础。

(5) 团队的角色——天生我材必有用。体重大的人在通过的时候虽然困难，但在接人的时候作用很大；

(6) 时间的管理——最容易忽略的重要问题。大家一共用了多长时间完成项目？

(7) 行动的果断性——项目成功的必要。行动前为什么花了这么多时间？

(8) 监督的重要性——项目成功的保障。

案例二　盲阵

(所有学员戴好眼罩后介绍项目规则，并取绳子交给一个最不活跃的学员)

(一) 项目简介

本项目是一个团队项目。要求大家在规定的 40 分钟内将一个场地和器材做成一个最大化的正方形，所有的人需相对均匀地分布在正方形的四周。

(二) 时间

40 分钟。

(三) 场地和器材

(1) 眼罩：三角形朝下，黑色朝里；

(2) 两根绳子：一根长 7～8 米，一根长 18 米，总长 25 米左右，相打藏头结；在绳子上每隔一段打一个活结 (项目进行前，不能让学员看见绳子)；

(3) 场地：尽量开阔，如果没有可借助场地。

(四) 项目控制

(1) 检查是否有人看得见，严禁有人偷摘眼罩，违者解除游戏资格；

(2) 是否有绊脚的地方 (安全考虑)；

(3) 当看见进度太快时，可将系好绳子解开；

(4) 摘下眼罩时，注意先闭一会儿眼。

(五) 回顾

(1) 先问学员是否确定是正方形，然后让其慢慢把绳子放下，取下眼罩，自己看是否是正方形，拿出证据证明是正方形 (先证明等边，再证明直角，必须以量化形式)。

(2) 怎样做一个好的聆听者 (很少有人完整听完别人的意见)：

1) 眼神交流；

2) 反馈技巧 (点头、赞许)；

3) 不要打断人家的思绪，改变其立场；

4) 肢体语言的积极表达。

(3) 在压力大的情况下，如何做群体决策；做决策时，应收集各方信息，不能凭感觉做决策 (找一个叫得很响的人蒙眼罩，定点定向走)；决策来源于信息分析，变成方法。

案例三　无轨电车

(一) 项目简介

团队项目，11 人为一组站在板上，手拉绳子共同前进到终点 (可以进行竞赛)。

(二) 时间

完成任务的目标时间由学员自己设定。

（三）场地和器材

（1）一块平整且足够大的水泥场地；

（2）每组各两块长 6 米、宽 20 厘米、厚 6～9 厘米的长板。在长板上，距板头 15 厘米开始打孔，每 60 厘米打一孔（打在板中间），从孔中穿过 120 厘米的 1.5～2.0 厘米的绳子，在下方打节。

（四）项目指导

（1）设定终点，让学员自己提前设定完成任务的时间，让 11 个人方向一致站在器材上；

（2）在能够顺利行进时，要求一、二反向站立前进；任务顺利时，要求不许发声前进;顺利完成时，要求齐声唱歌前进或是自己（体重较大的学员）参与进去，破坏学员的配合。

（五）项目控制

（1）不允许队员下地指挥；

（2）在禁声时，不允许发出任何声音；

（3）要安排转弯；

（4）前进时注意保护，防止学员从板上摔下。

（六）回顾

（1）协调一致，找到共同的节奏，工作效率会特别高；

（2）一个组织，就像在一条船上，若不同心协力，就很难前进，只要有一个人和大家不和谐，就会造成负面影响，而个人能力越强，对组织造成的危害越大；

（3）在组织内部，良好的沟通很重要；

（4）领导的指挥和控制对工作效率影响很大。

案例四　背摔

（一）项目简介

背摔也叫信任背摔，是一项个人和团队的配合项目；每一名队员都需站在高台上，背向大家向后直立倒下，下面的队员用手接住他（现在请大家认真听我做项目指导）。

（二）时间

无时间要求。

（三）场地和器材

1.5 米背摔台一个、绑手带一条。

（四）项目指导

（1）大家在队伍中找一身材与你相当的队友组队，然后跟我做。

（2）背摔学员的动作要领：背向大家，双手平举，在体前交叉，掌心相对，十指交叉握紧，由下往上放置胸前。让培训师为你绑上双手，因为人在下坠时会想法自救，这时手就会张开乱打，容易伤着别人；双脚并拢，脚后跟探出台面；收腹，大腿肌肉稍微绷紧；头部稍微前收。准备好后大声问大家："准备好了吗?"大家齐声回答："好了!"这时背摔队友高声数："一、二、三!"数完后向后直立倒下。

（3）接人学员的动作要领：两两相对，右腿在前成微弓步站立，膝盖内侧和对面队友相贴；双手掌心向上，和对面队友交叉平举，两臂夹一膀；腰部挺直，头部侧后仰，注视背摔的同伴；根据背摔同伴倒下的方向前后调整位置；整个队伍肩靠肩；接住后，先放脚，后慢扶正（测试手部力量）。

（4）鼓励：每位队员上背摔台前，由队长带领大家给他鼓励；把手放在他的后背，高喊他的名字和队训，这是为了将全体的力量带给他，增加他的信心。

（五）安全要求

（1）队员身上的手机、手表、眼镜、钥匙、大耳环等硬物必须除去，以免磕伤自己和别人。

（2）严禁在这个活动中嬉戏、开玩笑；严禁将人向上抛。

（3）背摔的队员脚部坚决不能用劲，禁止从台上向后跳下或坐下。

（4）要求队员有责任心，严禁提前撤退。

（六）项目控制

（1）解释直立倒下的目的，首先是因为美观，其次是因为当物体直立倒下时可均匀分布重量（一个 200 斤的物体平均分布到每个人的手里不过 20 多斤）。

（2）解释绑手的目的，当人失控时会想法自救，这时手就会张开乱打，伤着别人。

（3）布置接人队伍的排序：第一对安排女队员，距离背摔台 10 厘米；第二、第三对安排身体壮、臂力大的男队员；当高个子队员背摔时，须安排第四、第五对亦为男队员。

（4）队员背摔前检查接人的准备情况：手、头、眼、脚、注意力。

（5）导师站在背摔台上，等队员上来后要求其面对面站好，用绑手绳紧绕队员手腕一圈在正面打蝴蝶结。

（6）队员背摔时，培训师左手一定要抓住保护杆，右手紧抓绳结附近的绳子扶其至台沿，随着队员自然倒下时慢慢松开。

（7）让队长安排一个心理素质好、身手矫健的队员第一个做，以激励其他队员。

（七）回顾

（1）责任、信任：在项目进行中有没有紧张、害怕，何时、为什么？信任可以使一个人在团队中工作愉快、轻松，团队中的相互信任可以大大提高团队的工作效率。信任需要建立、需要沟通，信任一旦被打破就很难再建立。

（2）心理素质：在台上为什么紧张？是胆子小吗？胆子大并不代表心理素质好，心理素质是指一个人在面对变化和压力时表现出来的稳定心理活动。心理素质好的人也会害怕，但他还是可以面对现实。良好的心理素质可以让人把握机会，获取成功，同时还可以帮人从巨大的压力下解脱出来。

（3）换位思考：在台上和台下感觉有何区别？要学会站在别人的立场来思考。

案例五　孤岛

（一）项目简介

假设大家的战船被敌人击沉，人员分别被冲到 3 个孤岛上，其中一组人被冲到盲人岛，双眼失明；另一组被冲到哑巴岛，变成了哑巴；剩下的幸运组被冲到健康岛没事。40

分钟后，海水将淹没盲人岛。这是一个集体项目，你们将被分成三组，安置在不同的岛上，要求在规定的时间里完成各自手中的任务。现在我将你们带到各自的岛上。

（二）时间

40分钟。

（三）场地和器材

（1）眼罩若干；

（2）木箱3组（模拟岛屿），宽20～30厘米，长2.5米的木板2块；

（3）桶1个、羽毛球3个、鸡蛋2个、纸1张、筷子2双、胶带一段、剪刀1把；

（4）场地布置：3个岛呈直线，盲人岛和哑巴岛之间摆放一个小木箱，小木箱到两个岛的距离刚好是一块木板可以搭桥的距离。哑巴岛的另一侧是珍珠岛（健康岛），两岛之间的距离比一块木板长30～50厘米。

（四）项目控制

（1）学员没看到项目器材前，分成三组，并让其中一组戴上眼罩，把三组学员分别带上各自的小岛；

（2）将任务说明书分别交给三个岛上的一人；

（3）盲人组：不能摘眼罩，不能下水，将任务书交给不愿交流或内向的人；

（4）哑巴严禁发出任何声音；

（5）健全人组：强调团队项目，在整个项目过程不要提问题，什么都在项目指导书上；

（6）禁止任务书来回扔，禁止用扔木板的方式搭桥；

（7）健全人包好鸡蛋，先不让其摔；

（8）可以适当增加盲人的球数；

（9）在项目进行中，培训师不回答任何问题。

（五）安全要点

（1）注意岛上学员安全，防止学员从岛上掉下来，尤其当其他岛的学员登上盲人岛时，防止盲人把这些人推下岛；

（2）走跳板时注意保护；

（3）注意搬运跳板时手的保护。

（六）回顾

（1）三组人分别派代表谈心理体会；

（2）角色确认：珍珠岛（决策层）—哑巴（业务管理层）—盲人（一线员工）；

1）盲人反应：抵触情绪，无事可做，很少积极发出合作信息；

沟通：在一个组织里，某人拥有信息资源时，一定要共享。盲人应将信息传给他人，以便信息共享；盲人表现出的主动意识，代表下层的一种工作态度。

2）哑巴反应：不留意细节，即使看到了也不敢下水。

打破思维定式——勇敢跳下溪流。

3）健全人组反应：最先包鸡蛋，一般会指责培训师交代不清楚。

人最大的敌人是自己。管理中经常出现的问题——重视小事情，忽视大事情。时间管理，怎么区分重点、非重点、紧要与非紧要。

（3）团队中行动的组织和实施——组织目标与个人目标如何统一。

案例六　罐头鞋

（一）项目简介

集体项目，学员（人数少于13人，其余的人在下面做观察员）站到木板上将三个汽油桶当作罐头鞋，集体移动到终点处，要求人和木板都不能着地，项目完成时，所有人都坐在板上，再下来，严禁往下跳，违规一次扣一分。

（二）时间

40分钟。

（三）场地和器材

（1）场地：一块平整且足够大的水泥地，在一方12米外设置终点

（2）3个油桶、2块板（长3.5米，厚5～6厘米，宽30～35厘米），将2块板搭到3个汽油桶上，互相不要压住。

（四）项目控制

（1）需要在木板上调换位置时，必须面对面的换位，避免坠落；

（2）让大家都站到板上做一个小游戏：所有人都不许说话，在不发出声音的情况下，按照生日顺序重新排队（一般沟通较好的团队，可以在3分钟左右完成）；

（3）培训师守在旁边计时，并不断提醒注意安全；

（4）准备几双手套，注意移板的手保护。

（五）回顾

（1）决策的及时准确——领导者的作用；

（2）沟通的重要性，在项目过程中常会发生激烈的冲突；

（3）面对困难时，要敢于行动，大胆尝试。

案例七　荆棘排雷

（一）项目简介

在直径6米的圆圈中，有一个对眼睛有危害的地雷，上级规定必须在40分钟内安全取出处理。

（二）时间

40分钟。

（三）场地和器材

纸杯一个，20米粗绳3根；足够大的场地一块。

（四）项目指导

（1）所有人不得踏入圆圈内；

（2）取雷之人必须带上眼罩；

（3）在纸杯中装满水，取出过程中不允许把水洒出来。

（五）项目控制

（1）记录学员的进程，为回顾准备素材；

（2）每个人都必须积极参加；

（3）保护取雷的学员。

（六）回顾

（1）对圆的认识；

（2）团队的分工；

（3）争论的价值；

（4）敢于尝试的意义。

案例八　驿站传书

（一）项目简介

多组竞赛项目；每队队员在不说话的条件下，从后向前传递数字，传递的速度和准确度决定了各队的成绩。

（二）时间

40分钟。

（三）场地和器材

一些数字和场地。

（四）项目指导

（1）全体人员排成纵队；

（2）在传递数字的时候，后面人的手不能和前面人的手接触；

（3）项目开始后，所有人不能说话；

（4）项目开始后，所有人不允许回头；

（5）项目开始后，所有人不能作弊；

（6）开始后，所有人不允许离开原来的位置；

（7）不可以传递任何物品；

（8）手臂不可以超过前面队员的身体肩膀的横截面；

（9）进行三轮，最后计算总成绩。

（五）项目控制

（1）难度；

（2）控制秩序；

（3）给学员讨论5分钟。

（六）回顾

（1）企业执行力的思考；

（2）细节决定成败；

（3）信息标准化；

（4）团队的决策；

（5）人力资源的分配。

案例九　雷阵

（一）项目简介

我们在行军的途中有雷阵挡路，上级规定必须在 40 分钟内通过。现在开始介绍项目，请大家留心听，项目开始后，不得提问。

（二）时间

40 分钟。

（三）场地和器材

任务书。

（四）项目指导

（1）人员在阵前排队，从队长开始依次探雷，触雷者沿原路返回排在队尾；

（2）队里只许有一人在相邻的格子中活动，不允许跨越、踩线、试探；

（3）方法：第一排任何一个格子都可以走，但进入雷阵后须听口令：

1）无雷——“OK！请继续前进!”

2）有雷——“对不起，请原路退回!”

（4）开始后，所有人不能越过起点延长线；

（5）项目采取记分制：超越活动区域、踩线、不按原路返回，各扣一分；重复踏雷扣 5 分（满分是 100 分）。

（五）项目控制

（1）记录学员的进程，为回顾准备素材；

（2）强调每个人都必须积极参加；

（3）不做任何提示。

（六）回顾

（1）思维定式对我们的影响；

（2）方法的重要性——成功的手段；

（3）团队的决策、声音；

（4）队长的作用。

案例十　众志成城

（一）项目简介

团队项目，5～7 人为一组想办法站在最小的报纸上（可以进行竞赛）。

（二）时间

无时间限制。

（三）场地和器材

（1）一块平整且足够大的场地。

（2）每组各拿一张报纸。

（四）项目指导

（1）让学员自己完成任务，让组员全部站在报纸上持续 20 秒为成功；

(2) 从报纸的对折开始，每成功一次就将报纸对折一次，直至最小的面积；
(3) 要求所有队员的脚必须在报纸的范围内。
(五) 项目控制
(1) 游戏的地方平坦，无障碍物确保队员的安全；
(2) 培训师随时注意观察学员的动态，做好保护工作及阻止学生的危险动作；
(3) 培训时注意控制时间。
(六) 回顾
(1) 人人参与，出谋划策，排除隔阂；
(2) 完成有难度的挑战时，就必须有人付出得多一点；
(3) 在组织活动时，良好的沟通很重要。

案例十一　交通堵塞

(一) 项目简介
团队项目，4～8 人为一组想办法站在最短的时间里将位置调换（可以进行竞赛）。
(二) 时间
无时间限制。
(三) 场地和器材
(1) 一块平整且足够大的场地；
(2) 在一排方格的位置内进行。
(四) 项目指导
(1) 让学员自己完成任务，向跳棋一样，有空格就可以向前一步或只能隔一个跳不能向后退；
(2) 学员只能利用一个空格移位，不能出空格；
(3) 要求队员只能错三次。
(五) 项目控制
(1) 游戏的地方平坦、无障碍物，确保队员的安全；
(2) 培训师随时注意观察学员的动态；
(3) 培训时注意控制时间。
(六) 回顾
(1) 人人参与，出谋划策，制定步骤；
(2) 按步骤进行，不能做错，做错就只能重新开始；
(3) 在组织活动时，良好的沟通很重要。

案例十二　蛟龙出海

(一) 项目简介
团队项目，全组队员想办法在最短的时间里到达指定位置（可以进行竞赛）。全体队员通过捆脚带连接成一个整体，侧向前进，绕过指定目标后快速返回起始点。
(二) 时间
无时间限制。

（三）场地和器材

（1）一块平整且足够大的场地；

（2）人数减一数量的捆脚带。

（四）项目指导

（1）所有的人必须用捆脚带连接成一体，连接部位统一在膝关节狭小腿肌肉上的区域；

（2）在纵向前进时，连接队员之间的捆脚带不能松绑；

（3）当培训师发出“开始”指令的时候，计时开始，全体回到出发位（越过起始线），计时停止；

（4）本项活动，只进行一轮，每队最短的时间成为最终有效时间，各队之间，时间短者为优胜，依次排出名次，获得积分。

（五）项目控制

（1）游戏的地方平坦、无障碍物，确保队员的安全；

（2）培训师随时注意观察学员的动态；

（3）培训师注意控制时间。

（六）回顾

（1）人人参与，出谋划策，制定步骤；

（2）统一行动，按步骤进行，不能做错，做错就只能重新开始；

（3）在组织活动时，顾全大局，良好的沟通很重要。

案例十三　水到渠成

（一）项目简介

团队项目，全组的队员想办法在最短的时间里将水装满（可以进行竞赛）。用尽快的速度，在最短的时间内，通过 pvc 管，将水运输到指定的水桶中。

（二）时间

25 分钟。

（三）场地和器材

（1）一块平整且足够大的场地；

（2）一个大水桶、人数减一数量的 pvc 管。

（四）项目指导

（1）除去第一位给 pvc 管中加水的队员外，其他每个队员的手只能接触到 pvc 管，不能直接接触到水；

（2）当你手中的 pvc 管中有水的时候，你的双脚就不能移动，换言之，pvc 管中没有水的状态下，你才能自由移动；

（3）当培训师发出“开始”的时候，计时开始，当水加满指定水桶时，计时停止；

（4）本项活动，只进行一轮，时间短者为优胜，依次排出名次，获得积分。

（五）项目控制

（1）游戏的地方平坦、无障碍物，确保队员的安全；

（2）培训师随时注意观察学员的动态；

（3）培训时注意控制时间。

（六）回顾

（1）人人参与，出谋划策，制定步骤；

（2）在机会不平等的情况下，只要大家努力齐心，也一定能创造出好的成绩；

（3）在组织活动时，良好的沟通和组织方法是很重要。

案例十四　硫酸河

（一）项目简介

团队项目，全组队员想办法在最短的时间里到达对面（可以进行竞赛）。用指定的方式，全体队员快速前进，穿过硫酸河，来到安全地带。

（二）时间

25 分钟。

（三）场地和器材

（1）一块平整且足够大的场地；

（2）人数减三数量的木砖。

（四）项目指导

（1）每位队员必须借助木砖，才可以通过硫酸河；

（2）队员的身体只能接触木砖，不能接触地面，每失误一次接触一次地面，将在本队总时间上加上 30 秒；

（3）木砖在被使用过程中，不能与人的身体离开，一旦形成木砖孤立状态，木砖将会被冲走（培训师收走）；

（4）当培训师发出“开始”指令的时候，计时开始，全体通过硫酸河到达安全位置，计时停止；

（5）本项活动，只进行一轮，时间短者为优胜，依次排出名次，获得积分。

（五）项目控制

（1）游戏的地方平坦、无障碍物，确保队员的安全；

（2）培训师随时注意观察学员的动态；

（3）培训师注意控制时间。

（六）回顾

（1）人人参与，出谋划策，制定步骤；

（2）按步骤进行，不能做错，做错就会增加难度；

（3）在组织活动时，要不断地提醒队员不要做错，良好的沟通很重要。

案例十五　拍数字

（一）项目简介

团队项目，全组队员想办法用最短的时间，按照 1～30 的顺序依次拍完数字（可以进行竞赛）。

资源：30 个数字，你们的聪明才智和身体力行。

（二）时间

无时间限制。

（三）场地和器材

（1）一块平整且足够大的场地；

（2）30 个数字牌。

（四）项目指导

（1）在数字圈的立体空间中只允许一个人行动，也就是说，当有人在拍击数字的时候，其他任何人的四肢和躯干不能伸入圈中或圈上；

（2）当出现两人或两人以上同时进入数字圈的时候，培训师会发出重新开始的指令，必须从 1 重新开始拍击；

（3）当拍击数字出现顺序错误的时候，也要重新开始；

（4）当培训师发出“开始”指令的时候，计时开始，拍完数字后，全体回到出发位置，计时停止；

（5）本项活动，共进行五轮，每队最短的时间成为最终有效时间；

（6）各队之间，时间短者为优胜，依次排出名次，获得积分。

（五）项目控制

（1）游戏的地方平坦、无障碍物，确保队员的安全；

（2）培训师随时注意观察学员的动态；

（3）培训师注意控制时间。

（六）回顾

（1）最好人人参与，也可以不人人参与，出谋划策，制定步骤；

（2）按步骤进行，不能做错，做错就只能重新开始；

（3）在组织活动时，组织很重要；参与的人不能出错。

案例十六　团队跳绳

（一）项目简介

团队项目，全组队员想办法依次进入摇动的绳子，直至除摇绳的两位队员外的所有队员进入绳中，开始计算共同跳绳的次数，次数多者为优胜队（可以进行竞赛）。

（二）时间

无时间限制。

（三）场地和器材

（1）一块平整且足够大的场地；

（2）一条大绳，充足的体力。

（四）项目指导

（1）绳子要一直摇动，不能停止；

（2）绳子一旦出现人为延顿现象，将重新开始，也就是说从第一个人进入开始；

（3）跳绳过程中，要非常注意安全、互相之间的配合和默契；

（4）本项活动进行两轮，每轮以共同跳绳开始，人为停顿为结束，计算次数；最终以两轮中共同跳动次数多者为最终成绩，依次数排出名次，获得积分。

（五）项目控制

（1）游戏的地方平坦、无障碍物，确保队员的安全；

（2）培训师随时注意观察学员的动态；

（3）培训师注意控制时间。

（六）回顾

（1）人人参与，出谋划策，制定步骤；

（2）按步骤进行，不能做错，做错就只能重新开始；

（3）在组织活动时，良好的沟通很重要。

案例十七　珍珠岛任务书

（一）任务

（1）为鸡蛋设计外包装：利用所给的资源为两枚鸡蛋设计外包装。要求：站在岛上，平伸双手，鸡蛋从手上摔到地面，鸡蛋不能碎！

（2）将所有的队员集中到珍珠岛上来。

（3）计算：A、B、C、D、E是5个不同的自然数，已知ABCDE×4 = EDCBA，请问A、B、C、D、E分别是几？

（二）周边环境

（1）你们处在珍珠岛上；

（2）周围是湍急的水流，任何人不得随意踏入水中，否则将是十分危险的；

（3）岛的周围非常坚固，不要尝试移动岛的边际；任何物体一旦落入水中，将被冲至盲人岛。

（三）规则

（1）整个项目满分为100分；

（2）每违反一次任务书的规则，将扣掉5分。

（四）资源

（1）生鸡蛋2枚、筷子2双、白纸2张、胶带40厘米；

（2）你们的聪明才智。

案例十八　哑人岛任务书

（一）任务

（1）帮助盲人；

（2）将所有的队员集中到同一个岛上来。

（二）周边环境

（1）你们处在哑人岛上；

（2）周围是湍急的水流，任何人不得随意踏入水中，否则将是十分危险的；

（3）岛的周围非常坚固，不要尝试移动岛的边际；任何物体一旦落入水中，将被冲至盲人岛。

（三）规则

（1）在盲人完成第一项任务之前，你们不得组成冲锋舟；

（2）整个项目满分为100分；

（3）每违反一次任务书的规则，将扣掉5分；

（4）你们可以用两个人组成冲锋舟；

（5）海水在40分钟以后将淹没盲人所处的岛；

（6）盲人在被营救的过程中，双脚不能接触地面。

（四）资源

（1）你们的体力；

（2）你们的聪明才智；

（3）你们的任务书。

案例十九　盲人岛任务书

（一）任务

（1）等待队友的指导和救援；

（2）将手中的球投入不远处岩石上的桶中；

（3）和其他队员集中到一起。

（二）周边环境

（1）你们处在盲人岛上；

（2）周围是湍急的水流，任何人不得随意踏入水中，否则将是十分危险的；

（3）岛的周围非常坚固，不要尝试移动岛的边际；任何物体一旦落入水中，将被冲至盲人岛；

（4）在离你们不远的岩石上，固定了一个桶。

（三）规则

（1）整个项目满分为100分；

（2）每违反一次任务书的规则，将扣掉5分；

（3）你们是唯一可以接触球的人；

（4）40分钟以后，你们的岛将不复存在。

（四）资源

（1）乒乓球或网球若干；

（2）你们的聪明才智；

（3）你们的任务书。